复杂时代的培训之道
重塑内容

Reshaping Content
Training Strategies for Complex Times

朱 力 ——— 著

上海人民出版社　上海远东出版社

图书在版编目(CIP)数据

重塑内容:复杂时代的培训之道/朱力著. —上海:上海远东出版社,2024
ISBN 978-7-5476-2033-5

Ⅰ.①重… Ⅱ.①朱… Ⅲ.①企业管理-职工培训 Ⅳ.①F272.921

中国国家版本馆 CIP 数据核字(2024)第 110270 号

责任编辑 程云琦
封面设计 李 廉

重塑内容:复杂时代的培训之道
朱 力 著

出 版	上海远东出版社
	(201101 上海市闵行区号景路 159 弄 C 座)
发 行	上海人民出版社发行中心
印 刷	上海锦佳印刷有限公司
开 本	890×1240 1/32
印 张	11.625
字 数	242,000
版 次	2024 年 8 月第 1 版
印 次	2025 年 1 月第 2 次印刷

ISBN 978-7-5476-2033-5/F·738
定 价 58.00 元

推荐序一

清明假期的某个午后,我正在东京赏樱,突然收到朱力老师的邀约,问能不能给他即将出版的书写个序。我毫不犹豫地回了一句:"荣幸!我眼里的朱老师,可有的写了。"这,可是真的。

这本书,我个人觉得,是写给懂朱力老师的人看的,懂的都懂,所以,不用我多说什么。我更愿意写写朱力老师这个人。

22年前,我加入朱力老师创办的竞越顾问公司①,追随他,成为一名培训领域的深耕者。在这里,我度过了专业积累最丰盛的9年。我们一起磨课,拜访客户,辅导新人,孵化产品,共同见证了竞越持续稳定的有质增长。而朱力老师,一直在培训技术方面,引领我们每个人成长。

每一位新加入竞越的讲师,不管过去有没有讲过课,都会先接受竞越培训理念的洗礼。往往过去授课经验越丰富的讲师,被洗礼的程度会越大,如果他过去只是关注自己"讲"得好,

---

① 深圳市竞越企业顾问有限公司,简称"竞越",是朱力老师于1996年7月创办的一家最早采用全职讲师制的培训公司。

而不是关注学员"学"得好的话。竟越有一句话深得我心："学习,不发生在讲师的舌头上,它发生在学员的脑子里。"为了帮助讲师们真正做到这一点,朱力老师可谓殚精竭虑。他不仅设计了有效的辅导机制,更是自己投入大量时间,亲自辅导,一段一段地帮助新讲师过课。试讲不达标者,根本没有机会出去讲课。每位竞越讲师,都是这个过程的受益者。"以学员为中心",在竞越,从来不是一句口号。

如今作为竞越的首席顾问,朱力老师一直与全世界最前沿的学习技术保持同步。他经常参加全球性的相关大会和论坛,不断将国外最权威最优质的版权课程引入中国,这让竞越在全球培训市场有口皆碑。多年来,朱力老师不仅自己在持续学习,也鼓励讲师们不断向外学习。公司有一个奖励机制:优秀讲师每年有一次去欧美发达国家学习的机会,公司报销往返差旅费及学费。有一年,我选择了开设在美国亚特兰大的一个专业课程:培训需求分析。18年后的今天,我依然清楚记得,当我迈入亚特兰大的培训教室时,老师是如何兴奋地向大家介绍我的:"这是来自中国的Rose,她是我们这个班唯一的亚洲学员。"下课后同学们围着我,好奇地问这问那。当他们听说我是从遥远的中国飞到美国参加学习,全部费用都是由公司承担时,个个羡慕不已。而最令我骄傲的事情,则发生在课堂上。当时老师手里有个毛绒玩具,每次提问,如果学员回答对了,就会将玩具抛向这名学员,同时同学们会欢呼一声:"BINGO!"那两天的课程里,我是收到毛绒玩具和"BINGO"声最多的学员。为什么呢?因为在竞越,我们早就在践行美国课堂上学习的内容啊!你说我骄傲不骄傲?这一切,都有赖于朱力老师。

当然,朱力老师也不完全只是个"技术控"。他也有很温暖很贴心的时候。

我记得,在我晋升到竞越讲师最高级别(master facilitator)之后,有一次在上海艾默生给一群资深内训师讲授高级TTT(Train The Trainer)课程,下午朱力老师突然"空降"教室。我当时正在引导讨论,没空搭理他,只是点头打了个招呼,就继续我的课程。他坐在教室后面,认真听课,直到课程结束。我一边收拾上课资料,一边问他:"朱老师,你今天干啥来了?"他回答说:"怕你们这些资深讲师个人风格太强,把课程带偏了,所以来听听。"我大笑:"现在放心啦?"他也笑了。他说:"我送你去机场吧,顺便聊聊。"在去机场的路上,朱力老师掏出一个东西,对我说:"Rose,你的生日快到了,送你一个生日礼物。"当时简直感动死我了。晚上回到家里,我迫不及待打开这个礼物,原来是一个飞利浦的球形台灯,可以变幻出不同的颜色。插上它,卧室瞬间就有了20世纪80年代卡拉OK厅的氛围感,哈哈哈哈。关于这个,我一直没敢告诉他……

我在竞越9年,这样的故事还有很多很多,要写,估计能写一本书。当然,我和朱力老师也吵过架,急过眼。我想,那才是专业工作者在一起相处的正常模式吧。

13年前,我离开竞越,加入中集集团,成立了中集学院,开始带领我的团队,为一个6万人的组织深度赋能。这些年,虽然我的角色发生了很大变化,但是竞越的学习理念,还有朱力老师深耕这个行业的工匠精神,对我的影响可谓深入骨髓。今天,读到这本书,唤起了我的很多美好回忆。我感恩这一切。

◆ 重塑内容：复杂时代的培训之道

愿朱力老师继续引领培训行业，帮助更多有志之士成为卓有成效的培训人。

中集学院院长
2024 年 5 月 18 日

推荐序二

本书的作者朱力老师是中国培训界德高望重的前辈,很多人是通过朱老师创办的竞越公司认识和了解他的。朱老师也是《培训》杂志的良师益友,20年前我在创办《培训》杂志时,朱老师就是带我进入培训行业的引路人,可以说这20多年我们从他那里得到的支持和教益良多。朱老师不单是一位优秀的培训师和咨询顾问,一位优秀的管理者,也是一位培训领域稀有的思想者,他的视野之宽广和思考之深邃,常常给人一种拨云见日的启迪。朱老师的这部大作和他以往发表的文章及公开演讲一样,延续了他的思想者风格,见解独到,高屋建瓴,直指人心。

在我看来,这不是一本关于培训的常识性指南,而是一部培训何以为的沉思录。在本书的第一章,作者就对所谓的内容"正确"发出了严正质疑,并通过自身的实践和思考进行了批判性的匡正,将读者从一个个误区或误解中"救赎"出来。阅读这部分内容,虽然很烧脑,却犹如穿越迷雾后,顿觉豁然开朗。作者指出:培训不是一次性事件,而是一个持续性的过程;培训的主体是学员而不是培训师;讲师的价值不在于讲授,而在于催化（facilitating），以及通过有效的催化，使学员真正增长相关能力；学习本身是为导致某些预期结果而特别为学员设计，并使学员经历的心智过程；传统培训重视技巧忽视人，这极大限制了培训真正、持续产生价值……

当我们在探讨和实践培训时，很容易陷入事件本身的泥沼中，为一个预设的期望值而愈行愈远，却忘记了为什么要出发。事实上，人才是衡量价值的唯一尺度，正如作者强调的那样："培训要帮助人们在复杂面前游刃有余，提升自我复杂度。"在本书中，作者用了大量的篇幅谈论学习环境和复杂度，这是同类著述中少有提及的，足见作者的洞察。学习者、学习内容、学习环境构成了学习的"三位一体"，但国内一般的学者和实践者往往注重前两个要素，对学习环境的重视度不够。我们看西方一些培训大家及绩效改进大师的经典著述，会发现他们是非常重视学习环境的重要性的。

当然，本书的精彩内容不限于上面引述的这些。作者还就领导力发展、商业领导力、团队、创新，以及管理能力进行了广泛而深入的探讨。每一个章节都凝聚了作者独到的见地，并辅之以大量真实的案例，以便读者理解。

总之，这是一本真诚的著作，就像作者写的那样："我一生职业生涯都在跟企业培训打交道，1994 年在担任《世界经理人文摘》(World Executive's Digest) 中文版主编期间，开办了这本杂志的培训业务。1996 年创办竞越顾问公司，这是中国最早的商业培训机构之一。此后 28 年我一直为各类企业提供人才培养服务。我体会到正确认识企业培训的价值，以及对企业培训正确的评价视角对企业培训健康发展的意义。"

感谢作者对培训的深度思考和对同仁的慈爱，我们都将从这本厚重的著述中获得滋养。

《培训》杂志主编

2024 年 5 月 12 日

推荐序三

大模型时代的到来,给企业和个人都带来了诸多的影响。无论是企业侧的决策效率、研发创新,还是个体的生活便利以及信息获取方面。我们面对大模型,都需要在高度的不确定中寻找确定性。而在寻找的过程中,无论是企业还是个人都在面临着前所未有的挑战和机遇。在这个过程中,如何正确理解和升级企业培训工作?如何更高质量地识别和培养人?这些都成为组织在大模型时代得以穿越周期走向成功的关键命题。

欣闻朱力老师的新书《重塑内容:复杂时代的培训之道》即将出版,我非常荣幸能为这本新书撰写推荐序,这本书不仅为我们提供了全新的视角,还为我们如何提升培训效果,如何提升发展领导力提供了宝贵的指导。

我和朱力老师相识已有20年,他一直是我非常尊敬和欣赏的导师与朋友。朱力老师在中国管理培训界的贡献和影响力毋庸置疑,他不仅拥有丰富的实践经验,还具备深厚的理论知识和独到的见解。在这本书中,朱力老师凭借其多年的行业经验和对培训领域的深刻洞察,为我们揭示了影响企业培训效果和提升领导力的核心问题,并提出了一系列创新解决方案。

◆ 重塑内容:复杂时代的培训之道

  在过去 20 年服务企业的组织和人才工作的过程中,我深知培训对企业和员工发展的重要性。在这个过程中,要想在竞争激烈的市场环境中立于不败之地,企业和个人必须不断学习和成长。朱力老师的这本书为我们提供了一个全新的培训理念,即培训不仅是提升个人技能的手段,更是实现组织战略目标和提升竞争力的关键。

  基于此,朱力老师在书中详细讨论了多个培训主题,包括培训、领导力发展、商业领导力、团队管理、创新和一般管理能力等。针对这些主题,朱力老师提出了许多富有创见的新认识和新建议,这些观点和建议无疑将对培训行业产生深远的影响。同时,朱力老师还强调培训与实际工作之间的紧密联系,提倡将培训与实际问题相结合,以实现更好的培训效果。

  在这本书中,朱力老师还分享了许多关于如何提升培训效果的实用建议。他认为,要想提升培训效果,我们必须关注培训内容的质量和针对性,同时注重培训过程的管理和实施。此外,朱力老师还强调了培训师在培训过程中的重要作用,提倡培训师应具备更高的专业素养和教育技能,以更好地指导和激励学员。

  本书中还提到了领导力发展的重要性。朱力老师认为,优秀的领导者应该具备强烈的使命感和责任感,能够激励团队追求卓越。他提供了多种策略和技巧,帮助领导者提升自我意识、有效沟通和决策能力。这些领导力技能的提升,对于任何组织的长远发展都是不可或缺的。

  朱力老师的这本书不仅为企业提供了一套完整的培训和领导力发展框架,也为个人提供了成长和成功的蓝图。通过阅读这本书，读者将能够获得一系列实用的工具和策略，不仅能够提升自己的职业技能，还能在组织中发挥更大的影响力。

作为一位在企业管理领域有着多年经验的企业实践者，我深知朱力老师的这些观点和建议对企业与个人发展具有极高的价值。我相信，通过阅读这本书，广大读者将能够获得许多关于如何提升培训效果的宝贵启示。同时，我也相信这本书将对整个培训行业产生深远的影响，推动我们不断探索和创新，为实现组织和个人的共同成长贡献力量。

最后，我衷心感谢朱力老师为我们带来这本充满了真知和洞见的新作。我相信，这本书将成为培训领域的经典之作，为广大企业和个人提供持续发展的动力与支持。祝愿朱力老师的新书取得巨大成功，也祝愿各位读者在阅读这本书的过程中收获满满。

香港大学经管学院管理和商业策略系实务教授
前 GE 集团企业大学中国区校长
前阿里巴巴集团企业大学执行校长
2024 年 5 月 8 日

序言

30年前,我参与开创了中国的管理培训行业,并在这个行业首创了一系列做法。回想既往,我既有开拓者的自豪,也因反思当时认为"天经地义"的一些信念和做法而感到懊悔。我亲历了行业的初生、蹒跚和飞跃,也正在体会它面临的困境。多数同行一度认为新冠病毒感染疫情期间行业的急剧下降是一场盛宴的临时性中断,然而到了2024年,培训行业仍没有出现预期中的转头向上,反而呈现进一步下跌。吊诡的是,这似乎并未引起从业者的不解,更没有让人感受到太多愤怒的情绪。事实上,疫情之后行业仍将继续下行,这并不出人意料。相反,之前普遍"预期"的反弹,倒更像一种虔诚的共同祝愿。其实在内心深处,大家早已为继续下跌暗暗准备心理建设和组织建设了,因为看不到能够扭转颓势的有力举措,只能企望衰退晚一点到来而已……而我却相信,充分意识到停滞甚至衰退不可避免,聚集面对真实问题的勇气,剖析越是充分,培训行业就越快步入行稳致远的新天地。

其实,即便是在高歌猛进的20年,培训人心中还是会时常浮现出阵阵隐忧,理不断、自难忘。那就是,培训遭遇了越来越多的有效性质疑。从对个别老师、个别课程的抱怨，逐渐弥漫到对所有管理培训有效性的疑问——令人越来越难以招架。

对此，普遍的解释是，现今资讯铺天盖地，学员什么都知道，培训的生存空间被压缩得所剩无几。此话的潜台词是：知识特权是培训赖以生存的基础。ChatGPT 的横空出世更让全行业惶恐不已。知识传播更加迅速且几无成本，似乎和培训行业整体下行的趋势完美吻合。但我认为这不仅不能提供合理解释，反而掩盖了培训行业内在的本质问题，贻误培训复兴。20 世纪 90 年代初，买一本港澳台出版的书、看到英文原文、得到国外资讯，就能让大家听得兴味盎然。历数直到现在培训课上仍在流传的一些故事、案例，很多可以追溯至此。可是，即便在当时，那些新鲜的知识信息也并未影响人们的行为。"听着感动，回去一动不动"，这话不是现在才出现的吧？

冷眼观之，方能实事求是。早在资讯匮乏的年代，成效不彰就已经是培训行业面临的现实问题。只不过随着经济发展、培训需求急剧放大，对于企业而言，培训花费不大却能给员工带来正面的感受，成效并没有成为紧迫的拷问。今天，即使我们开辟了新知的来源，培训行业仍将深深受困于培训的内在阻碍，依旧难以改变人的行为从而真正影响业绩，仍将面临来自企业和学员的挑战。

培训的根本问题是"目中无人"！长期以来，主客体颠倒了。摆正人在培训中的主体地位，将是消除培训行业存在的各种弊端的关键。

培训的主体是人，而培训人常挂在嘴边的是 A. S. K. 老三样，即所谓态度、技能和知识。为了谁，为其解决什么问题，他需要什么内容,解决了什么阻碍,才能有效传递、迁移他需要的内容,转化他需要的行为,最后,在什么时机、如何创造适当的时机、采用什么方式等都应当围绕人。然而,在培训实践中,企业所需的 A.S.K. 却登堂入室成了主体。培训所做的,是在指定的时间,统一地把一致的知识技能等传输到指定的人身上。只要坐在课堂中,无论你是谁,说穿了,都是火车司机(Trainer)运输的一个载荷,培训师要在规定的时间把你与其他载荷一起拉到指定的卸货地点。

具体而言,以人为中心的培训应该做到以下几个主要的方面。

第一,场景化。离开了场景不可能产生主动学习。场景化并不在于是否采用了有画面感的方式。有经验的讲者不限于摆数据、讲道理,也善于运用案例、图片、沙盘模拟、讲述故事等手段。是否运用这些手段不是场景化的本质。关键在于用这些手段的目的是什么:是用来讲解和论证讲者意欲传递的正确的知识、标准做法,还是把这些手段作为激发学习者自己经验的一个媒介。是否能把学习者带到一个他自己的场景中,激发他的自我联想,激发情绪,借助对比,形成自我觉察,这是有没有做到场景化的要义。停留在浅层次的所谓场景化,场景是讲者的婢女。除了花费更多时间之外,与不借助场景、简单粗暴地引用数据来证明和推导正确的知识并没有本质的变化。真正的场景化让场景为学习者服务,是学习者思考自己的现实,并让正确的通用知识向自己的实践进行转化的必由之路。

培训通常只提供一个点即目的地,只提供一条路即老师选定的路。老师论证的目的地和指定的路径才是"正确知识"。

培训就是论证、讲述、劝解"正确知识"的场所。而场景化如同创建立体沙盘——一个反映他自己独特实践的场景,为学习者展示全图和周围的地形地貌,在沙盘前,学员眼到、心到、手到,积极寻找图上的两个点:脚下的立足点和远方的目的地。地形地貌既展现了各种通达的可能性,每条路上独特的艰难险阻也不言自明。普通老师止步于正确知识,怀着先知的优越感俯视学习者。而高明的老师则用心创造场景,"放开"学员,释放学员的主观能动性,师生共同寻找正确的路径。而且,路径的正确与否,取决于学习者的目的、体力、动力,因而因人而异,老师无论如何都不可能知道学习者独特的实践、独特的困难,老师必须借助学员面对他自己实践的积极思考,适时推动他走得更远一些。沙盘培训是实现场景化的一种手段,但沙盘并不必然实现场景化。本书论述了沙盘模拟培训的独特价值,并深入探讨了为充分发挥其价值,沙盘培训的主持者应该掌握的场景化技能。场景提供了自主学习的主动性、改变的动力,也预先演练了未来应用中可能出现的阻碍,并做好准备。在场景中,学员经过充分思考和对比,对收益和困难都经过充分权衡,由此形成的信念在现实中抗击打能力最强,其效果远好于培训师对"正确知识"所做的单方面诱导或劝诫。

第二,帮助人发展。随着成长发育,人的体型变大,体重增加,身材增高。掌握更多的知识技能相当于体型增大、体重增加,而心智模式的发育,思想方法的改变,意志力、好奇心、探索欲望、责任心、自我担责、平等协商、韧性和灵活性、同理心等等人格特性的增强或者改进,则是身高的发展。领导力发展同仁非常理解领导力源自内在品格。宽广的视野和开阔的思考,对事物的复杂关联明察秋毫,对问题的本质洞隐烛微,自信和适应快速变化的环境,都仰仗于人的心智发展到更高层次。培训行业对发展的概念至今仍相当陌生,培训因而重视在变"大"变"重"上用力,却鲜有在帮助学习者长高上用心。有一个故事,说某销售人员在对所售产品的原理知之不多的时候,他的讲解引人入胜、成交迅速。当他察觉自己无知并通过学习精通产品原理之后,他为自己的博学而自豪,并为之前的无知感到羞愧。然而,这时一个意想不到的问题出现了:听众反映听不懂了,产品自然也卖不出去了。通过这样的故事,老师振振有词地解释什么是"知识的诅咒"。这是培训常见的场景:用有趣、震撼的事例诠释知识点。这种知识本身以及传授的过程有任何意义吗?它增加了对问题的理解吗?它能帮助学习者卖得更好吗?这种"知识"毫无价值,而且除非人发生改变,否则知识技能不会被有效使用。我们都见过大量的"好学生",他们既是知识的巨人,却又是行动的矮子。比如精通生理卫生知识和营养原则,却仍不由自主地拿起曲奇饼干而不是苹果。对周遭缺乏好奇心的人,无心观察、深思,不愿意动手尝试,即使学富五车,也别指望他会去倡导变革、实施创新、创造新知。对别人没兴趣、没有照顾别人需要的内在愿望的人,怎么可能虚怀若谷且顽强不懈地寻找能够满足双方需要的方案?"伟大"的同理心知识和沟通影响技巧,恰恰从反面强化了这样的人的本能行为:更善于巧言令色、倾轧他人,让自己"赢两次"。在当今日益复杂的环境里,只有能够忍受阶段性的阻滞和纠结,克服对不同意见的天然恐惧,喜欢投身复杂的关系,把冲突看成机会而不是需要尽快摆脱、压制下去的坏东西,复杂性理论和系统思考、整合思维等方面的优秀知识才能在实践中发挥效力。局限于知识技能、回避人的发展，培训的回报率必然持续走低。新知识灌注到旧头脑，就像新软件装在旧电脑里一样，新装软件越多，电脑跑得越慢。只有更新硬件才能运行新软件。

在大多数组织，学习和发展职能中的"和"字只不过把两个职能简单拉扯在了一起，并没有像所希望的那样让这两个功能融为一体。学习和发展成了彼此割裂的两层皮，有些培训同仁更是把这两个功能按照学习者在组织中的低、中、高层级进行区分：领导力是高层的专利，发展更是只有领导力干预所特有的特征。培训行业在知识技能态度这样一个肤浅的层面画地为牢，不去研究反而"虚"化"发展"。其实，从人的发展的角度看，即便是知识技能的"学习"，表是器物之"学"，而里却是道法之"发展"。学习是发展的载体，无论对什么层级的学习者，教书都是育人的延续。

知识不是用来被记住的，而是用来改变人的。培训老师和培训组织者何必抱怨学员刚学了不久回头就忘记？只有你期待知识应被用来记忆，你才会对此有所期待。更值得思考的是，为什么知识经常没有转变为行动，难道仅仅是因为被遗忘了吗？不是的，是因为要么给予的本来就是没有用的知识，比如"知识的诅咒"，要么除了知识之外，我们漏掉了更重要的因素，而且没有干预那个因素。缺失了这个因素，就会导致即便没有被遗忘，所教的知识也不会产生有意义的行动。正视现实的深思常常令人不寒而栗，这里也是如此：这就意味着这种"学习"意义上的培训根本就不可能产生行为改变。

不要误解我的意思，这不是在阐述启发式和灌输式的区别,也不是在鼓励培训老师去采用启发式方式去开展知识的教育。不是方式问题,而是目的问题:培训不应该指向知识技能,而应该指向人的发展。

第三,把个体学员的"卡点"当作培训的靶点。好老师和一般老师有一个巨大区别。一般老师讲授"正确知识",而有效的老师帮助学习者解决他的"卡点"。好老师不急于教授,更不通过反复的讲解来让有困惑的学生跟上,而是停下来观察这个学习者,更多倾听他哪怕极其微弱的言语,试图找出是什么"卡"住了他,然后只需要寥寥数语便可令他茅塞顿开。我儿子经常因为马虎而丢分,我发现他喜欢在脑子里思考和验算而不是在纸上写步骤,也没有在审题的时候通过画线画圈来突出重点信息的习惯。对他而言,"正确知识"是前述这些有效的行为,而他的"卡点"是"那些做法太慢了","老师不会给步骤分"。这是他面对"正确知识"的"为什么不"。在"正确知识"层次上反复强调和训练依然无济于事,直到发现并解决了他的"为什么不"。

以知识为主体,人就消失不见了,"正确知识"成了培训者唯一关注的焦点。而以人为主体的培训认为,重要的不是讲清楚"什么是正确的",也不是证明"为什么这是正确的",而是"为什么他做不对","是什么卡住了他"。当人进入视野之后,培训者才能意识到人与人如此不同,坐在同一个教室里,相同级别同学发展状态的差别竟然如此巨大,对于同一个行为改变的倡议,每个学员的"卡点"可能千差万别。从目的看,人的发展不是把一群人同时提升到一个预定的海拔高度,而是让每个人从目前所处的高度向上有所提升。从手段上说,发展是个人化的,必须针对个人的"卡点",挑战其当前的站位。

总之，培训是一种针对人的教练活动。作为教练的培训者应该从关注迁移知识让人长胖，转向通过在场景中的自我觉察、心智成长让人长高。这种教练比人们熟知的企业教练更难，因为培训者没有企业教练那种通过长期观察获取发现的奢侈，只能在课堂等极为有限的时间，快速塑造能够让人暴露其特性，而且还要能使之形成觉察的场景，在短时间内对人进行敏锐的观察，把握其"卡点"并将其转化为干预靶点，抓住最有启发价值的瞬间，不失时机地创造意识突破和转化，而且还要同时面对多个个体进行个性化的教练。

此外，更新内容也是培训向以人为主体转变的应有之义。更新内容当然是为了运用最新的知识来回应这个时代人们面对的全新挑战。例如，学习了"时间管理四象限"的学员，依然任由重要的事情屈服于眼前紧迫、琐碎的事情。真实原因并非缺少优先管理的知识，而是缺少选择去做重要同时也往往是困难的事情的意志力。但是，意志力似乎是人与人与生俱来的巨大差别，这着实让人绝望。然而，现代研究对意志力有了很多全新发现。这些发现，已经帮助越来越多的人增强意志力。当培训者愿意超越与优先管理相关的"正确知识"，开始帮助人解决"为什么做不到"的"卡点"，也就是意志力的时候，我们发现，"时间管理"知识的更新是多么迫切。

以上"时间管理"的事例还昭示了培训内容亟待更新的更加重要的原因：从统一的"正确知识"转移到个性化的"卡点"。30年来，培训行业构建的内容几乎全是从企业的需要出发的"正确知识"或者标准操作。而现在，我们意识到培训必须再向前多走一步，去帮助学习者突破阻碍吸收以及运用正确知识、标准操作的"卡点",这样一来,已有的内容显然不够用了,需要重新围绕常见"卡点"构建更有深度的新内容。

例如,接受了大量理性决策培训、系统思考培训,然而在真实决策时,管理者依旧随着个人的直觉拍脑袋、拍胸脯、拍大腿甚至拍屁股。学员反馈培训教的以线性、阶段性为特征的理性决策不现实。一方面,不符合大脑的自然倾向;另一方面,不经过摸索甚至犯错误也不太可能抓取正确信息、理清思路。而近年来以加里·克莱因(Gary Clain)为代表的研究者认为,应当顺应而非改造人们在自然状态下分析和决策的习惯,认可信息缺乏、认知局限、情况紧迫的决策现实,决策方法应当鼓励并帮助人们在决策中更加有效地使用而非抑制经验和直觉(本书第五章第四节)。"系统思考"培训的长期效果同样令人沮丧。培训者发现,试图向学习者头脑输入"正确"的系统思考工具和方法不仅非常吃力,而且并不讨好。再一次,挫折缘自不尊重学习主体。"系统思考"内容本身没有错,问题是,个体不太可能在自然状态下进行自觉的系统思考,除非受到质疑和挑战。不过,既然我们的目的是通过系统思考让企业获得更高质量的决策,我们完全可以放弃让个体具备系统思考能力的期望,转而致力于让群体成为系统思考的主体。麻省理工学院的研究证明,经过训练,一群人在充满张力的互动中,经过竞争、融合产生的群体智慧可以近乎完美地符合系统思考的要求。每个成员的思考都不全面不完整,但经过看似"混乱"的过程,群体却可以整合出内在的秩序。这既是好消息,因为我们不必继续和个体的自然倾向"较劲",也是坏消息,要求我们轻量化过去一直在加"重"的"系统思考"内容,转而围绕改善"团队过程"以提高群体智慧水平来重建过去不曾有的内容，使内容反映最新的行为科学研究成果（本书第一章第五节）。

类似事例不胜枚举。

本书主要包括两个部分，第一部分着重论述"培训怎么了"，第二部分则侧重于"如何更新内容"。在第二部分，我分主题阐述了常见主题在内容上的现状并论述应该进行的深化。这两部分存在内在的联系，因为所有更新实际上都是在具体诠释第一部分倡导的培训亟待做出的改变。在第二部分涉及的所有主题领域，都体现了培训者对学习者与"正确知识"之间孰轻孰重的反思。只有把"正确知识"暂时放在一边，同时也放下知识赋予培训者的骄傲，我们方能虚怀若谷，以服务者的心态，小心翼翼地观察学习者的"卡点"，把"卡点"作为干预的靶点，寻找有深度的知识，重构培训内容。以学习者为主体，尊重学习，是培训最终得以实现帮助解决企业问题、改善绩效这个终极目标的必由之路。

并非知识越来越便于获得导致了培训的困境，而是现在的形势把培训行业逐渐固化的内在问题凸显出来而已。然而，眼前的危机，恰好为这个行业提供了变革所需要的强大动力。作为勇于正视问题、敢于"洗心革面"的培训人，我们正站在突破并重建这个行业的前夜。

2024 年 7 月 11 日

于加拉帕格斯群岛

目录

推荐序一 — 001

推荐序二 — 001

推荐序三 — 001

序言 — 001

第一章 培训再认识

1 活鱼还是鱼干？——从过程看培训 — 003

2 让培训不再是一次性事件 — 011

3 复杂时代，培训亟待改造 — 019

4 培训怎样帮助成长 — 061

5 沙盘：展现并提升学员的复杂度 — 075

6 学习的力量——介绍经营模拟训练 — 110

7 正确的评价是提升企业培训效果的关键 — 116

◆ 重塑内容：复杂时代的培训之道

第二章　领导力发展

1. 什么是领导力？　　　　　　　　　　　125
2. 什么是领导力发展？　　　　　　　　　132
3. 谁最迫切需要调整身份认知？　　　　　140
4. 如何保持领导力长盛不衰？　　　　　　144
5. 在专业培训中持续发展领导力　　　　　149
6. 帮助管理者用领导力化解本位立场　　　154

第三章　商业领导力

1. "战略"培训？先把战略和战略思维分清再说　　165
2. 如何培养商业领导力？　　　　　　　　180

第四章　帮助组织建设创新能力

1. 培养创新能力：误解何其多　　　　　　221
2. 交互和视觉化：新的生存技能　　　　　230
3. 重新定义问题：懂概念还要会方法　　　242

第五章 管人、管事、管团队

1 管人:"情境领导"不够了 — 265
2 发展性教练:让管理者与"鹰"齐飞 — 279
3 角色转变:二线经理也要再定位 — 293
4 问题分析和决策培训:想说爱你不容易 — 303
5 团队干预的新靶点 — 319
6 跳出团队建设的两大陷阱 — 325
7 针对新靶点赋能团队 — 332

主要参考文献 — 337

第一章

培训再认识

1 活鱼还是鱼干？
——从过程看培训

培训是一个既定的，有计划地鼓励学员长久改变行为的过程。

培训是一个过程，而不是一个事件。

大多数人都非常讲求实用，遇到事情经常会问："这到底有什么用？能当饭吃吗？"由于太重结果，他们对过程的含义往往不求甚解。这样一种追求实用，只要结果不管过程的心态在某些地区和某些企业（例如大量私营企业和很少有培训经验的中小型合资企业）格外明显。他们经常要求把培训的"水分"去掉。

其实生物体的大部分是水分，去除了水分的鱼叫作鱼干。

从过程看价值

如果不懂得培训是一个过程，你就很难真正体会到培训的价值。因为从狭隘的"结果"看培训，往往只能看到经过培训后学员拿到多厚的讲义、培训师讲了多少时间的"课"、一个培训有多少学员参加等等"有形"的价值，稍有经验的培训主管最多会看到讲课中讲了什么内容、用了什么练习和模型等等"具体"的价值。大多数人以为只要讲的内容一样,价值就应该差不多,却很难体会讲师的"促进(facilitating)"经验的价值,以及通过有效的促进,使学员真正增长了相关能力的价值。

其实,培训就像烹饪一样。鱼香肉丝是一道有名的川菜,所用食材和鱼毫不相干,经过厨师精心调制,却能让你品尝到浓郁的"鱼香"。

食材相同,菜肴的滋味却有云泥之别,这也如同针对相同的培训内容,不同培训师的手法有高下之分。手法体现在过程中,而过程需要演绎。有些人看过培训师带领学员做的游戏和练习,于是回来闭门照猫画虎,以为可以节省开支。殊不知照菜谱做菜,需要长期历练才能掌握真功夫。就拿我来说,我做团队合作培训,一直到了第四年才豁然开朗,嗅到了些许"鱼香"味。

学习本身是为导致某些预期结果而特别为学员设计,并使学员经历的心智过程。

而所谓培训,旨在通过提供信息、练习、游戏、作业等方式,为学员创造适合学习的外部条件和环境。学员所掌握的东西(态度的转变、知识的增加,或者技能的养成)来自在培训中他们自身的"学习";培训师所起的作用是创造条件,在培训中使学习得以发生。培训的"主体"是学员而不是培训师。在培训过程中,学员应该在培训师的引导下进行"学习",而不是被"教"。

因此,培训的价值在于,培训师和培训课程在多大程度上使学员运用自己的头脑去"学习",去挑战自己的头脑,而不是培训师教了多少时间、教了多少东西,更不是学员领取了多厚的手册。

通过过程发挥价值

有一个笑话,说某人好几天粒米未进,饿昏了头,便倾其所有买了几个烧饼。他吃了一个,没饱。再吃一个,还是没感觉。等到第五个烧饼下肚,他终于吃饱了,却极度后悔:"我真傻,要是一开始就吃那第五个烧饼该多好。"

作为客户,当你要求培训师用半天时间"讲完"一个需耗时一天培训课程的时候,当你要求培训师直截了当地"告诉"学员所要讲的道理,不要"花时间"去提问学员、让学员去想的时候,当你要求培训师"多讲,少做练习,加大信息量"、"讲一个例子就行"的时候,实际上你表现出了对培训师的不信任。必须尝到诱人的"鱼香",却不许把时间花在烹饪上,担心培训公司靠拖延时间多卖"天数",于是越俎代庖,代替培训师"炒菜"。其实,让学员花一天时间真正愉快地吸收、认同、掌握两个要点,远好过让他们"知道"十个要点。

如果你要求"能不能多一些人上课"、"要是不能多一些人的话,能不能派一些人旁听,坐在边上,不发言",要求"用会议电视系统同时让外地学员也上课",要求多派十个人参加培训,或者"只做观察员,不参与练习或活动",这实际上反映了你在判断培训价值上的不成熟。因为当培训的学习环境被改变成为"教"的环境时,培训的价值便丧失了。

这些问题往往会让我联想到上面提到的"五个烧饼"的故事。

既然培训是一个学习的过程,价值在"学"而不是在"教"上,作为培训购买者的客户和培训实施者的培训师,就必须把重点放在前四个烧饼上:如何最大限度地创造适合"学习"的条件,即允许过程发生,包括建设宽松、建设性的外部环境,激发正面的、愿意学习、愿意犯错、愿意尝试的学员心态,允许培训师从容实施从热身、展开直到收尾的完整过程。

我遇到过一家客户,打算为公司管理层做两天培训,地点是在距公司150公里的一座孤岛上。当时已是腊月,天寒地冻,偏偏又风大浪高。培训当天早上7点学员在公司集合,历经舟车劳顿,中午方才登上孤岛,大家已是人困马乏。于是只能吃过午饭再开始培训,晚饭后继续上课。当天适逢迎接澳门回归祖国联欢晚会,多数学员彻夜不眠,争睹盛况。但是第二天一大早8点又要开始培训,因为下午要赶回程的路,第三天必须上班。

我作为培训师大致还能强打精神"教",但是不难想见,学员大概已经没有多少体力和兴趣"学"了。

这是客观环境对"学"的制约。实际上,制约形成"学习"环境的因素还有很多,这些都是培训负责人应该真正重视的事情:

● 错误的期待:期待培训师讲课、教东西,甚至教现成就能用的东西,而不习惯自己在培训中体验、探索、感悟,因此放弃参与"学"的过程。由于在培训中培训师已经把整个环境塑造成"学习"环境,任何游离于"学习"环境之外,期望被"教"的学员将无法从这样的培训中获得益处,因而极易对培训感到失望。

- 大脑抗拒或者体力劳累:不觉得需要培训;被逼迫参加培训;认为学习过培训内容;因为培训而起床太早、培训到深夜,或者连续几天培训。
- "人文"环境不佳:课堂上人太多或太少,多数情况下是人太多;被"旁观者"或者电视会议系统观察;老板在场,甚至扬言要通过培训选拔人才。
- 时间压力:学员没时间形成自己的结论。
- 缺乏鼓励:培训师讲得多,问得少;培训师灌输结论多,通过启发、鼓励学员自我发现太少。
- 演练不足:没有足够机会帮助学员从"知道了"转化为"会了"。
- 信息不适当:太多;太深或太浅;与学员的现实环境差距太大。
- 环境负面:物理环境使学员联想到学校、联想到老板;太冷、太热、拥挤、嘈杂、气味令人不愉快;座位太舒适或不太舒适。
- 分心:工作或者个人生活上有麻烦。

培训是一个持续的过程

三年来为某家合资企业做培训的经历让我相信,对于培训的作用,需要有强烈的信念,必须长期持续下去。持续的过程,也是帮助被培训对象端正对培训的期望,以及学会"学习"的过程。

三年前,我第一次为这家公司做培训时,学员是刚从国营企业过来的中老年"干部"。因为培训过程中需要大量交流,于是把教室布置成了适合小组讨论的形式,看上去与其说是"教室",倒不如说是更像茶馆。当上课前进入教室的时候,每个学员都流露出惊讶的表情,简直怀疑自己进错门了,不知该坐哪儿。上课时学员们神情严肃,几无笑容。学员们摊开笔记本试图认真记录,过了一会儿就沮丧地放下笔,发现根本没办法记录,或者可能觉得不值得记录。他们的表情变得越来越焦躁不安。我安排了很多分享和交流练习,鼓励学员分析故事和案例,但竟然没人发话。只要是一开始做练习和分享,就有学员起身去洗手间,出门打电话,或者公司里不参加培训的同事推门进来找人。

自从第一次课间休息,就不断有学员上来向我索要更详细的讲义,或者要我介绍课后参考书。他们认为下发的讲义字大行稀,时不时地还要自己总结要点,实在不方便。

课后的反馈如何?——"信息量少""讲师应该加快节奏""课程内容不适合国情""希望加强实用性""最好提供本公司的实际案例""讲师需要更多了解本公司的实际情况"……这类反馈在所有培训做得少的公司和学员中最常遇到。

三年后,我再次回到这家公司做类似内容的培训。这回轮到我诧异是否走错门了。还是那些学员,却表情自信开朗、话语机智幽默。课上学员们热切参与每一项活动和练习,不断挑战自己的认知极限——从任何一个细小的故事和例子都能联想到自己身边的现实环境,进行对比分析,抽象出对自己有用的结论。

课后学员们的反馈更是令我吃惊:"非常实用","应该延长培训时间,多一点讨论"……

所有客户都是最关心培训的"实用性",尤其是只关注结果不管过程的客户。那么,为什么针对相同的内容,学员对实用性的看法竟如此不同?原因是,学员能否从培训中得到实用价值,并非直接取决于培训师"教"得怎么样,甚至不直接取决于培训内容,而是直接取决于学员是否围绕适当的内容进行充分"学习"。因此,"教"和"学"两方面都会对某个培训内容是否有用起到决定性作用:学员是否真正"学"了,培训师是否真正使学员"学"了。

"随风潜入夜,润物细无声。"当长期培训坚持下去之后,其实学员们得到的最大收获是养成对培训的正确期望,以及学会了"学习":他们自己在培训中体验、探索、感悟。他们投身到培训的过程之中,从相同的培训内容中得到最大收获,于是培训反而"实用"了。如果脱离了过程,结果必然是无源之水、无本之木。

结论就是:

● 信任你所信任的培训师。想清楚并且说明你的目标,然后让他去演绎,让他控制过程。

● 不要对培训价格过于敏感,更不要凭拿到手里的讲义来判断培训的价值。

● 允许过程发生并且完整推进,保持耐心。

- 不要在培训进行当中判断培训价值,这会阻止你投入培训过程;不投入培训过程必定不能体会培训的价值,这会让你坚信这个培训没有价值。
- 重点放在你的学员上,你要和培训师站在一边,共同使学员愿意并且能够"学习"。
- 准备长期持续培训。

2 让培训不再是一次性事件

线上培训在成人学习中正在发挥越来越重要的作用。和传统的线下培训相比,线上培训突出的优势是方便、方式新颖,不过,随着线上培训的普及,几个问题难免在大家的头脑中浮现出来:

- 什么是好的线上培训?用什么标准来判断?
- 线下培训还要吗?
- 线上和线下是什么关系?

这些问题,甲方在问,乙方也在思考。回到本原,培训行业最经典的问题是如何让学习有效,而不是如何做好线上。另一方面,线上培训的发展又为培训行业燃起了"新希望"——线上终于有机会成为培训全过程的有机组成部分,而不是简单的线上与线下。打通线上和线下,借着线上的蓬勃发展和线下的长期积累,有望极大完善培训效果。

根据30年的培训从业经历,我认为让培训有效在于三大关键:针对性、学习和过程。所谓针对性,是指在需要的时点,为正确的对象赋予最精准的内容。在这里,我试图从"学习"和"过程"两个方面,论述竞越是如何以及为什么要热情拥抱线上培训的。

重在学习

培训,无论线上还是线下,学习,无论正式还是非正式,其有效与否,取决于学员在多大程度上发生了"学习"。学习是动词,学习的主体永远是学员。"学习是探索的过程。"因为只有学员在头脑里发生了探索,才会把别人的知识转化为自己的知识。

比如,老师在讲"三角形的面积等于底乘高除以二"。学员可以盯着屏幕,可以记录老师要他记的几行字,可以有口无心地跟着朗读……在这个过程中,坐在教室里的学员很可能根本没有在"学习"。被"教"不等于"学"。直到学员说"老师,你等等,让我捋一捋……",这时他的头脑里展开了联想、对比、抽象、评价等探索……他正在经历学习的过程。

教育者与众不同的能力在于创造学习,而不在于拥有学习者尚不具备的知识。他反复琢磨如何让学员开动脑筋,如何不疏忽学员探索的瞬间。比如,速度不在于快慢,层次不在于粗细,例子不在于多寡,甚至视觉呈现也不是关键,把握以上分寸的唯一出发点是:了解并尊重学员内在的(探索)学习需要。

有的老师是地道的"讲"师:讲解流畅,制造热烈气氛,善于做出精彩的视觉表达,能够"引导"你说出他要的那个词句。他关心的是如何讲完自己要讲的东西,并收获学员的崇拜,唯独缺少让学员探索的适当挑战和空间,以及在探索过程中因势利导进一步促进学员去思考。因此,教育者与"讲"师的根本区别在于:你心心念念的是你和你的"知识",还是眼前的学员以及什么才是最适合学员进行探索的教学方式。学习(这里是动词)是获得学习(这里是名词)效果的唯一途径。学习规律既适用于线下,也适用于线上。

在竞越,线上线下对我们没有分别,线上和线下都是我们创造学习发生的教室。在竞越,我们看到大家不仅热情拥抱线上,而且把创造学习的热情和技术延伸到了线上。于是,竞越出品的线上产品带着浓厚的学习印记。

无论是在线下还是在线上,对重要知识点,我们践行赫尔巴特学习循环:在准备(preparation)阶段建立相关的场景。针对有准备的头脑,讲师呈现(presentation)相关事实和数据。然后,老师给学员时间进行比较(comparison)和抽象(abstraction),让学员探索新的事实和已经知道的事实之间的异同,继而推动学员把新旧观念放在一起进行抽象和概括(generalization),形成普遍原理。最后,通过应用(application)深化理解,并促进举一反三。

比如,竞越"见字如面——邮件技巧线上培训"在讲解写邮件的四个原则时,竞越的老师会这样讲:

1. "同一件事,不同人写的邮件,效果可能差别很大……
2. 对比这两个邮件……你希望看到哪一封邮件?
3. 大家说说,这封邮件好在哪里?
4. 是的,归纳一下大家的看法:写邮件要注意四个原则……

5. 各位，平常你比较容易忽视哪个原则？你希望今后注意哪个原则？

这么讲课，对学员的价值在哪里？别的不说，在讲任何课的时候，记得问问类似第 5 项问题，你的课程对学员的意义就会有质的飞跃：(第 4 项形成的)普遍原理在那个被提问的瞬间触碰到了学员自己，在学员心智里暗生改变的决心。

你也可以这样讲："写邮件要注意四个原则……我分别讲讲这四个原则的含义……下面我说说为什么要遵守这四个原则……遵守了四项原则你就成了写邮件高手……"是的，老师讲解非常清晰，但学员没有时间对来自老师的"新"信息，与自己的"旧"经历或者"旧"信息进行对比，更没有联系实际的应用。在线上，作为老师，我们不允许问"明白了吗？"因为我们深知"不知道自己不知道"是阻碍学习发生的一大障碍。所以，我们必须在讲完一个要点后，给学员一点"消化"的时间，然后提出一个需要动脑筋的问题，让学员运用那个知识点。如果学员能够给出正确答案，老师才能确信这个知识点已经传递到学员头脑中了，而不是"我"讲过了。

在线上，通过对学员"举手"快速做出统计等技术手段，为学习创造提供了新的可能性。而执着于教育的竞越伙伴们，无论如何也不会满足于仅仅公布统计分布。统计分布是多么好的比较和抽象的素材啊，怎么可以轻描淡写地公布统计结果，而不善加利用来推动学员咀嚼思考呢。作为致力于让学习发生的教育者，我们一定要利用统计数据，追问在各自选择背后的假设和逻辑。如果不能用来推动学员的抽象和概括，那么何苦浪费时间安排一个"举手"的调研呢？

培训是一个过程

30年前，在我接触培训的第一堂课上，老师就反复强调作为"有计划地改变行为的过程"，培训是一个"过程"而不是一个"事件"。这背后隐藏着我们必须遵守的学习规律。在课堂上，学员获取的信息短暂保留在短时记忆里。如果不能离开短时记忆而进入长时记忆，无论多么精彩的课堂经历都不会产生实际意义。相反，如果能够延长学习过程，要求学员证实所学的东西，学员就必须在长时记忆中检索出所需要的内容，于是相关的信息又回到对实际工作有意义的短时记忆。

进一步地，学习过程的最后一个必要环节是"反馈"。经过反馈，学习者从外部得到核对，了解自己是否达到学习目的。外部反馈最终巩固和强化了学习。任何知识和技能的学习概莫能外。训练飞行员时我们会这样做，培养核反应堆操作人员时我们会这样做，培养药剂师时我们会这样做，为什么培养管理者、培养职业人士的软性技能时我们就不这样做了呢？遗憾的是，事实上近30年来，绝大多数培训都是一次性事件。即便是行动学习项目，虽然延长了项目过程，但对于项目中的每个知识点和技能，基本上都还是一次性事件。无数的行业报告、白皮书一次次地重复大家熟知的事实：企业领导最关心培训效果。经典学习理论早已揭示了基本事实：唯有完成整个学习过程，培训学习才会有效果。每年都有新的"培训技术"以行业救

◆ 重塑内容：复杂时代的培训之道

世主的面貌出现，希望以"轻巧""有趣"的方式回避"粗笨费力"的培训过程。然而，至今没有什么新鲜的"理论"和"技术"能够圆满回应有关培训效果的经典拷问。

如今线上培训发展得越来越成熟，而我认为技术并没有替代线下培训，而且技术为培训提供了形成完整学习过程的条件。在竞越，我们一直在通过技术手段，丰富和深化竞越传统上的创造学习的能力，延长学习过程。比如，竞越的混合式翻转课堂（"线上+线下"），无论是沟通、演讲还是项目管理等内容，都做到线上和线下双管齐下，形成完整的过程。

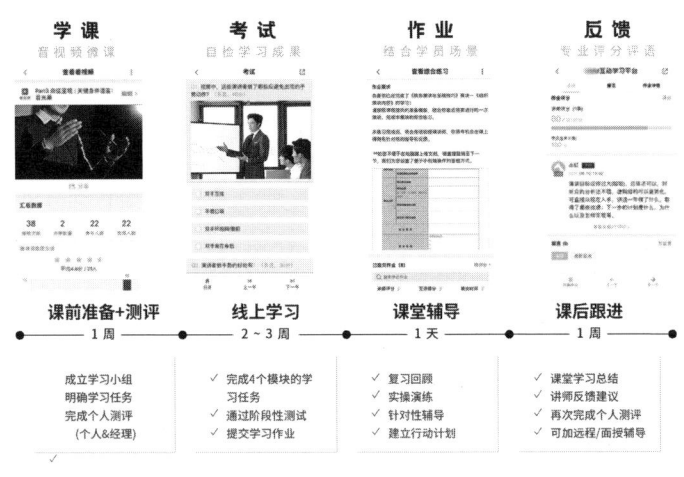

项目流程

理论提前学：课前两周，通过自我测评诊断、图示化的知识点讲解、基于典型场景的剧情闯关以及任务挑战赛等多样化的学习设计，让学员始终保持高涨的学习动机。

2　让培训不再是一次性事件　◆

1 可以选择自评结合他人评形式
同时训练前后可各测一次

2 采用数值型测评题型
从五大维度综合评估

3 将生成"个人演讲能力雷达图"
明确自身优势和待提高的方向

课前-水平测评

"线上"或"课堂现场"
刻意训练 脱敏练习　即时反馈　现场迭代

学员录像
回看自我表现
才能不断突破

学习报告
班级&个人
线上&线下
评分+评语

课中-以学员为中心的工作坊

远程辅导
学员提交录像及PPT
讲师给予评分及文字评语
录像10~15分钟/人

面对面辅导
线下1对1演练点评
可反复多次练习
30~60分钟/人

远程答疑
学员提交修改后的PPT
老师集中辅导/点评/答疑
1小时/班

课后-辅导方式推介

017

分项能力课上练：有了提前的知识储备，节省下来的课堂时间就能用来练习、应用、反馈，完成知识内化和应用的"双迁移"。

受新冠病毒感染疫情防控因素影响，竞越在混合式翻转的前提下进一步研究，实现主要学习步骤线上化的升级，即除完成线下作业外的所有环节都能在线上得以实现，充分解决不能线下集中的问题。例如，竞越创新研究院推出的"英为®敏学快享"方案，线上观看5分钟视频，线下学员完成15～30分钟的作业，线上再参加90分钟的直播辅导课……如此往复三轮。

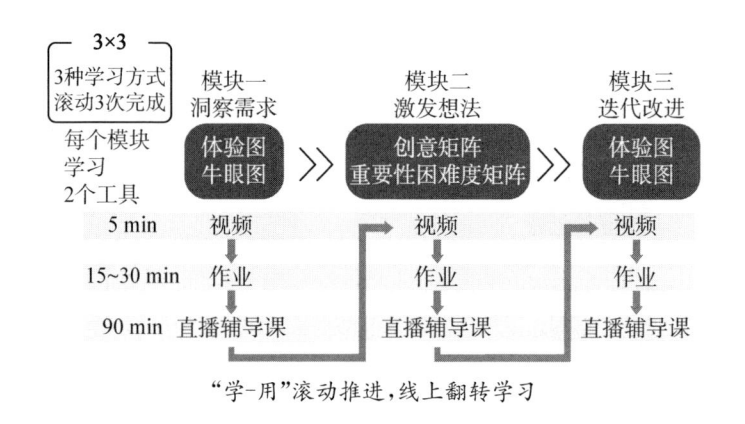

```
3×3
3种学习方式    模块一      模块二           模块三
滚动3次完成    洞察需求    激发想法         迭代改进
每个模块      体验图  >>  创意矩阵    >>   体验图
学习         牛眼图      重要性因难度矩阵    牛眼图
2个工具
    5 min      视频        视频              视频
                ↓           ↓                 ↓
15～30 min    作业        作业              作业
                ↓           ↓                 ↓
    90 min    直播辅导课   直播辅导课        直播辅导课
```

"学-用"滚动推进，线上翻转学习

将学习和实践有效结合，轻量化地解决学习有效性的问题。创造完整的培训体验是我们永远不变的追求，无论线上还是线下。

最后，线下课堂不一定有学习。线上课堂不一定没有学习。线下课堂不一定创造了学习过程。线上课堂不一定创造不了学习过程。所以，我们不再区分线上还是线下，而是携手探索，共创完整、真正的培训。从此，培训不再是一次性事件。

3 复杂时代，培训亟待改造

我们常常谈论乌卡（VUCA）环境，却鲜有谈论乌卡中的人。在这个时代，人应该做什么变化？培训又该如何帮助人们适应乌卡时代？

复杂环境需要开阔思维

不论是公司领导，还是部门负责人，抑或是普通员工，甚至退休在家，如今人们都已深陷复杂环境之中。孩子在与上一辈完全不同的环境中成长。以前孩子们可以一起在户外疯跑，不用父母悉心呵护照样能健康成长。以前玩的东西不容易上瘾。现在呢？网游对孩子的吸引力绝不是捏泥巴、跳绳可以相提并论的。现在的孩子特别有主意，让父母伤透脑筋。再看公司里。前几年就有学员向我抱怨，说很不习惯在公司里做什么事都要"刷脸"。当时我回应说，不用多久每家公司都这样。现在已然如此。无论在哪家公司都要"刷脸"去拉动资源。公司人才密度越来越高，能人聚集。在招募这些能人进公司的时候，要求文化吻合、三观一致已是奢望，只要办事能力够强就求之不得。人人都有自己的想法和打算,能人更是如此。

营商环境更是日益复杂。我举一些例子,大家会更有感觉。房地产行业发生了巨大的变化,除了政策调控因素,还有一个天大的问题:房价不涨了。以前房价不停上涨,给房地产公司提供了极为有利的经营环境。什么样的房子都有人抢,出现什么样的群体性事件都很容易解决:先是好言相劝,客户要是不从,那就请退房吧。上涨的房价能掩盖一切问题。房价不涨了,真替房地产公司的经营和管理能力捏一把汗。互联网巨头也难受了,现在强制要求打开外链,互联网逻辑中的"孤岛"效应这个大前提便不再成立了。执法机构做事也更加规范了,既要果断执法又要程序合规……凡此种种,哎,"我太难了"。

我们从过去走来,带着过去那个时代形成的简单头脑进入当今复杂时代,简单的头脑不由自主地逃避复杂。我讲个例子。我儿子喜欢打篮球,每周都要参加几次篮球训练。有些训练安排在放学后,从下午4点打到6点。之后回家路上还有一小时左右车程。那年他才10岁,一路上饿得喊爹叫娘。有一天,我把他送进球场后,和太太在附近闲逛。刚走进一家精致的日式小店我就看到有一种饭团,是我儿子爱吃的那种金枪鱼饭团。我喜出望外,有主意了!买个饭团,训练一结束就能吃。我掏出手机就要买。这时,我太太拦住我,说:"还是别买了。"什么?别买了?听到她这一句"别买了",我立刻皱起了眉头。她接着说:"到家7点了,吃了这么大一个饭团,还吃不吃晚饭啊?"我当时就有些恼火。请你体会一下我为什么会恼火……事后,我认真地自我反思了一番。原来,对我来说,买饭团只要解决一个问题就行了,那就是孩子训练后马上吃上东西解饿。

这是单一约束条件的决策问题。我太太"横空"提出了另一个约束条件：还不能影响小朋友吃晚饭。单一约束突然变成双约束，此时脑子不够用了，焦虑情绪一下子笼罩了我。我想要发作！……进一步深入反思，我发现当时那种焦虑其实是简单头脑在面对复杂环境时卡壳后的反应。而本能的"动粗"欲望其实是想尽快摆脱复杂情况，让自己不必继续处于焦虑状态。"动粗"，对有权力和无权无势的人来说虽然表现不同，但背后的触发机制却是相同的。有权力者可能动手、动用威权进行弹压。无权无势的人却可能"老子不干了，惹不起还躲不起吗"，或者情绪爆发、"撒泼打滚"。共同之处，"动粗"的本意都是为了摆脱因简单头脑与复杂环境不相适配而激发出的焦虑。

现在各种组织都充斥着烦躁，普遍性的烦躁反映出大家的头脑早已适应了简单环境。简单的头脑总是本能地回避复杂。回避有多种多样的表现。"干掉他"是很常见的一种表现。有权力的人懒得耐心细致、抽丝剥茧地解决问题，"解决不了问题就解决提出问题的人"，这多简单！没权力的人怎么"干掉他"呢？可以撂挑子、抓把柄来威胁呀，可以用眼泪让你心生内疚，更可以用大嗓门让你屈服呀。哄骗也是回避复杂性的常用办法。说假话来回避可能的冲突，或者只告诉对方一些说得出口的理由，回避有压力的事情。借助团体压力让人闭嘴是第三种常见方式，"我们团队的使命、价值观……"挂在嘴上扯着虎皮吓唬别人，"大家都有共识了，就看你了。"再比如，与人有关的决定不去跟当事人事先沟通，而是在会议上直接宣布，打你个措手不及。因为事先沟通有可能惹出很多麻烦，如果当事人不同意就会骑虎难下，所以干脆到会上直接宣布，希望当着那么多人的面，当事人不至于闹出太大动静、说出难听的话。还有一种在家里很常见的回避方式，即"情感绑架"。"我哪点儿对不起你？""我多么辛苦，这么晚回来，还要给你做这做那，你就这么对我吗？"这都是亲人之间的"绑架"。上述种种手法都透露出我们的回避倾向。我们希望避免探求对方的需要，避免深入甚至痛苦地进行交流以便找到一个能够满足各方需要的解决方案。从（我的）单维度去解决问题多么简单！

复杂的环境需要更加开阔的思维，但是我们本性上已经长期习惯了这种简单环境。不加思考就逃之夭夭，头脑如何能够向适应复杂性进化？

那么，本该帮助我们适应复杂环境的培训工作做得怎么样呢？回到那个饭团的例子。我接受过的众多培训可以帮我更好地处理这个场景吗？我想到了一个非常普遍、非常重要的培训内容，叫"同理心"。如果你也参加过类似培训并还记得同理心技巧的话，请你指点一下，我当时本该怎么与我太太沟通？

大概应该这么说："我理解你想……"，然后马上跟着一个"但是"！一个"但是"让你的内心真相显露无遗。用了同理心技巧，不代表你有同理心，对方的话你很可能根本没听进去，更没有片刻思考过什么样的立场既能满足自己的需要，又能满足对方的需要……如何找到一个满足双方需要的解决方案？"了不起"的"同理心技巧"无非提供了一个缓解冲突、避免冲突的话术。或许你还会建议我采用更"高级"的方法："不带'但是'的同理心"技巧。人们对"但是"很警觉，所以，不加"但是"可以更好地隐蔽你的立场，从而让对方在不知不觉中接受。即使对方回头醒悟过来，也已经不便于打脸你了。培训之工于心计、精于技巧可见一斑。然而,不加"但是"能让"我"听进去对方的话,琢磨对方话里话外的需要,深思或者展开如何满足双方需要的探讨吗?不会吧?可见,不加"但是"乃技巧尔,并不会带来有意义的改变。因为"我"看不到这么做的意义,处在现有发展境界中的狭隘之"我"只能看到"搞定"对方、推行"我"坚信的"正确"想法的意义。在北京大学上课时,辜鸿铭梳着清朝的辫子、穿着马褂走进课堂,常被耻笑,他是怎么回应的?他说:"我头上的辫子是有形的,你们心中的辫子却是无形的。"辜鸿铭说得很犀利,很多人虽然穿着洋装,但思想和见识还拖着大辫子。人还是那个人,塞进去的各种技巧在大脑皮层至多停留七天,这与剪了辫子、出门临时套上洋装,回家马上抱着烟枪躺倒在炕上吞云吐雾的大清遗老遗少如出一辙。人不变,所学技巧就算还没忘记干净也懒得用,即便用起来也是半吊子,皮之不存毛将焉附?相反,人变了,能看到更广泛的联系,看得到更多的可能性,不仅容易接受技巧,而且还会用得游刃有余,因为那些技巧反映的将是他这个新鲜人所固有的逻辑、本色的处事方式,以及自然的思考方式。

培训亟待改造

传统培训重视技巧而忽视人,这极大限制了培训真正且持续产生价值,培训行业也因此往往被领导力发展领域的同行们边缘化甚至诟病。不过,从积极的角度看,这何尝不是培训行业蕴藏的一个潜力宝藏呢。那么,重视人,究竟是什么含义?怎么做?

企业竞争优势越来越微薄，原来领先的战略谋划、运营诀窍很快就会被效仿和超越，甚至颠覆。企业之间最大的差别在于学习能力，学习是最后一个竞争优势。无论到了什么时代，培训部门所做的各种努力，背后的根本出发点始终应该是构建企业的学习能力。只不过，培训需要改造。现在的培训想方设法竭力让学员学东西，但对人的发展却畏手畏脚；培训从业者把自己限定在态度、技能、知识（俗称 A. S. K.）领域，而把发展人的事业拱手让给领导力发展领域的咨询顾问们。这些年，在战场上厮杀的将士们越来越有力不从心的感觉，然而培训传授的知识和技巧似乎并没有对他们提供很有效的帮助。相反，培训的作用越来越遭受质疑。根源恰恰在此。哈佛大学心理学教授罗伯特·凯根说："自我复杂度与环境复杂性的契合程度是人成功的关键。"环境一天一天呈几何级数复杂起来，而人的自我复杂度不能同步提高，落差越大，将士们就越有力不从心之感。这时，知识技术培训并不能解决问题，人的发展，即提高人的复杂度，使之与环境的复杂性相契合，才是解决之道。就如同硬件必须升级，安装了新软件的老旧电脑才不至于卡顿一样，提高人的自我复杂度，是知识技能培训起效的前置条件。灌输知识技能让人"长胖"，而人的发展是让人"长高"。高度提升了，眼界随之开阔，而开阔的眼界将为面对复杂环境的人们开启更为宽阔的思路。可见，培训专业只有担当起发展人的重任，才能传递真实价值。

培训首先要帮助人们不回避复杂性

培训首先要帮助大家去拥抱复杂性，不惧怕投入复杂度高的关系中。南宋陆游诗云"遗民泪尽胡尘里,南望王师又一年",盼着南宋打回汴京。遗民,即改朝换代后虽劫后余生但不仕新朝之人。虽改朝换代了,仍忠于前朝,拒绝融入新朝。我借用这两个字来指很多人其实都是上一个时代的"遗民"。世界已经进入乌卡时代,但很多人的心智不仅停留在前一个时代,而且有意识地远离新时代。我们希望在自己麾下拥有一切必要的资源,因为横向合作难免要跟别人磕磕绊绊,于是自建体系躲进小楼成一统;当权者希望有足够的权威,这样就不必承受沟通和协商的痛苦;"有本事"的人宁可做技术工作,因为"人太难搞"了,技术更"单纯";学校里的老师,希望同学举手等叫到再发言,省得乱糟糟一片,既要生动活泼,又不能混乱一团;在家里,孩子要乖巧听话,既担心孩子缺乏主见,又不允许孩子顶撞、不服从。本质上这些不都是在回避复杂状态吗?

很多人坚持锻炼。不知你注意到没有,很多人选择的锻炼方式有一个共同特点,比如长跑、健身训练,都是一个人做,不需要跟别人发生密切关系的。健身无疑成就了更强健的体魄和更坚定的意志品质,同时也强化了更加孤独的自我。这么说虽有武断之嫌,不过你会不会有共鸣?即使肌肉再发达,精力再充沛,毅力意志更坚强,多数人仍然希望和志趣相投的朋友在一起。你会说,志同道合、情意相投才为友呀。志同道合者虽可能"引为知己"却"交情甚浅",志趣不同却可能"交谊深厚",朋友是交出来的。志趣相投但聚少离多的知己只不过是自我慰藉的幻象,"交谊深厚是为朋"才是生活的真实。只不过简单的头脑不愿意招惹"异己"罢了。在家里,女士们希望自己的另一半单纯省心,老公最好是工程师之类的职业,为啥?心思简单,朋友不多,顾家呀。要是老公做销售,老婆就不太放心了。孩子呢,乖巧听话,对吧?找个阿姨既不能太土气,也不要太俊俏。进一步,看看工作同事。你是否很希望和价值观相同的同事在一起工作?领导强调价值观一致、文化认同、执行力强大,下属希望上级容忍豁达、开明纳谏?如果遭遇固执己见的领导,你是将其视为稀松平常的正常工作环境还是痛苦异常,渴望天边的"异国他乡"?对手下的团队,你希望他们闻鸡起舞、殚精竭虑、亲如兄弟,大家不但拼命干活,而且还兄弟般相处,不过必须有一个条件,那就是我是兄,你们都是弟,别的都好说,对吧?有人说话算数,一个人做主,这相对于七嘴八舌来说做事容易,决策效率高。中国人普遍追求"效率"和"速度",反映在各个方面,追求决策效率,对很多人来说是天经地义的。但"效率"带来的往往是更深远、长期的影响,更大的损失,对此人们却不太关心,即便决策最终带来了长期的恶劣后果,简单的头脑也不会追溯回到"效率"诉求以及围绕"效率"诉求所形成的决策机制上。这都反映了简单头脑对简单环境的留恋。即使意志品质再坚强,你仍怀揣一颗脆弱的心。

领导者不在于身体多么强健,意志品质当然要坚强,但更难得的却是乐于投身复杂的关系。很多人喜欢做领导,喜欢的是领导的待遇和荣耀,但普遍不愿承担领导者的责任。在筛选领导者人选的时候,需要优先解决这个问题,在领导力的长期发展过程中,也必须下更大功夫持续解决这个问题:他真的是一个适合做领导者的人吗?我们如何帮他成长为接近领导者的人?光辉国际(KornFerry)是一家享有盛誉的领导力咨询公司,其对领导潜质的一项定义非常深刻:"他们喜欢那些需要对基本不在自己直接控制范围内的结果负责的工作。"这话有点拗口,啥意思呢?就是领导者或者有领导潜质的人必须喜欢这样一种工作,你不仅要愿意对结果承担责任,而且当很多资源、很多变量不在你的直接控制之下,你仍然认为你、只有你应该担当这个结果。绝大多数人不喜欢这样的工作,虽然绝大多数人还是喜欢当领导。当谈及绩效指标的时候,普遍会跟老板谈:"这考核不合理,这个指标不能我扛,因为很多东西我控制不了……""我"能控制啥?么思考问题的人就不太具备领导潜质。而领导者本能上就需要对那些他自己基本控制不了的结果去负责,不仅接受,而且他喜欢这样的挑战。当创业者创业的时候,这个世界上还不存在他要做的东西。他要去说服别人,但任何人他都控制不了。于是他去推销,去说服监管部门,允许他打擦边球把这事先做起来。创业者绝对不会抱怨任何事情不在他控制范围内,他们无疑是"领导者"。

根据人的复杂度来筛选合适的领导者人选,劝退和淘汰不合适的人选,发展潜才和现任领导者的复杂度,使其复杂度更好地匹配环境的复杂性,这么做就抓住了领导力发展的根本问题。要观察、选拔和发展"人",首先不在于他拥有多少领导力"知识和技巧"。敲黑板:领导力发展的核心是选人和发展人。人!比如,在复杂的人际关系中,面对不喜欢的人,是尽量减少"不必要"的接触,能邮件书面往来就尽量避免见面,还是不光在上班时频繁往来,下班后还经常走动、一起活动?与同僚相处,无论对方是值得自己尊敬的,还是混日子摸鱼、两面三刀之辈,都能自如密切地交往,甚至乐在其中?遇到不如意的下属,是设法提高自己的辅导和管理技巧,还是缺乏耐心、动辄换人?

有改进改善建议的时候,直截了当呈现给领导,抱着只要真心实意为公司着想就会被领导欣然接受的预期,还是想方设法寻求适当的影响路径,创造合适的机会,抓住影响的契机,运用影响技巧和政治智慧,提高影响利益相关方的机会?决定上述不同选择的首要因素是"人",其次才是"知识技能"。一个人,如果遇到复杂的事情,只会用各种办法回避,"干掉它",压服,哄骗,动用群体压力,感情绑架……无论如何都不可能成为合格的领导者。

无论领导者还是普通人,我们都回不到简单时代了,唯一的办法就是提升我们的心智复杂度,让思维更加开阔,因应复杂环境的能力更加强大。但是,在提高心智复杂度之前,要先接受复杂,不再惧怕复杂环境,敢于投身复杂的关系中。接受一个不怎么听话却特别有主意的孩子;接受组织越来越扁平化,处处都要"刷脸"拉动横向资源;接受领导已经越来越不知道该怎么办,需要你的建议;接受人的价值观丰富多样。

培训要帮助人们提升自我复杂度

除了让人拥抱复杂性,不要回避复杂性,还要让人有信心在复杂环境中游刃有余。所以,培训要做的另一个改变是致力于提升人们的自我复杂度。

希望你还记得我说的那个饭团的故事。虽然当时我非常想发作,但毕竟这些年修养还是好了一点,加上身体机能没那么好了,所以反应没有那么快,终于没发作。就在这时,我看到周围货架上陈列着一些两根一把、三根一把量很少的香蕉。我瞬间眉开眼笑,如释重负:完全是因为我找到了一个解决方案。

那就是买两根香蕉吧,既可以解饿(这能满足我的需求),又不影响孩子回家吃晚饭(这满足了我太太的需求)。方案总是有的,只是你不能让肾上腺素上头,别那么快做出反应。当管理团队因为不同意见而争执不下时,马化腾喜欢说"等一等""再看一看吧"。所以,拥抱复杂,我们的眼睛才能看到更多的可能性,看到事物之间更广泛的联系,这样脑洞才可能敞开。哈佛大学罗伯特·凯根教授说:"自我复杂度是面对高度复杂的环境,能够展开多角度的思考或者进行高度抽象思维的因应能力。"在复杂状态中依然能够展开多维思考,眼睛看不到、当前尚未展现出来的抽象事物和抽象关联,你也能考虑到。复杂度越高的人,越能够因应复杂性环境,而前提是他们看到更深更广的关联。

培训需要关心人们看到了什么,以及是什么限制人们看到更为宽广的世界,其中有很多看似无关的联系。眼界开阔了,行为才会发生根本性的自觉改变。

你在复杂度的哪一层级

Unlearn(弃旧),才能 Learn(图新)。所谓 Unlearn,就是要摘下遮住自己眼睛的眼罩,然后,你才能看到那些一直存在但之前却看不到的信息:对方的想法、客户的需要、别人的经验、自己的虚妄、更广泛的联系、看似无关却至关重要的信息。遮挡人们视线的"眼罩",就是人们复杂度的边界,也叫心智层次。如果我们观察孩子,可以很清楚地看到他们的成长。其实成人的复杂度也一直在发展,突破原有的边界,迈向新的层级。每个层级都有一个边界，只要你还没稳定地发展到下一个层级，当前层级的边界就是你的极限。可能偶然一两次突破了边界，但十有八九次都会被拽回来。你经常在哪里被拽回来，就说明你的心智模式发展到了哪个层次。一般来说，心智层次有四种。

自我中心者

第一个复杂度层级叫作自我中心（Self-centered）。

孩子处在这个层次的居多。他想要什么，此刻就非要不可，否则就大哭大闹。比如饿了，就立即要给他食物，没有计划也不肯等待，因为他不知道做饭需要时间。端来的饭菜太烫，他就会哭闹，他要饭立即凉下来，因为他不知道降温需要时间。孩子的这个例子很直观，成年人的自我中心不会体现在食物的烫与不烫上，但同样是对自然和社会规律知之不多。自我中心者看得见眼前的、直观的、直接的联系，但看不见抽象的、长远的和间接的联系。擅长处理眼前的危机但不理解恰恰是自己的行动为未来埋下了更多危机。自我中心者知识面很窄，却认为自己已经掌握了宇宙真理，他们不是"不懂装懂"，而是真以为自己懂了，而且懂得比专家更"透彻"！"要那么繁琐的理论干啥？够用就行了呗。其实世界上的事情没那么复杂。"要用有限的知识和极为简单的体系去指导一切、解释一切，所以他们喜欢打比方或者比照以往的事例。他们喜欢"简单明确"，"非黑即白"，"善恶两分明"的结论。他们不喜欢从左到右的系列光谱，他们记住结论但忽视结论的前提，任何需要分析的、没有明确"可量化"标准的结论，对他们来说都太"复杂"，"不实用"。武断的就是"明确"的,片面的就是"透彻"的。

　　他们只关心自己的、眼前的那点事。因为看不到别的事情,或者虽然能看到,只要看不到对自己眼下有什么好处,也根本不值得费劲去关心,"操那个心有啥用？能多挣钱还是多长两斤肉？"现实利益、丛林法则是自我中心者的核心理论。遇到想法不一样的人和他们的体系难以解释的事物,他们都会感到不可理喻,但不会因此产生好奇和兴奋,反而会愤怒、恐惧和排斥,因为他人和外部是一个奇怪而神秘的世界。他们很难理解复杂的情绪和细微的情感需要,习惯用自己的感受和想法去诠释别人的想法和意图。他们认为别人跟他一样不会发生改变,所以不相信对话、协商、妥协、双赢。"要么我做主你听我的,要么你给我一个明确的领地范围,我的地盘我做主,别人少来管我。""相信我就听我的。""用人不疑疑人不用嘛！"

　　举一个例子。最近油价涨了,网上有人说:"油价上涨关我什么事,我又不开车,让那些有车的人多花钱有啥不好？"他们看不懂油价上涨跟自己有什么关系,因为他们只能看到油价和车的关系,看不到油价与更广泛因素之间的联系。第二天他们又开骂了:"菠菜已经十块钱一斤了。"这次开骂是因为菠菜价格影响到了他的利益。他们到此还不懂油价与菠菜价格上涨之间有什么关系……油价高了,运输成本高了,农用物资价格也高了,比如化肥价格就和油价关系很大。农民浇水的成本也高了。这些是油价与更广泛因素之间的关系。

　　从章回小说、说唱戏本、民间传说,直到连环画、口耳相传的野史、历史课本中的简单化结论、脸谱化人物、戏剧化情节,它们一同构成了自我中心者的哲学和文化资源,这些内容的共同特点都是对既定结论的诠释,却不展开结论的形成过程,当然读者就失去了锻炼思辨能力的机会,更没有形成不同结论的空间。由于哲学文化资源有限,且缺乏审辨思考的能力,他们只能用自己知道的那点东西来诠释一切。阴谋论为什么盛行?因为阴谋论这一招就能解释一切。可以用阴谋论来解释政治斗争,解释国与国的关系,解释民族长期遭受的苦难……屡试不爽。还可以用来解释老板为什么任用某个干部,当然,如果老板任用的恰好是女性,就更符合自我中心者的解释模型了。老板对某个下属好,老师给某个同学打分比较高,在他看来,这肯定是偏心,要不肯定有什么隐情。因为他看不到,或者即使看到了也不相信老师和老板还有有别于他的想法的评价标准,"别的都是扯淡"。

　　自我中心者不仅看问题简单化,处理问题也高度简单化。他们理解不了别人细微的情感和别人的需求,也根本没心思去尝试理解。由于不理解丰富的情感和情绪,他们本来就排斥具有丰富情感需求的人,因为这样的人提出的问题和主张的诉求让事情更加复杂,使他们的生活更加困难。由于难以理解问题的复杂性,他们看不到一件事情的广泛联系和长远后果,也没有能力深入耐心地挖掘多种可能性,因而解决问题的手段单一。"快刀斩乱麻""有魄力"是他标榜的自我形象。无论什么问题,他都希望立即解决掉,尤其是碰到冲突时。当局面的复杂性超过他的复杂度时,如果有实力,他会本能地诉诸简单化手段去解决复杂问题——暴力、实力、权力、砸钱!一句话,就叫"搞定"。不顾一切摆脱"烦"带来的痛感。"欠饿!""吃饱了撑的,饿他两天什么问题都解决了。""哪儿来的这么多毛病?

大家都好好的,为什么偏偏你有这种毛病?""别人能行,你为什么就不行?"……如果实力不足以压倒对方,他会说:"好汉不吃眼前亏。""惹不起还躲不起吗?""你给我说清楚我的岗位到底要做什么,工作标准交代明确。我只管我这一摊儿,别的我不管,你也别来干涉。"……这样就避免与外界发生复杂关系了,不需要沟通、影响、合作了。

如果组织要做出变革或者领导者要推行一些新的尝试,在自我中心者看来,那叫没事找事,"吃饱了撑的"。因为他看不到变革与未来的关系,看不到变革会给更大系统的关系带来益处,更看不到自己是这些益处的间接受益者。让他做额外的事情,他马上问:"有钱吗?""对我有什么好处?"——比如,忠诚于一个组织,能带来什么好处?人际关系的投资对未来会有什么好处?"有用"是他们交友的唯一原因。

对自我中心者,培训和领导力发展的作用是帮他们摘掉自我中心的"眼罩"。光辉国际提出的领导潜力中包含19个子维度,其中很多都与领导者是否突破了自我中心层次有关。比方说领导者脱轨因素中的"反复无常"和"故步自封",显然是自我中心者的通病。思维固化却又不能理解问题的复杂性,那么学习"敏锐度"、"解决问题"能力、"灵活性"无论如何也好不了。对于没有耐心、此刻就要解决问题,要求是非曲直黑白必须分明的自我中心者,"模糊性"简直就是噩梦,怎么能做到"容忍模糊性"呢?正因为这些原因,基层领导者中有不少其心智发展还处在自我中心层次,很难进一步发展成为处理复杂局面的领导者。在美国,大约有13%的成人,其一生的发展停留在自我中心层次。

社会导向者

第二个复杂度层级叫作社会导向(Social-mind)。

到了一定年龄,孩子就被送去学校接受教育。他学习知识,渐渐了解了自然界和人类社会的规律。他知道食物需要时间才能凉下来,知道炒菜需要经过哪些环节,知道不讲究卫生就会得病。特别是在得了一场大病之后,他会懂得,即使再饿也不可以用脏手随便抓起食物就往嘴里塞。注意,学习到更多知识本身并不意味着心智提升。

我们从这场大病来理解心智提升。生病当然是学习机会,在其中父母帮助他学习什么,决定了孩子是单纯增长知识,还是提升了心智层次。其中的道理有助于我们理解培训和发展的区别。父母告诉孩子你之所以生病,是因为细菌或者病毒引起了感染。孩子懂了病毒和疾病之间的关系,这是学习知识,并没有提升心智。如果父母进一步往前走,告诉他病毒和疾病之间的关系是大自然众多规律中的一种,人类必须遵从自然规律才能繁衍生息;同样,人类社会、社会生活、人际关系、商场竞争、学校中的师生关系……都有它内在的规律或者规则,不是你想怎么样就能怎么样。叔本华说:"你可以想你所想,但却不能要你所要。"所以你需要学习经典,学习老师教你的东西,需要向别人学习,从而获得充分的规律,懂得规则。这么做,父母是在促进孩子心智复杂度的提高,帮他迈向心智的第二个阶段。再强调一下,这一过程的目的不是教给孩子"因为你接触了有病毒的东西,所以你生病了",不是教他科学知识,我们更多教他心智的提升,思想高度的提升,让他意识到并尊重这个世界的规律和规则。从此,他会明白,老师喜欢某个人不喜欢你,背后也是有规律的,即使我们暂时不理解存在什么样的规律。我们要去了解这个规律,按照规律去做,老师同样会喜欢你。受教育者理解了学习的意义,会更加主动投入了解和掌握规律的学习中。

不过物极必反,登上社会导向这个心智层次,一方面相对于自我中心是进步,另一方面,也因为进入了这个层次而将你束缚。这在后面会详细谈到。

通过这个简单例子,大家可以看到培训完全可以,也应该帮助人们心智成长,而不要停留在传授知识上。当你对人的复杂度分层有了透彻的理解,你就更能把培训着力到更有价值的人的发展上,跳脱长久以来从事的一些表面技巧训练,明白如何才能更有效地发挥培训的作用。

什么是心智模式的社会导向层次?社会导向层次是指随着年龄增大,受教育程度增加,我们认识到事物有其固定规则,需要谦逊学习并尊重自然规律和社会规则。我们(从自我中心)开始转向接受外部观点,通过社会化的思维方式去理解问题。于是,教义、规则、礼节、行业"干货"等外部社会的规则得到尊崇。然而,由于现代人得以充分继承前人探索、发现、创造的规律和规则,并依靠这些规律和规则获得安全和繁荣,便弱化了探索和创造知识的必要性。已知的自然规律和既有的社会规则让人们有章可循,简化了人的思考,削弱了人们的创造力。社会导向者的头脑里有一个又一个"抽屉"(分类体系),一旦遭遇无法归类的事务,便产生无能为力的困顿。例如,一位管理者离开了老板的指导可能难以制定决策,不一定是因为他缺乏必要的决策技巧,而是因为他目前所处的复杂度层次(社会化的意识)让他对做决定的后果产生了过分忧虑。

学校让我们有更开阔的思维,我们看到了很多看不见的事物之间的关系,我们知道宇宙正在发生什么,我们也知道微观世界正在发生什么,即便看不见,但是我们能够计算出来、推断出来,我们已经建立起宇宙万物之间广泛的联系。相比先人,我们掌握了更多的经济运行规律,我们对人体疾病成因有了相当深入的了解。通过学习,我们还获得了大量社会规则。孩子们渐渐知道了怎么跟老师相处,老师才会喜欢你。成年人学习了相互之间的政治关系和组织智慧,我们知道在公司里怎么样才能发挥影响力。这里的学习基本上是一个领会、"继承",然后遵从的过程。在这个过程中人们逐渐形成了所谓 Social-mind(社会脑)。Social-mind 的意思是肩膀上扛着经社会塑造后的头脑,重视教义、规则、礼节、秩序、SOP(标准作业程序)、经验、成规、干货。有在学校学来的,有从书本上读来的,有通过成功人士的分享得来的,当然还有入职培训或者新任经理培训时教的……本质上都是继承或者效仿前人的发现。孩子兴奋地打开父母买给他的大型乐高组件,然后按照厚厚的说明书,先打开标号为"1"的第一包散件,按照说明书上的示意图,一步一步找对零件,对好角度,一个一个零件进行搭建。确保一页搭好了,再翻到下一页……有一点看错或者一步搭错,后面的工作都会徒劳无功。最后呈现出来的一定是百分之百正确搭建所形成的完全符合预期的正确的作品。"搭对喽"就是"没搭错"嘛。这是对乐高搭建者的最大赞赏。社会导向者本质上就是在更大范畴内"搭建"更大更复杂作品的乐高搭建师。

他们接受的教育和训练总是要求要"把事情做对""不做错"。而对的标准则是符合教义、规则等一众前人前辈创造的知识。

从自我中心进化到社会导向,是一个巨大的飞跃。而一旦"安居乐业",社会导向不啻为一座思想的牢狱。社会导向者关心遵循规律和规则,避免错误,远远地回避各种禁区,包括科学上的、宗教上的、经验上的,以及公司的规则、制度、分工、流程,习俗和"潜规则"。这样,社会导向者就很难去尝试商业冒险、突破现状、变革图新。在我接触和服务的各种公司,尤其在一些外资公司,我遇到过大量社会导向者。比如,参加培训的时候,他们多有对老板的抱怨,会说:"老师,这培训很好,应该让我老板来参加。""朱老师,公司有 SOP,这事不归我管。""您说的这些不是我这个层次考虑的。""授权有限,老板肯定不会同意的,想都不用想。"这些话一方面反映了他们所处的环境规则众多,另一方面也可以看出他们把自己看成组织规则的受害者(Victim),而不是规则的创造者和有为的改进者,甚至不想做影响者。这是社会导向者的暗区。

据我观察,外企管理人员转到民企后发生的落地困难,很大程度缘自外企的经理和民企老板两种心智层次的冲突。外企喜欢招募所谓"中产阶层的乖孩子",中产阶层大多通过教育渠道和凭着学历文凭而晋身,大多具有良好的公民、公德意识及相应修养,注重个人的社会形象和社会地位,对安稳的社会环境有强烈的依赖。无论是成长环境、教育背景还是职业要求,都塑造出了瞻前顾后、察言观色、遵守规则的特点。对他们来说,避免犯错守护现状比抓住机会出人头地更符合自身利益。这就是典型的外企人,当他们进入民企后发现老板不按规则出牌,同事做事没有章法,公司制度几近空白时,就会备受冲击。双方的冲突在所难免。

接下来通过两个故事,讲讲社会导向的心智给社会导向者带来的痛苦。一个著名互联网巨头的战略部经理跟我分享了他下面的一位专家的情况。这位专家在海外著名商科学府留过学,专业学得很扎实,我和他本人有过近距离接触,他确实学得相当好,天分很高。作为战略部的专家,他们的职责是分析业务经营情况,并根据调整业务资源的需要制定相应的奖励规则。调整奖励规则的目的就是驱动业务部门的资源投放和努力方向,这当然影响到各个业务部门的利益,所以新规则必须要和受影响的各个部门进行不轻松的沟通。所谓规则都涉及利益划分,几家欢乐几家愁,利益受损的部门肯定不开心。另外,虽然所在部门和这个岗位有制定规则的权力,但这位专家本人的级别却比受影响部门的经理们低。作为普通级别的专家,要跟业务部门的经理们去沟通影响利益分配的规则,这个工作令他相当烦恼。一方面,战略部代表公司利益,站在公司全局的立场上调动资源,为公司获取最大的经营利益是天经地义的职责;另一方面,维护好同事关系也是他的重要诉求。面对矛盾的诉求,这位专家备感纠结。环境太复杂,而头脑的复杂度跟不上。他情绪越来越差,很容易激动,甚至跟直接上级发脾气,在与业务部门沟通的时候也屡次出现情绪失控。他的经理建议他采用Coaching(教练)、共创和影响的方式和业务部门沟通,循循善诱地处理跨部门问题……没想到,这次谈话后不久,在一次向沟通对象大发脾气之后,这位专家辞职了。一个人如果头脑不够复杂,在复杂关系中,共创、沟通影响等看似简单的技巧对他来说都太有挑战性了。生气、发作并不是老板的专利。只要心智复杂度跟不上环境复杂度,无论经理还是员工都很容易情绪失控。只不过受制于职业规则和职场习惯,多数员工的"气"可能憋在肚子里,或者选择彻底逃避复杂环境。

凯根教授的著作里有个很典型的例子。一个女生结婚不久怀孕了,而彼时事业正要起飞。她非常爱自己的丈夫,也知道丈夫非常希望要孩子。作为妻子的社会角色,她应该生下这孩子。但是她母亲呢,告诉她这孩子一定不能要。原因是什么呢?她母亲也是个非常有才华的人,年轻时候,很早就嫁了,很早就生了,听了她老爸的鬼话,不仅中断了职业前景,而且后来婚姻也不幸。母亲现身说法,强烈要求女儿一定要有自己的事业,一定不能那么早生孩子!此刻,这个女生就面对一个复杂而艰困的局面。她也很爱妈妈,觉得妈妈说得很有道理。两个"神"在头脑里打架,两种教条出现了对立。这个女生非常苦恼,抱怨身为女性很不公平,甚至开始酗酒。

社会导向的头脑在面临相互冲突的教条以及教条失效的时候,头脑就卡壳了。只有持续成长,才能调和矛盾或者突破教条。社会导向是最常见的成人心智结构,可能有46%的成年人存在"规范主导"的心智结构,或处于从"规范主导"心智结构通往"自主导向"心智结构的旅程中。培训要帮助社会导向者提高心智复杂度,使他们得以用更宽阔、更灵活的方式去适应复杂世界。

自主书写者

第三个复杂度层级叫作自主书写(Self-authoring)。

社会导向者学习、继承、遵从前人发现的规律、创造的知识和规则,而自主书写者却创造标准、规则、观点和决策体系。与自我中心者不同,社会导向者接受外部观点,通过社会化的思维方式去理解问题。当多个教义、教条相互矛盾的时候,当多个"神灵"打架的时候,或者当头脑里的知识、经验不能解决眼下问题的时候,社会导向者就会六神无主,思维卡顿。而到了自主书写阶段,人们通过做出自我选择或调和内心的冲突,不再因为被周遭的冲突卡住而出现内心挣扎,这使得他们能看到更广泛的选择。"自主导向"的心智层次在组织中也很普遍,特别是在领导阶层。大约41%的成年人以这种心智结构,或者较少数的人用介于"自主导向"与"内观自变"二者之间的心智结构来看世界。

自主书写者具备强大的探索能力,善于面对现实问题创造性地找到解决之道,成为知识的创造者。从2003年进入手机市场,到2011年功能机时代落幕的这8年时间内,vivo建立了一套遍布全国的渠道代理商体系,这套体系对于vivo崛起至关重要。那么,这个体系是怎么建立起来的呢?早年步步高的管理层去新疆考察时发现了一个神奇的现象:乡镇上没有可口可乐却有娃哈哈,二者的对比让当时步步高的领导层看到了"产销联合体"的潜力,在此基础上,步步高做了一套独特的渠道代理体系。这就是自主书写。虽然思路与vivo正好相反,创业时期的小米也同样独具创造性地解决了没钱没人没时间建铺货通路的困难,放弃线下,自建网站做线上销售。为了摊销网站成本,为什么不卖别人的货呢?这条路走通之后,又形成了一套独特的业务逻辑:生态。1999年2月20日,在杭州一个名叫湖畔花园的小区,16栋三层,18个人聚在一起开了一个动员会。屋里空荡荡的,只有一个破沙发,大部分人席地而坐,马云站在中间讲了整整两个小时。彭蕾回忆说:"几乎都是他在讲,说我们要做一个中国人创办的世界上最伟大的互联网公司,张牙舞爪的,我们就坐在一边,偷偷翻白眼。"这就是十八罗汉创立阿里巴巴的故事。10年后,这家公司在上市当天成为市值超过200亿美元的互联网公司。这些创业领导人是典型的自主书写者。Self-authoring的本意就是有主见、能创新,Authoring即著书立说,踏平坎坷让后来的社会导向者去追随。

社会导向者对知识本身有着宗教般的崇拜,用现有知识进行合乎逻辑的推导来获得新知识,或者通过对比来学习新知,即把听见、读到的新知识与头脑中已有的知识进行对比,然后存入其知识框架中的某个适当位置,成为已有框架中的一个新元素。自主书写者并不崇拜知识,但推崇行动并在行动中得出自己的结论。其学习过程包含大量动手、观察、交谈、实地尝试,在失败和成功中通过自己的总结形成结论。

近百人的交响乐队一定要有一个指挥吧?外行在回答这个问题的时候不会斩钉截铁,因为无感无所谓。外行猜测:交响乐队的演奏不就是在一起排练了很久的结果吗?要不要指挥有那么大的区别吗?这么想是因为他不懂这个专业。但是真做音乐的人,你问他一个交响乐队没有指挥行不行,他们马上会坚定地告诉你不行。一个乐手和另一个乐手相距一两米,声音不合拍就足够大到听众可辨的程度,如果没有指挥统一节奏,那么分布在约18米×12米范围内的近百名乐手人人都将痛苦不堪。但是,一个叫Orpheus的室内乐团却从来不设指挥。他们的首席们，比如首席小提琴，也是轮换的。尽管如此颠覆传统，Orpheus 却是一支世界顶尖水平的乐团，四次获格莱美奖。这些人是规则的书写者。哈佛大学请他们去分享经验，很多著名公司把乐队请到公司来，观察他们是怎么排练的，从中感悟 Orpheus 在去中心的结构里完成新任务的群体智慧。这些人做成了前人不敢做的事情，后人去学习和继承他们的做法，就是所谓的"干货"。

就这样，自主书写的人们写就了社会导向的人要读的书。

下面这个例子我一定要说，因为和后面的内容有关。有 17 个人在美国犹他州盐湖城的一个滑雪胜地，经过长时间讨论，写下了一个宣言。大家知道这个事件和他们写下来的是什么宣言吗？很多做培训的同行应该知道，这就是大名鼎鼎的《敏捷软件开发宣言》。那是在 2001 年 2 月 11 日至 13 日发生的事情。

《敏捷软件开发宣言》
(Manifesto for Agile Software Development)

凭借软件开发实践与协助他人的经验，我们致力于发掘更优的软件开发方法通过这样的努力，我们建立以下价值观：

个人和交互	<胜于>	过程和工具
可以工作的软件	<胜于>	详尽的文档
客户合作	<胜于>	合同谈判
响应变化	<胜于>	遵循计划

虽然右项也具有价值，但我们认为左项具有更大的价值。

2001，著作权归上述作者所有。此宣言可以任何形式自由地复制，但其全文必须包含上述声明在内。

全文在此，文字很简单。创作者鼓励全世界的人去传播。后来，这些人都满怀热情地投身到敏捷方法的传播过程中。全文最下面有句话：著作权归上述作者所有，此宣言可以任何形式自由地复制，但其全文必须包含上述声明在内。看似简单的一纸宣言，却颠覆了软件开发项目管理的规则，彻底改变了软件开发方式，极大提高了软件开发进度，改善了开发效果。宣言的作者们在长期从事软件开发时苦于瀑布式开发的种种问题，于是大胆地做了很多尝试，在实践总结的基础上，形成了《敏捷软件开发宣言》。从此，敏捷、迭代、设计思维大行其道，应用范围远远跨越了软件开发，影响各行各业。甚至那些重资产的行业，比如看起来很难实现敏捷的房地产行业，也都拥抱敏捷、迭代、设计思维等概念和做法。

社会导向的头脑得到进一步发展，就有机会形成自主书写心智。比如前述外企干部员工进入民企后，在无序混乱中挣扎着浮出水面，逐渐喜欢上了比在外企更大的自主空间；开始欣赏包括公司老板在内的那些看上去不够光鲜闪亮却常常闪烁出智慧之光的同事，甚至为他们在解决难题时的神来之笔而倾倒；不再被动地等待授权，而是主动为自己争取施展的空间并在此建功立业。日渐月染，原有的社会导向心智冰消瓦解，自主书写的意识随风无声潜入。他们发现：长期以来引以为豪的教育背景并不值得骄傲；结构化的知识并不适用于解决另一种环境里的问题；渐行渐远的流程规则、有条不紊的工作环境并非本来如此，而是很多类似眼前这些民企老板和草莽同事胼手胝足、独具匠心地创造出来的；曾经令自己感到舒适的外企人际规范，只不过"少成若天性、习惯如自然"而已，其他方式也不错。"其实地上本没有路,走的人多了,也便成了路。"涓涓不壅,终为江河。而心智结构一旦改变,仿佛孩子一夜之间长高了,视野格局瞬间扩大,看到了原先视而不见的世界,思路立刻打开。成长之后,在夜深人静时再回望之前社会导向的自己,不知是否会生出一丝羞愧?那时你带着满脑子挥之不去的教条诟病民企老板的随心所欲、没有章法,抱怨这公司混乱不堪、没有标准和程序,组织架构不清晰,远不如原来公司先进得体……现在醒悟了,那恰恰是因为你自己停止了进步的脚步。

培训本该帮助人们加速提升心智层级,推动人们转换视角,从而极大地焕发出解决问题的潜力。人的发展带来的收益远大于任何知识的输入。

在心智觉醒之后,你一定会增强对自己进一步发展的自信,重拾前进的动力。人的突破是多么重要。一旦停止继续发展的脚步,那么成也萧何败也萧何,自主书写的作品最终将吞噬自主书写者。

堂吉诃德活在自己的世界里,跟风车叫板,在外人看来匪夷所思。自主书写者也都有过不被理解甚至被人耻笑的经历。在那些岁月里,他们孤立无援,全靠自我激励,不仅要坚忍不拔还要忍辱负重。他们必须战斗,战斗就是他们的荷尔蒙,战斗逐渐成了他们的第二天性。慢慢地,他们的执着努力开创了很多东西,也形成了超强的自信,比如任正非和乔布斯……这两个典型的自主书写者,战斗永无穷期,一辈子不遗余力地推行自己认准了的东西。

任正非在一次采访中表示:"我说完美的人就是没用的人。我们这公司我从来不用完人,一看这个人追求完美,我知道这个人没有希望。这个人有缺点,有缺点好,这个人要好好观察,要用在哪。"你看,完美的人是不能用的,有缺陷的人反而是可以用的——这话不仅不严密,而且会不会让大多数尊重常识的"正常人"惊掉下巴?但任正非却斩钉截铁地断然宣布自己的"异端邪说"。自主书写的人就是这样特立独行,让大批社会导向层次的人目瞪口呆却浑然不觉。所以,自主书写者必须有常人所无法企及的毅力,必须憋住自己的火,咬紧牙关负重前行。

马云公开说他对钱没兴趣,对吧?你或许会说那是因为他的财富多得令他没有感觉。其实不仅马云,不少企业家也说过类似的话。确实有比财富让他们更感兴趣的追求,那就是自我实现。他们想做一些事,他们也真的把想做的事情创造出来了;他们认识到了一些具有普遍意义的观点和规律,他们还要把自己发现的"真理"推而广之,事业成功就是他作品的成功,扩展他们的"王国",本质上就是在更大的范围内证明他们的发现。他们的人生已经发生异化:"我"的作品就是"我"自己,"我"就是"我"的作品,而"我"却成了一个载体。否定他的观点,就是否定他本人。所以,他们不是在为钱而努力,他们存在的意义就是要推行自己的创作,让它为社会接受,甚至影响人类的生活和认知。

他们中的一些人在一步一步走向事业成功的同时,心智日益健全,进一步向更高层次的心智模式发展。但更多人却因为自我验证、自我捍卫,不断把自己的作品推向极致而失败。他们所在的组织也因领导者心智的限制而遭受打击。培训和领导力发展要帮助自主书写者进一步发展,帮助他认识到自己的局限,发现自己长期捍卫的理论和信念存在局限,从而推动他开放地与人合作,开放地吸收,更加耐心和包容,容纳对立的观点。要勇于在被颠覆之前先颠覆自己,只有Unlearn(弃旧)才能重新回归学习状态。

内观自变者

第四个复杂度层级叫作内观自变(Self-transform)。

进一步地,自我书写者如果继续突破,就到了内观自变层次。变态(Transform)是指生命形态的改变。人这种生物有两态,没有生殖能力的叫幼年态,成熟以后的叫成年态。有些昆虫有三态,另一些昆虫有四态。化蛹为蝶的过程,就是一个完全变态(Transformation)。内观自变是指你底层的系统发生了变化,你开始对自己进行再思考、内观,你成了一个新的自己。我们再回到前文提到的盐湖城的那个突破:从瀑布式开发进入敏捷开发。很多在开发中长期存在的问题因此得以解决,用MVP(最小可行产品)去开发,大家发现确实有效。越来越多的行业、越来越多的企业拥抱了敏捷。很长时间里,敏捷几乎成了新的"圣经"。这17个人都变成了教练,像布道者一样宣传他们的敏捷宣言。这些人做的这些努力,让世界为之而改变,确实非常了不起。

但是,在万众欢腾之时,总有一些人保持着警觉。这些人一方面拥抱和学习新的理论与概念,另一方面坚信"真理"背后一定存在着暗区,只是尚未显现。这些人从不停止思考,从不停止与外界的信息交换,"从宇宙吸收能量",从不停止去学习新东西,阅读量很大,而且和更多人打交道,去听三教九流的各种东西,因为他们始终相信一条真理,那就是没有绝对真理,包括看似万能的敏捷背后仍然存在暗区。所以,内观自变的人能够在被颠覆之前先颠覆自己、重建自己。当发现一件事想错了,就会反思自己为什么会错,底层思考逻辑中存在什么问题,还有哪些方面信息搜集得太少,即使有这些信息,对信息赋予的含义是否正确……这些是他们在一件事里比别人想得更多的地方。

不妨拿两位企业家做个对比。第一位是乔布斯,他或许本不该这么早就离开我们。就我看来,乔布斯是一个很好的例子,有助于我们理解心智模式的概念,尤其是自主书写和内观自变这两个层级之间的区别。

2003年夏天,乔布斯在一次体检中查出了"肾结石",他没当回事,只是听从医生的安排按时吃药,按时复检。在复检的B超中,医生发现乔布斯的胰腺部位有一处阴影。但这次检查主要是针对肾脏,其他部位拍得不够清楚,医生也不好判断阴影究竟意味着什么。出于保险起见,那位医生建议乔布斯再做一次针对性的检查。2003年10月,医生发现乔布斯还没去检查。在医生连番催促下,乔布斯最终做了检查。结果,医生发现乔布斯患的是"胰腺神经内分泌肿瘤",这是一种发展缓慢的恶性肿瘤。由于发现得比较早,再加上乔布斯当时只有40多岁,正值盛年,治愈的可能性极高。医生将这个"不太坏的消息"告诉了乔布斯,并叮嘱他一定尽快手术,赶在癌细胞扩散前将其根除。

"令朋友和妻子感到害怕的是,乔布斯不愿进行肿瘤切除手术,而手术是唯一可行的治疗方法。那之后几年过去,乔布斯对我说,'我不想让他们把我的身体切开,因此我努力寻找其他可行的方法'。言语中略带遗憾。他找的方法就是实行严格的素食,摄入大量新鲜胡萝卜和果汁。他还进行针刺疗法,尝试各种草药疗法,有时也会采用在互联网上或在美国各地寻医问药获得的疗法,甚至还请过灵媒。有一阵子,他受到一位在加州南部开设自然疗法诊所的医生影响,这个医生主张使用有机药草,果蔬汁断食,经常洗肠、水疗,并发泄自己所有的负面情绪。""即使在做了一次胰腺切除手术后,需要大量摄入鱼肉从而补充蛋白质的情况下,他依然不为所动,并说:永远不会那样做。"

正是由于这 9 个月的耽搁,乔布斯错过了最佳手术机会,以至于后来就算接受了手术,也未能彻底清除体内的癌细胞。残留癌细胞后来扩散至多个部位,最终导致乔布斯在 2011 年去世。乔布斯犯了一个致命的错误,这个错误本可以避免。

关于为什么乔布斯会犯这种"愚蠢的错误",有很多解释:"因为他不懂医学且固执,就把自己坑死了……偏执狂只是适合在商业上生存……";"对素食主义及禅宗的热爱与坚持";"作为完美主义者偏执的性格,控制欲,和现实扭曲立场的不良影响";"作为 CEO 对苹果公司的责任心";"听不进去别人的建议,对自己的想法过于偏执";"去除那些天才的创意和执行力,乔布斯也只是一个凡人,一个固执的凡人,一个喜欢拖延自己不喜欢事情的凡人"……

苹果公司董事会主席莱文森推测道:"我觉得,史蒂夫强烈渴望世界按照自己所设想的那样运行,有时这是行不通的,现实是无情的。"乔布斯认为自己能把事情变成所希望的样子,用他妻子的话说是"异想天开"。以前他也的确能够如愿以偿,然而他的癌症却是个例外。

从心智结构和心智发展的视角来看,乔布斯卡在了从自主书写向内观自变的发展之路上。

乔布斯对待癌症的态度和方法,与他设计产品、执掌公司甚至装修房屋时并无区别。他一直追随并追寻着东方宗教的基本规律,狂热地坚持着素食主义。

无论是作为未满 20 岁的嬉皮士,还是在 50 岁时权倾天下的超级 CEO,他始终如一地反抗常识、厌恶权威。他不知疲倦地在每件事情上寻找属于自己的方法,并异乎寻常乐观地相信自己的方法,排除万难推动事情朝着他所希望的样子发展。这是典型的自主书写心智。有许多次,结果证明他是对的。当乔布斯重掌苹果时,公司正濒临破产,竞争对手迈克尔·戴尔甚至挪揄说:"如果我在苹果,我会关掉这家公司,把钱还给股东。"2001 年推出 iPod 时,399 美元、5G 硬盘空间的性价比被媒体认为是愚蠢的定价。2007 年 iPhone 发布之后,诺基亚的CEO 曾笑道:"我觉得乔布斯应该先试试把市场认知度转化为市场份额。"而在 iPad 的产品发布会当日,对它失望的邮件就挤满了乔布斯的邮箱⋯⋯但乔布斯总能笑到最后。如果乔布斯是一个轻易向常识、习见妥协的社会导向的人,他也就丧失了创造奇迹的魔法。

遗憾的是,死神比戴尔、盖茨和诺基亚更难撼动。肿瘤治疗这个乔布斯心中的"iTumor",是他去世前十年中唯一惨败的重要"产品"。遗憾的是,它是致命的。

搁在自主书写的人身上,这些都可以理解。相对于社会导向的人们依照社会规则行事并被束缚于其中的时候,自主书写者曾经比任何人都更加开放地探索和学习,在坚持不懈中终有所得。虽然后来证明他们的发现是对的,但是在此之前,他们一次又一次像堂吉诃德那样与外部世界的教义和常识顽强对抗。他们的一生形成了自我摸索的自信,可惜后来这种自信不再用于开放的探索,而是更多用在了自我捍卫上。

另一位企业家是张一鸣,我期待他在持续进步上比乔布斯做得更好,我也希望中国有更多像他一样的企业家,期待现在各头部公司大佬们的自我发展能够走过自主书写这个阶段。这么说,并不意味着只有头部公司、企业领袖才能发展到更高的心智层次,而是因为我渴望看到这些头部公司继续保持成功。如前文所述,领导者的心智发展极限通常就是企业的极限。另外,到目前为止,最罕见的是内观自变的心智结构:低于1%的人会用此观点来看世界。因而,我殷切期待这些业已相当成功的企业领导者关注自我发展。另一方面,我们也看到有些中小型企业领导者,当然也包括并不从事商业的人,在心智发展上走到了头部企业领导者的前面。

我认为张一鸣是心智发展更加明显的一个代表。他以前非常迷恋敏捷,强调先做起来,在用户使用的过程中发现问题再去改,在使用中发现新的需求再去满足。张一鸣他们也因为敏捷而获得了快速成长。在公司内部,正是由于敏捷,字节打造出了令同行"羡慕嫉妒恨"的App工厂,抖音(TikTok)、今日头条(Toutiao)、西瓜视频(Xigua Video)、懂车帝、比心(Flipagram)、飞书(Feishu)、Helo(一款面向印度市场的社交媒体平台,提供新闻、娱乐、视频和社交功能,非常受印度用户欢迎)、内涵段子等相继推出并获得神奇般的成功。他们围绕敏捷形成了团队风格和企业文化。作为中国少有的一家通过纯市场化运作而实现国际化的公司，字节、抖音及其领导者因此有了一个得天独厚的条件，就是在差异巨大的不同文化中发展，受到不同法律、社会规则的规管约束，他们不得不妥协，继而却学会了享受这种持续学习的过程，头脑里的知识必须经常清空，无论多么坚固的信念也不得不时常更新。比如在美国和欧洲，他们发现敏捷行不通，因为欧美客户对敏捷的容忍度非常低，性能有一点点货不对板、项目实施过程中发生任何错误、出现任何交付问题，信任度马上就没了。后续的项目实施难度变大，未来的销售难度也会增加。

此外，在中国有效的管理员工的办法，到了美国就会发现不适用于当地人才。硅谷不少年轻人包括华人工程师，尚未把字节和 TikTok 作为首选雇主，原因是这个公司"太中国化了"。

出海的经历迫使这个公司管理团队，尤其是最高领导者正视与在中国完全不一样的运营环境和就业环境。张一鸣开始重新思考自己的管理哲学和做法，在多种对立的观点面前，公司文化随之发生巨大改变。张一鸣越来越主张从下到上，鼓励员工去尝试。在公司内部，大家都叫他"程序员小张"。我们希望像这样的年轻领导者加油，自己的突破才是企业的突破。

科学史上也不乏社会导向、自主书写和内观自变三个心智发展层次之间的交替更迭。牛顿的力学开创了经典物理，麦克斯韦的电磁理论对牛顿的力学理论进行了修正和扩展，开辟了新的领域，为现代物理学的发展奠定了基础。他们都是伟大的自主书写者。普朗克、埃伦费斯特、爱因斯坦和玻尔围绕量子论发生的一系列故事不仅令人唏嘘,而且引人深思。[①] 量子论在奇妙的气氛中诞生,在乱世中艰难地成长,一些伟大的对手曾经展开过激烈的交战。1900 年,德国的老绅士普朗克在研究黑体辐射时发现,他弄出来的方程怎么都跟实验结果对不上,但如果假设辐射出的能量是非连续的,那么方程和实验符合。作为一个谨守传统的体面绅士,普朗克从来就没有想过要颠覆传统,可另一方面弄出来的方程又那么完美,老绅士踌躇良久,表示在论文发表前的几个月内,他都是抱着孤注一掷的心情来完成这一结论的。最终他还是放纵了自己一把,向全世界公布了能量子概念。他想或许以后可以通过另外的解释,来修缮这座经典物理圣殿。这个理念给物理学界带来了思想飞跃,但无疑也使整座经典物理大厦开始摇摇欲坠,这是普朗克自己都难以接受的事实。"量子物理之父"普朗克在提出量子论之后,从 1901 年至 1906 年这 6 年间,竟然都在尝试推翻自己的量子论,想让它对经典物理造成的伤害减到最低,以至于没有做出任何新成绩。但是他越努力就越事与愿违:大自然的运转不是连续的而是跳跃的,它必然像钟表里的秒针那样一跳一跳。他就像一个被逼出来的革命家,被经典物理逼得走投无路,却又不忍心将其毁于一旦。玻恩在评价普朗克时写道:"从天性来讲,他是一位思想保守的人,他根本不知道何为革命,只是他惊人的逻辑推理能力让他不得不折服于事实面前。"

虽然普朗克本人对他自己发现的"能量子"并不待见,但是

[①] 本节有关量子论争论的内容,整理自《量子传》第 11 章和第 12 章(曼吉特・库马尔著,中信出版社,2022 年)。

过了 5 年,年轻气盛的爱因斯坦把普朗克"能量子"概念向前推进了一步。他认为辐射能量本来就是一份一份的,非独振子所致,每一份都有一个物质承担者(光量子),从而成功解释了光电效应,爱因斯坦也因此获得了诺贝尔物理学奖。

到了 1913 年,年仅 29 岁的丹麦人玻尔根据普朗克量子论、爱因斯坦光子学说以及卢瑟福原子行星式结构模型,轻松搞定氢原子光谱线位置所满足的公式,从而掀起了研究量子论的热潮,玻尔这位量子力学的"带头大哥",从一开始涉足量子理论,就与爱因斯坦结下不解之缘。也是从这个时候开始,量子理论雏形初定,而玻尔和爱因斯坦的相爱相杀,也逐渐拉开序幕。围绕着量子论"哥本哈根解释",玻尔和爱因斯坦有过三次重要的辩论。

在 1927 年索尔维会议上双方发生了第一次辩论。当时,玻尔满心希望爱因斯坦能接受自己对量子论的解释,然而爱因斯坦却回应说:"我不喜欢概率论,我认为玻恩、海森堡和你走的这条路只是权宜之计,是一次试探。"爱因斯坦的声明让玻尔十分震惊和失望。在接下来的辩论中,玻尔总能找到爱因斯坦说法中的结构性缺陷,结束辩论。

这场华山论剑,爱因斯坦输了一招。并非剑术不精,实乃内力不足。面对浩浩荡荡的历史潮流,他顽强地逆流而上,结果被冲刷得站立不稳,苦苦支撑。这一年,量子革命的大爆发已经进入第三年,到了一个收官的阶段。当年种下的种子如今开花结果,革命思潮已经席卷整个物理界,毫无保留地指明了未来的方向。越来越多的人终究领悟了哥本哈根解释的核心奥义,并诚心皈依,投在量子门下。爱因斯坦非但没能说服玻尔,反而常常被反驳得说不出话来,而且他这个"反动"态度引得许多人扼腕叹息。遥想1905年,爱因斯坦横空出世,一年内六次出手,每一役都打得天摇地动,惊世骇俗,独自创下一番轰轰烈烈的事业。当时少年意气,睥睨群雄,扬鞭策马,笑傲江湖,这一幅传奇的画面在多少人心目中留下了永恒的神往!可是,当年那个最反叛、最革命、最不拘礼法、最蔑视权威的爱因斯坦,如今竟然站在新生量子论的对立面!

这一仗爱因斯坦输得狼狈。但爱因斯坦不是那种容易被打败的人。他逆风而立,一头乱发掩不住眼中的坚决,在量子时代到来的曙光中,大有易水潇潇,誓与经典理论共存亡的悲壮气概。

时光荏苒,弹指又是三年,各方俊杰重聚布鲁塞尔,在第六届索尔维会议上,爱因斯坦和玻尔展开了第二次辩论。爱因斯坦认为自己找到推翻海森堡测不准原理的证据,为此他设计了一个光箱实验。这引起了玻尔的惊慌失措,他整夜失眠,努力思考着实验错在哪里。第二天一早,他画出了光箱的草图,尽管会引起爱因斯坦的诸多不快,但他仍然驳斥了爱因斯坦的光箱实验。这件事情之后,哥本哈根解释就成了量子论的正统观念,延续至今。

1933年9月25日,埃伦费斯特在荷兰莱登枪杀了患有智力障碍的儿子,然后自杀了。他在留给爱因斯坦、玻尔等好友的信中说:"这几年我越来越难以理解物理学的飞速发展,我努力尝试,却更为绝望和撕心裂肺,我终于决定放弃一切。我的生活极度令人厌倦……我仅仅是为了孩子们的经济来源而活着,这使我感到罪恶。我试过别的方法但是收效甚微,因此越来越多地去考虑自杀的种种细节,除此之外我没有第二条路可以走了……原谅我吧。"

埃仑费斯特的悲剧无疑是一个时代的悲剧。两代物理学家思想的猛烈冲突和撞击,在一个天翻地覆的飘摇乱世,带给整个物理学界以强烈的阵痛。埃仑费斯特虽然从理智上支持玻尔,但当一个文化衰落之时,曾经为此文化所感之人必感到强烈的痛苦。昔日黄金时代黯淡老去,代之以雨后春笋般兴起的新思潮,从量子到量子场论,原子中各种新粒子层出不穷,"稀奇古怪"的概念统治整个世界。爱因斯坦的心中何尝没有埃仑费斯特那样难以名状的巨大忧伤?爱因斯坦远远地、孤独地站在鸿沟的另一边,看着年轻人义无反顾地高唱着向远方进军,每一个人都对他说他站错了地方。这种感觉是那样奇怪,似乎世界都显得朦胧而不真实。难怪曾经有人叹息说,宁愿早死几年,也不愿看到现代物理这样一幅令人难以接受的画面。

不过,爱因斯坦却仍然没有倒下,虽然他身在异乡,他的第二任妻子又重病缠身,不久将与他生离死别,可这一切都不能使爱因斯坦放弃内心那个坚强的信仰,那个对坚固的因果关系,对宇宙和谐秩序的痴痴信仰。爱因斯坦仍然选择战斗,他的身影在斜阳下拉得那样长,似乎是勇敢的老战士为一个消逝的王国做最后的悲壮抗争。1935年,爱因斯坦和两位年轻同事又一次向玻尔发起挑战,玻尔再一次给予回应。

乔布斯和爱因斯坦的经历显示了相同的教训,除了极少数心智进化到内观自变层级的人以外,大多数人都将以令人唏嘘的方式谢幕。无论我们从事哪个行业,或早或晚都会出现迅猛的狂风暴雨,把我们的经验和知识体系砸烂,继而引发重大的行业变革。如何能够更新自变,跟上时代的脚步?玻尔说,"正确的言论的反面是错误言论",接着,后半句话很值得玩味,"而深刻的真理的反面很可能是另一个深刻的真理"。他经常说的一句话是:"我不怕在年轻人面前承认自己的愚蠢和无知。"而爱因斯坦却批判玻尔"作为一个德高望重的物理学家,居然提出这样小孩子似的言论"。玻尔不以为然,沉着应对。1955年在爱因斯坦的葬礼上,玻尔对他此生最强劲的对手表达了敬仰之情。这个最不欣赏自己的人,同时却是自己最欣赏的偶像。1962年玻尔也离世了,有人拍下他书房黑板的照片,黑板上画着一幅画,正是爱因斯坦的"光子盒"。这是他去世前一天画的。直到生命的最后一刻,他仍然在不断鞭策、挑战和质疑自己,想要知道更多。玻尔的隐忍和韧性,以及他从未停止怀疑地看待自己理论的眼光,都是难能可贵的科学之光。

无论是麦克斯韦电磁论对牛顿力学的冲击,还是围绕量子论的论争,都让我们看到所谓"真理"无非是我们进一步探索真理的垫脚石。瀑布式项目开发体系有缺陷,敏捷的出现解决了瀑布的很多问题,然而再进一步,敏捷又出现了很多暗区……虽然在理性上,我们都相信世界上没有绝对真理,我们本该因此而虚怀若谷,持续保持开放的学习状态,但是合计占总人口九成以上的自我中心者、社会导向者和自主书写者,却因各自不同的心智局限的束缚,一次次作为"前朝遗民",站到更加接近真相的新认识的对立面。

不知道你有没有过这种经历:在某个时刻,当你回想起某个已经被你抛弃的曾经的执念,你不禁会心一笑。那个瞬间说明你突破过、自我转化过,而且因为自己的发展而感到欣慰。

希望那样的突破瞬间长存内心,鞭策你时刻准备自我转化,提醒你时时处处开放学习。

除了自我鞭策、自我鼓励之外,把自己置身于冲突的环境中并放弃权力、权威,放弃自我,是让自己进一步获得心智成长的最有效办法。我很推崇一个人,他是中型地产公司阿那亚的老板马寅。在房子卖得不好、房价没有涨的不利局面下,他被逼进复杂环境。在这个过程中,他摸索出了解决办法,更重要的是自我复杂度因此得到了飞跃。他的办法就是放下自己,听取别人的反对意见,在别人的督促中去解决问题。

听听他是怎么说的:"一期项目只卖了100来套房子。入住后遇到了两个问题。第一个问题是房价没涨。第二个问题是因为项目的时间比较仓促,多少有赶工成分,房子品质没有想象的那么好。所以我们非常担心交房后会出现群体性的客户投诉。每个客户来收房子的时候,我带着公司所有人跟着他一起去,我嘱咐我们的工作人员无论客户提什么问题或者要求,咱只管记录,不许反驳,无论说得是对是错,目的就是别因为反驳再跟客户发生争端吧。我印象中最多一个客户我们记了500个问题。第二天我们建了一个社群,把这100个客户都拉进来。在群里我们一点点帮客户解决每个问题。比如,我对那个提出500个问题的客户说,我们每天会有人向他汇报今天帮你解决了多少个问题,还有多少问题,明天帮你解决哪些问题。用了这样一个过程,我们逐渐把社群建立起来。你会发现,在这个过程当中,只要你用心,只要你真诚,只要你切切实实为用户解决问题,客户回报你的仍然是美好的东西。社群里慢慢就变成了以美好换取美好,社群的氛围变得特别好,到现在为止，我们大大小小可能有100个群。最重要的群叫大业主群，只要是业主就可以进群。在业主群中重点解决两个问题，第一个仍然是客户投诉，客户在这社区有任何问题都可以找我来解决。另一个作用是在社群里不断完善社区的各项管理规定和规章制度，我们通过大家的讨论来制定相关规则。这么多年中，我们不断通过客户投诉来反思自己的问题，通过客户提的各类建议来发现管理问题和漏洞，让我们能把这些企业内部的问题提升、完善，不断地解决，进而推动团队的发展和成长。我们在客户投诉中得到了巨大成长。我有几个体会，在社区里看那些投诉，看各种类型的问题，其实我内心也是火挺大的。但我又想，到了一定的年龄，要对自己有某种约束力。我觉得男人到一定年龄之后，就'自由'了，是什么样的一个状态呢？小时候父母管你，上学有老师管，工作之后有领导管，谈恋爱的时候，女朋友管你。我总觉得好像男人要在一个被管理的过程当中，在有约束的条件下，才能保持某种成长性。为什么男人到了一定年龄后，就突然心智闭合了，进入一个不成长的封闭状态？我真的觉得可能跟你内心觉得什么事都成了有关系。你财务自由了，也没人管你了，老婆管不了你了，公司也没有领导管你，你进入一个真觉得'我自由了'的状态。这种状态对你自己的成长到底有利还是不利，我觉得这是个挺大的问题。你说可以通过学习、读书来解决这个问题，但我发现身边也有一批人到了一定阶段之后，他会进入一种功能性文盲的状态。他也读很多书，会跟你做各种讨论，但你会发现他所读的书和跟你讨论的所有问题，归根到底是为了印证他自己内心的观点。他不吸收，他就是要跟你较劲。看完书，他找到一个跟自己内心观点相符的点就够了。成长对他来说其实没有作用。我自己特别怕进入这种状态,我甚至认为老男人进入一个心智闭合的状态,可能就跟更年期一样,它必然要来。所以我只不过希望尽量晚点来。对我来说晚一点来的方式就是要用有约束力的方式、自己怕的方式,来解决成长问题。对我自己来说,我觉得最好的成长方式就是进社群,看各类投诉,通过各类投诉,变成自己的某种修行,或者变成某种自己的成长动因吧。"

马寅在什么状态下,以什么样的身份进入了社群?这种状态和身份是如何让他受益的?产品不够好、时机很不利,在业主群里,他这个CEO无可遁形,业主随时可以骂他、羞辱他,他无处可逃,无论如何都不得不面对业主。但是,面对业主、直面问题,广开言路,让他的产品因此进化,他的组织因此进化,尤其是他自己收获了心智发展。面对复杂问题不逃避,我们都可以在复杂环境中成就更好的自己。内观自己,停止自我捍卫,Unlearn 过去之所得,重新进入 Relearn 的状态,自主书写者便实现了自变。

当自我转化来临,你会发现自己进入这样一种状态:人人喜欢你,人人都愿意跟你诉说心里话,愿意得到你的指点。你觉得跟谁在一起都能学到东西,时时处处都可以学习,"生活处处皆学问",你每天沉浸在学习带来的快乐里。在做项目时,我接触各式各样的企业高层领导,他们中有些人很愿意来参加培训,我说这内容是为您下属准备的,对您来说有点浅……这些领导连忙宽慰我不要担心,"跟他们坐在一起,听他们怎么说,看他们怎么做,都是学习"。这样的领导者相信任何真理都有暗区,这使得他们很容易放空自己已有的知识和得意之作,保持头脑开放,持续学习、探索、观察和发现,从不停止思考,从不停止跟外界的信息交换。他们不关心能不能主宰自然、能不能主宰别人,而是在学习如何跟别人、跟这个世界更好地相处。他们不仅能够用澄澈的眼光审视世界,还能够内观自己的心智,让自己保持虚怀若谷的状态。持续学习,意味着持续对自我的突破,在被颠覆之前先重建自己,世界因而是他们成长的源泉。

总结一下,自我复杂度的进化就是这样一个过程:从固执己见,用最直观的概念去解释周周发生的一切事物,看不到存在于更广泛时空里的更广泛的关联,但是特别善于处理目力所及范围里的事情,到拥有更多知识、理论教条、经验干货,能够看到原本抽象和遥不可及的关联,但与此同时进入崇拜知识和教条本身的阶段,再进一步继续向前发展,我们不惧未知、无畏教义,进行开放性的探索,突破一个又一个教条,书写新的篇章。无论科学界还是企业界,永无休止地上演"沉舟侧畔千帆过,病树前头万木春"的悲喜剧。大多数自主书写者止步于自己往昔的创造,在"自证主见"和试图让自主书写的作品发扬光大、放诸四海的"不断革命"中被新的弄潮儿所超越。只有2%左右的成年人,始终保持对自己的警觉,持续学习突破,因为兼收并蓄从而思路开阔、人情练达。他们是我们这个社会最重要和最幸福的存在。

4 培训怎样帮助成长

理解了心智复杂度对于人们在复杂环境中生存的意义,也明白了几种复杂度的含义、局限及向上发展所遇到的难点,我们终于可以讨论培训应该怎么样帮助学习者具备越来越高的复杂度了。

培训应该怎样帮助成年人进一步成长?

培训要停止人为简化真实生活

长久以来,培训无形中为学员呈现的是人为塑造的、过于简化的环境背景和人物。下面我举几个例子。

团队建设,简称团建。拓展训练是常见的团建方式,它可以融冰,可以营造热烈气氛,但若是希望通过拓展活动来增进人们的信任,这不啻为幼稚之举。拓展的场景往往是幼稚的,其结论经常经不起真实世界的捶打。因为信任不是靠下决心信任就可以信任的,它建立在一系列条件以及行为能力的基础之上,需要长时间的持之以恒。而且信任和建立信任的决心也是动态的,主体的行为会影响周围的环境,随着周围环境的改变,主体的信念也随之动态地改变。这些都不是在一瞬间如团队训练所呈现的那样由于学员的决心而能够发生和持续的。

团建中有个常用的拓展活动叫"背摔"。一个队员立在大半人高的台子上,缓缓后退到高台边缘。然后,他应该克服恐惧,义无反顾地向后背摔,这表明他信任下面的队友们……此时,在他身后,台子下面,十几个团队成员已经排成两列,每列肩并肩站立,两列之间面朝对方。这十几个队友已经严阵以待,十几双伸出来的手构成严丝合缝的防护网,做好了接住背摔队友的准备。这个活动的本意一方面鼓励轮流上到高台上背摔的成员信任队友,另一方面也让在下面准备接人的队友们感受到自己的行为对"建立别人眼中的信任"有多么重要。

培训就是这样满怀好意却又一厢情愿地影响学习者。在"背摔"中毫不犹豫向后倒下去的队友,在现实工作场合真的能不计前嫌敞开心扉,不计回报先出善手吗?在"背摔"中拒绝把自己的身体安全托付给队友的成员,或许在现实工作中是那个慷慨助人并且从不恶意揣测别人这样一位标准的团队成员。用"背摔"所需要的信任暗指工作合作中的信任,无异于偷换概念。就像在写作中运用了一个恰当的比喻,虽然大大简化了描述的难度,却着实逃避了完整传递真相的艰难。

"背摔"这类建立在"简化的比喻"基础上的团建对于提升人们的复杂度无益,而另一类团建培训活动却可能有害。团队一起穿行沙漠,作为破冰、融入的手段,这没有问题。但偏要放大穿行沙漠的艰难困苦,突出彼此互助战胜困难的经历,借此来诠释团结的力量,引导成员之间彼此感激,并从此承担起维护团队团结的心理责任,那就戕害真正的团队精神了。不可避免的暗区出现了,维护团队的凝聚力构成群体压力,队友之间的互助友情成了心理负债,随着这些压力的增加,成员们自觉或不自觉地回避观点的冲突,避免人际张力。消弭了冲突,团队环境自然简单,但是,我们本应拥抱复杂性,投身复杂的关系,才能在复杂环境中提升复杂度。冲突不仅能给我们带来成长,它还是让我们获取更宽广的视野、形成更深刻的洞察,从而做出更有智慧决策的前提条件。群体智慧是乌卡时代团队真正的力量所在,而不再是往日那种"团结就是力量"的执行力和"心往一处想、劲往一处使"的口号。高质量的团队必定是"复杂"的。

培训必须停止人为简化真实生活,停止回避现实真相,而应为学员呈现复杂的真相。

在"还原论"基础上建立的整套企业经营和运营逻辑,从愿景、战略、目标、组织架构、岗位分工,直到预算控制和项目计划,层层分解,逐级下达,这种看似完美的计划和管控体系在乌卡时代环境下遭遇了无情冲击,横向合作、灵活应对、快速响应已不仅仅是对还原论体系的补充,还是决定企业成败的生存法则。在这种背景下,合作、横向沟通成了培训和领导力发展领域的优先主题。这个主题领域的培训同样需要回归真实才能有效帮助组织。这个领域的培训基于"与人为善"等无可辩驳的传统哲理,"赠人玫瑰,手有余香""人人为我,我为人人"之类的简单因果回报,对人进行正面引导和善意规劝。真相却是,天真的善举无异于鼓励邪恶。培训者敢不敢触碰真相?试想,如果你请来的老师面对学员们讲"雷锋精神对合作不仅无益而且有害"时,坐在后排监督讲课老师的你会不会心中一惊,犹豫要不要马上跳出来制止老师？但这难道不是培训专业人士应该帮助大家面对的真实吗？你看，很多新人初来乍到，特别天真的毕业生被公司的团队文化所感召，掏心窝子为别人服务，当然希望因此得到团队的接纳和对面同事的积极回应。结果呢，遭遇很多肉包子打狗有去无回般的教训。不仅如此，他付出越多，做得越多，反而成了未来他不能不做的责任了。几次三番，他能不觉得沮丧，"甚至开始怀疑人生"吗？培训者事实上参与了让"雷锋"流汗又流泪的合谋。各种培训承诺了虚假的合作，不切实际的期望换来的只不过是更大的失望。承诺虚假合作的培训怎么可能吸引人（尤其是有社会经验和生活阅历的学员）？怎么可能指引大家的现实行为？其实人生既不像这些小朋友们后来看的那么恶劣，也不像他们前面想的那么正面，社会就是一个复杂系统。所以培训要告知人们真相，并且帮助人们面对真相，帮助学员面对冷酷的现实却不坠青云之志，在还原真相的基础上有效地促成合作。做到这个程度的培训自然远远难于粉饰太平，煞有介事地解读正能量案例、弘扬正统"企业文化"。

所以培训师也要做很大的改变，培训师要具备更大的复杂度，敢于并善于直面复杂的真实。培训要提供更大的复杂性，还学员以真相，帮助学员提升复杂程度，学会在日益复杂的环境中发展出与环境相匹配的因应能力。

培训要给予有深度的内容，要指向思维层次的提升

乌卡时代培训要想有效，必须提供有深度的内容，也就是能够帮助学习者在复杂环境下解决问题，并在这个过程中提高学习者心智复杂度的内容，而不能再像过去那样——课堂上轰轰烈烈，但学员得到的至多是在简单环境下处理问题的表面技巧。如前文所述，多数组织在做合作主题培训时，无论如何组织教学过程，采用什么教学手段，培训课程的"立意"基本上是"One Team""敞开心扉、信任伙伴""集体主义、公司利益"等立场，这些立场过于简单化，只能解"一元一次方程"。而现实中的合作问题都是"多元"的，有公司利益、部门利益、个人利益，有短期利益、长期利益……正如我在前文讲的"饭团"的故事，买"饭团"这个方案可以解决让我儿子解饿这个"一元"问题。当我太太指出饭团带来的新问题（影响吃晚饭）时，我的头脑卡壳了。而一根香蕉能解决更复杂的"二元"问题。

足够复杂的头脑在合作中必须处理多元的利益冲突，而不必打着个体服从整体的旗号去抹杀个体的需要，也不必让"我"为他人着想而放弃"我"的利益。有深度的内容会告诉学员，重利益天经地义，循规律取之有道。自私是天经地义的事，不必为自己的私利而愧疚，同样不能忽略别人的私利。怎么办？协商、共创、妥协、利益交换，即使放弃也是为了得到呀。既然人都会为自己着想，只要找到共同利益就可以不分对象，广泛合作，而人和人之间的共同利益比我们想象的要多。有了共同利益，就有合作基础。那么如何促进对方与我们合作？我们教学员两句话：不较劲，不认命。"不较劲"的意思是说，有的时候，你不得不当"孙子"，也就是愿意承受更大的委屈，愿意让渡更大的利益。因为无论你愿意与否，到头来都不会有更好的结局，既然如此，维持现状反而是最好的策略。比如老板更重视另一个部门，面对那个部门我们就得当"孙子"。在不少公司，大家戏称销售是"一等公民"，生产制造是"二等公民"，因为顾客是上帝，而销售距离上帝最近，是上帝的代言人。老板当然更倾向支持销售的诉求。另一个例子，如果别人拥有更强的平台，而你需要那个平台，你就得当"孙子"。在强大的电商平台面前，多数店家无奈"二选一"。即使价格太低、销量一般、营销活动效果不好，也选择忍气吞声。为什么不去"较劲"呢？不较劲虽然不会让你得到更多，但会让你避免失去更多。在强大势力面前"好汉不吃眼前亏"，又云"不能改变别人，就改变自己"。当好"孙子"不较劲，看似为"顾全大局的集体主义"提供了注解。

其实不然，具有足够复杂度的头脑不该忽左忽右在两个极端游走。不能改变别人，当然不要去改变别人。但也不要滑落另一个极端去"改变自己"，而是当不能改变别人时，"就'先'改变自己"。"先"改变自己意味着放弃较劲，不去改变别人。"先"改变自己也意味着我自己为别人做贡献，不过仍然保留着改变别人的空间，终究还是要改变别人。

所以，不能做"爷爷"并不等于一直当"孙子"。还有另一句话："不认命"。吃一两次亏问题不大，"不较劲"是为了最终不认命。有价值的关系才值得珍惜，你不较劲，意味着甘愿设法为别人创造更多价值，在众多"孙子"中，做最有用的那个。为什么强大的电商对某些店家格外关照？的确这些店家自身更有实力，真正的原因却是这些店家的实力能为强大的电商贡献比其他中小店家更大的价值。为别人创造的价值越多，对方就越珍惜跟你的关系，这意味着对方越来越需要维护好与你的关系，利益分配就随之向你倾斜。所以，为彼此的关系注入价值在先，再为你争取利益。而多数人在合作关系中很容易受强烈的情绪控制，看得到自己的需求，但看不到对方的需求；看得到自己应有的"权利"，但看不到对方现实的"权力"。然后，把两句话的顺序弄反了。培训要帮助学习者意识到先"不较劲"，才有资格和实力"不认命"——最后你仍然可以获得你想要的东西，拿回你的权利。与人为善、顾全大局之类劝诫不会达成和谐合作，为自己的利益着想，用智慧的手段捍卫自己的权利，却是通往和谐关系的现实之路。所以培训需要提供有深度的内容，并帮助人们提高头脑的复杂度，停止粉饰太平、不要承诺虚假的合作，不再提供无可辩驳的空话和只能用于不真实的简单环境的表面技法。现实比你教的东西更复杂甚至残酷，人间并不美好，"赠人玫瑰，手有余香"太过于乐观。即便如此，由于人人都为一己之利着想，在一群自私自利的人之间，你不仅需要合作，而且只要找到共同利益，你完全可以和任何人开展坚实的合作。"不能改变别人，就'先'改变自己"，这是不是有深度了？这是不是合乎现实了？

培训无效，并不是培训本身无效，而是内容底层的立场本身偏离了现实复杂性。

培训要迎接并拥抱具有高复杂度的学员

培训要迎接和拥抱复杂度更高的学员，把为高复杂度学员服务作为改进培训工作的核心。企业人才密度与日俱增，企业交给培训部的学员构成也发生了显著变化，校招生少了，学历高、从业经验丰富的专业人士多了。学员不仅越来越聪明,越来越有思辨能力,越来越见多识广,而且对培训者提出了更大的挑战,他们越来越现实,不愿意曲意迎合,变得更加咄咄逼人了。如果不能对复杂的挑战提供令人信服的答案,他们很可能用脚投票。学员层次高了,学员需要解决的问题更复杂了,老师能跟上吗?培训公司能跟上吗?在沧海桑田的巨变中,培训界却还普遍在谈各种培训形式、技术手段、游戏化、碎片化、线上线下,实在是避实就虚。面对越来越多的高复杂度学员,深入分析现实问题并且重构培训内容,培训者才能大有作为。

培训者要为高复杂度的学员提供更大的自我判断的空间。注意:不要把自我判断的空间误认为被灌输的空间。曾几何时,每次培训之初,培训老师总要讲那个著名的老和尚倒水的故事。还有印象吗?话说一个俗人来庙里表达求道的诚意,老和尚问为什么要学道。此人有一肚子话要说,长篇大论滔滔不绝,老和尚边听边给他斟茶。渐渐地,杯子满了,水溢出来了。老和尚还在继续往杯子里斟茶。水沿着桌子漫延到了俗人一侧,俗人"腾"地跳将起来,忍不住说"满了"。老和尚不紧不慢地说:"你的脑袋就像这杯子,满了,怎么倒得进去呢?"我们常常以此告诫学员要放空。为啥要放空?无非是让大家都放空自己,以便老师来灌输啊。

相反,给学习者判断空间,恰恰是培训者要"放空"。给学员判断空间,要求培训者不用单方面的信息诱导学习者偏向培训者预先设定的结论,而是提供多面向的信息,训练学习者的判断能力、思辨力和彼此学习的能力,帮助他们打开眼界,看到更加开阔的联系,从而拓宽思路,真实世界本来就是多面向的。

但凡涉及"沟通"和"影响"主题的培训,老师们都会讲到这个模型:"在沟通过程中,对传递信息,语言做了7%的贡献,38%靠音调,55%靠身体语言。而身体语言要靠视觉来捕捉,所以在沟通时要看着对方。"老师还会用几个事例充分论证保持目光接触的必要性。这就是老师在培训中提供单方面信息的实例。已有研究发现,沟通过程中保持目光接触,可能增加劝说的难度。生活经验也告诉我们:骗子一直盯着我说话。给学员判断空间,意味着作为培训者的我们自己准备接受不一样的结论,允许在同一个场景面前横看成岭侧成峰、远近高低各不同。培训者自身有了更高的复杂度之后,才敢于放下过去用来衡量所有学员的那一把尺子,转而致力于让不同现状的学习者都在其当前的基础上继续发展和进步。毕竟,学习者才是学习的中心。

上述变化难在放弃根深蒂固的信念和积习难除的操作方式,走出舒适地带,走进无人区,重新书写行业规范。然而,弃旧才能图新,培训者自己必先 Unlearn,才能为学习者创造 Unlearn 的空间。遗憾的是,在放空自己这个事情上,老师有"原罪"。师者的正当性不正是拥有更加正确的理念、更加有效的方法吗?老师的任务难道不是传道授业吗?无论循循善诱还是生硬武断,都不影响师生角色的相对定位吧?无论多么困难,最需要放空的不是学习者而是老师。放空自己是与以往告别,Unlearn 方能 Relearn。放空自己等于放弃权力,甚至意味着放下自己作为师者的正当性来源,培训者将被置于空前复杂的环境中,如果培训者自身复杂度不够,那么培训就没有希望。

应对复杂度更高的学员,培训者必须穿越常识和穿透表层。再回到"身体语言和目光接触"的例子。身体语言、目光接触对于"传递信息"确实很重要,但是有效"传递信息"对于复杂度越来越高的学员而言还有意义吗?应属毋须赘言的常识了吧?你也许会辩称"这类内容尽管很基础,但这些资深学员在有效传递信息上做得并不好"。这个判断符合实际。但他们做不好的原因,并非"不知",而是"不会"或者"不愿"。"不会"需要训练以养成习惯,"不愿"则必须触及深层的障碍加以化解。二者都不是通过告知"什么是什么,什么为什么"所能够解决的,再多震撼性的举例也无济于事。另一方面,"清晰完整传递信息"并非限制这些具有高复杂度的学习者沟通和影响效果的关键因素,限制其沟通和影响效果的更大障碍来自其他方面,比如选择沟通对象,确定沟通时机,寻找合适的沟通路径,制定正确的沟通策略,定位沟通所要传递的信息,以及站在什么立场上确定沟通信息,等等。这里列举的诸因素,每一项都重于身体语言和目光接触,当然,每一项都对培训者和培训内容提出了跳跃性的发展要求。但愿培训同行们的心智复杂度尽快提高起来,复杂度更高的头脑才能看得到诸如"在沟通中不能很好传递信息"这类现象背后蕴藏的晦暗、深刻、相互纠缠的重要因素,并勇敢重塑以往对问题的认知,抛弃过去得心应手的内容,重构更有效的内容。套用一句俗话:"别忽悠",更不要把自己给忽悠了。

进一步,培训要对处在不同复杂层次的学习者都提供来学习的特定理由,并帮助他从现在的层次向上一层提升。培训因而成为一个纵向发展的舞台,而不仅仅是被灌输知识、技巧的课堂。

以自我为中心的人，为什么愿意来培训？他愿意接受什么样的培训？他愿意参加直观、好玩、不抽象的培训，因为他看不到长远、抽象的联系。"甲之蜜糖，乙之砒霜"，社会导向的人偏偏会抗拒好玩的、直观的培训，因为他觉得那是在玩，不属于"学习"。他希望你提供有翔实研究的、有"学问"有"深度"的权威内容，要给他有权威背书、有数据支撑的东西。被社会导向者尊重的老师的上课过程与其说是讲解，不如说是演绎。逻辑一定要自洽，稍有漏洞，师者的人设就土崩瓦解。对于自主书写的人，当然不能跟他现有的信念唱反调，要从他现有的信念入手，呼应他的观点，最好能从新的角度阐述其观点，并帮他上升到理论高度。老师要给他提供足够的自己探索的空间，而不要喋喋不休地给他灌输道理。对于内观自变的学习者，最容易"对付"。只要有学习机会，只要有不同的人、不同的观点，他就开心。不少培训者非常担心大老板来到培训现场，其实不一定需要担心，这取决于老板本人的心智发展处在哪个阶段。处在自主书写阶段的老板挺难"对付"。如果处在内观自变阶段的老板成为你的学员，你就偷着乐吧。因为他非常开放，非常愿意学习，他绝对不会斤斤计较，说"这个东西花了我多少钱……"

拥抱高复杂度的学员还意味着培训者要学会欣赏独立思考和批判性思维，不仅不要简化、美化现实，甚至还要帮助各个心智层级的学员看到不完美但真实的世界，看到更加错综复杂、令人头疼的关联，拥有更宽广的视野并穿透多重因果链条。只有这样，学员才能拥有更宽阔的思维，既不天真，还乐观前行。鲁迅先生说："真的猛士，敢于直面惨淡的人生，敢于正视淋漓的鲜血。这是怎样的哀痛者和幸福者？""哀痛者"就是"幸福者",这是具有高水平心智复杂度的智者对真实世界的看法。无独有偶,著名的《自私的基因》一书的作者、牛津大学教授理查德·道金斯在为罗伯特·阿克塞尔罗德教授的《合作的进化》一书所写的序言中有这样一段话:"一个乐观主义者首先必须承认基本的现实,它既包括人性的现实,也包括所有生命本性的现实。这里所说的生命是达尔文意义上的生命,它涵盖宇宙里的所有生命。在适者生存的达尔文世界里,充满着那些使得生存者生存下来的特质。按照达尔文的说法,我们悲观地假设生命在自然选择这一层面是极端自私的,对苦难无情地冷漠,残忍地损人利己。然而从这个被扭曲的起点开始,即使不必是刻意的,类似于友善的兄弟姐妹般的伙伴关系也会出现。这就是罗伯特·阿克塞尔罗德这本不平凡的书要传递的令人振奋的消息。"在残忍的丛林中,仍然充满乐观的消息。"这种乐观是可信的,它不是天上掉馅饼式的、不切实际的天真愿望。"

请务必消化道金斯教授上述论述。世界是复杂的,商业环境、管理环境是复杂的,能够在其中游刃有余的人也必须是复杂的。

而能成为高复杂度学员师者的培训师,当然更需要具备相当层次的复杂度,不然怎么能避免浅薄和简单化呢?如何能够不成为那种知之甚浅却滔滔不绝,"与其昏昏,使人昭昭"的讲者呢?我们自己持续进化,才有可能推动和帮助学员持续成长。

培训要做到在教书(技巧)时育人(发展)

传统上,我们是这样学习的:上课听课,记笔记,下课复习,做作业，然后考试。这些学习过程都只有一个目的：寻找正确答案。即便小组讨论也不过是在一起寻找正确答案。在那个年代，你只要努力，只要执着有耐心，只要能坚持下去，终究能找到正确答案。于是我们去跑马拉松了，因为我们知道毅力对于成功至关重要。但是，今天，尤其是在社会领域、商业领域，没有正确答案，只有更好的答案。通过我们一天一天的努力，未来会出现比今天更好的做事方式，我们会找到新的组织方式，找到大家在一起更好的工作方式……然而，更好的答案并不是"努力"带来的，而是通过"转换"得到的。在复杂环境下努力并不能带来突破，思维突破才能带来突破。

在这个复杂时代，培训要帮助人们进行转换。不仅教书，更要育人。教书，提供知识技巧，可以称之为横向发展。育人，帮助人提高心智复杂度，即所谓纵向发展。越来越多的知识技能让人"长胖"，横向发展。而心智层次提高，相当于帮人"长高"。卓越领导者的领导力源自内在品格。宽广的视野和开阔的思考，对事物的复杂关联明察秋毫，对问题的本质洞隐烛微，自信和适应快速变化的环境，都仰仗于更高层级的心智复杂度。当前，培训回报率为什么持续走低？新知识灌注到旧头脑，就像新软件装在旧电脑里一样，新装软件越多，电脑跑得越慢。更新硬件才能运行新软件。心智复杂度是人的硬件。以知识技能灌输为特征的横向发展就好像往杯子里倒水，开始的时候很顺利，但渐渐溢出了。装的东西太多，装不进去了，装进去越多，在学员头脑里产生的矛盾冲突就越激烈。纵向发展相当于设法把杯子的构造加以改变，扩大杯子容积，以便让头脑能够容纳新的知识。

在人才发展领域有两群人,一类是做发展的,一类是做培训的。长期以来,这两群人仿佛生活在两个平行世界,彼此诟病。作为一个把人才发展落到实处的最重要手段,培训理应被视为整个人才发展大版图中的一个组成要件。"教书"本是绝佳的"育人"过程。作为发展的一个环节,培训现场可以构建一个场域,让学员体验到摘掉眼罩后的新世界,经历一次心灵体验,从而推动心智重塑。重新看待培训与人才发展的关系,培训者才能转换用力方向,创造远比知识技能传授更大的价值,为自己赢得来自人才发展领域的尊重。另一方面,"育人"则让Unlearn的障碍冰解冻消,为"教书"的过程铺就通衢大路,让知识技能的学习水到渠成。人发展了,看到的东西变了,态度自然而然就会改变,接受知识的能力就会加强,学习愿望和学习能力油然而生。

进入人的纵向发展领域,才能逆转培训回报下降。不突破A. S. K.(态度、技能和知识)的范畴,难以解决知识技能态度问题。培训行业再也不能把自己排斥在人才发展领域之外,而是应该老老实实向人才发展行业的同行学习。培训和发展两层皮无论对谁都是巨大的局限。

在复杂环境下,努力并不能带来突破,一定是学习者的思维突破了,才能带来行动以及学习能力的突破。我们期待培训发生一些深刻的改变,承担起帮助人们成长的作用,赋予学习者以更复杂的心智去穿越时代的乱流。

5 沙盘：展现并提升学员的复杂度

沙盘是一种培训方式，其内容既有商业成分，也有些跟商业并没有太大的关系。多年以来，沙盘热度有增无减。沙盘既是一种直观的知识技能培训工具，也是一个绝佳的人才发展工具。培训更关心的是今天能用的技能，而人才发展则是为明天承担更大责任所做的准备。

沙盘模拟用于人才发展

大部分培训师把沙盘用作诠释知识的手段，比如，商业主题的沙盘基本上都用来讲财务知识。这么做有充分的合理性。抽象的（比如财务）知识在沙盘上对应实物——直观。多个要素相互嵌套的（比如商业模拟的价值链和外部环境要素、组织发展模拟的系统架构上的各个组成部分）过程得以在桌面上演绎风云——高度可视化。不过，作为知识讲授的手段，沙盘模拟在产生了传统教学方式无法比拟的生动、具象、可视化优点的同时，在呈现财务或者其他主题领域知识上也产生了两大弱点。其一，知识深度受限，能用来建立笼统（High Level）的知识架构,但难以在沙盘中表现细节(Low Level)层次的知识。其二,用时过长,学员需要花费时间消化沙盘规则,需要时间通过推演产生结果,而且会产生大量与主题无关的干扰信息,需要有经验的老师排除干扰,聚拢学员的注意力。然而,"金鳞岂是池中物,一遇风云便化龙",如果把沙盘用作人才发展,比如领导力发展,所有以上的"缺点",悉数转身成为求之不得的优点,沙盘模拟更能物尽其用,拥有其他培训方式难以望其项背的绝对优势,使在课堂上展开领导力发展成为可能。这是沙盘培训的需求量持续上升的原因之一。

韩寒说"听过许多道理,依然过不好这一生"。为什么?是因为没有经过勤学苦练,不经过亲身实践,纸上得来终觉浅?是因为未经思考和消化,"听到"不等于"得到"?……是这样吗?我认为,要从"人"的"发展"层次上找根源,"发展"与"培训"大有不同。培训旨在专项技能的训练,而发展是帮助提高人的综合能力,比如自我复杂度、系统思考能力。打个比方,培训帮人"长胖",发展促人"长高"。"长胖",是指培养新的技能、能力和行为,属于技术学习,适用于有明确问题和特定解决方案的情境。比如说,在外科培训中,学生通过被"逼问"的学习过程成为外科医生。通常由有经验的医生不断向学生提问,迫使学生翻阅各种资料寻求答案。尽管学习的过程实属不易,但经验丰富的医生还是可以将准确的答案输送给学生,从而拓展学生在专业领域的广度和深度。与此相反,"长高",是指人们在如何"了解"所处世界的意义方面取得进展,这一点我们可以从儿童成长的各个阶段轻易察觉到。但传统的看法是假定成人在 20 岁左右就停止发展,其实发展方面的研究已经证明,成人还继续朝着心理发展方面向前发展。在发展的每一个更高层次，成人以更复杂和包容面更广的方式"理解"世界：他们的思维变得更加"广阔"。

"长胖"就像把水倒入空杯里，容器中水不断增多（学到更多的知识和技巧）。而"长高"则是扩大杯子容积，因此不仅杯子的容量增加，可以装进更多的水，而且容器的构造也发生改变（即你的思维更加广阔）。如果把"长胖"比喻成安装新软件，"长高"就是升级电脑。在旧电脑中不停安装新软件，运行肯定越来越卡。

美国创新领导中心（The Center for Creative Leadership, CCL）的麦克奎尔（McGuire）和罗兹（Rhodes）说："每个连续的层次或梯级都拥有更高的学习能力、解决复杂问题的能力，以及明确新的发展方向的能力和领导变革的能力。到下一个阶段，人们学习能力更快、适应能力更强、解决复杂问题的能力更高。层次更高的人学习和反应的速度更快，因为他们的思维更广……处在较高阶段的人能在更多的情况下更好地看清细节点并将其联系起来。"

竞越沙盘有相当一部分与商业领导力有关，商业是舞台，而领导力才是主角。领导力的发展本质上是领导者自我复杂度的发展。理解了什么是发展，以及发展与培训的区别，下面我们重点讨论为什么沙盘最应该用于领导力发展项目，以及概念性描述用于领导力发展的沙盘，在操作上如何做到超越知识传输。

领导力发展项目下的沙盘

在商业领导力主题下使用沙盘,沙盘所指并非商业本身,而指向商业背后的人的提升。很多组织带领导者去沙漠徒步,我相信没有一家组织是为了训练这些领导者在沙漠求生的能力,沙漠无非是个背景。很多公司做团队拓展训练,拓展游戏也是背景而已。最早做团队拓展训练的这家公司名字就叫Project Adventure,顾名思义,拓展中的每个游戏是一个Project(项目),在其中学员经过一些Adventure(冒险)"项目",去敞开自己,面对挑战,从而突破自己,并在其中认识自己。沙盘也是这样。有时候,沙盘课的学员本身就是现实中的商业操盘手。这时,对他来说沙盘课中技能训练的成分会稍多一点,但即使如此,沙盘课也不是以技能训练为主。更多时候,技术人员或专业人员来上沙盘课,他可能永远不会去做沙盘所展示的商业,但沙盘仍然是很多组织用来发展这些永远不做商业的人的一种手段。

在复杂环境下,你的头脑还能高效地运转吗?如何提高这种能力?沙盘可以用来检验和训练。因为沙盘设置了众多维度,涉及横向各个职能和纵向上下级、内部能力和外部环境、短期利益和长期优势等众多目标、各个要素之间的关系。沙盘有点像电影的蒙太奇手法,可以同时展开多个线索,而不像讲课那样单线索从一、二、三……作顺序演绎。沙盘以时间维度向前演进,或天或季或年,你现在做的事情对未来有巨大的影响,反之,现在的局面可以追溯到过去的决定。跟现实生活一样,沙盘一般也设置成没有后悔药可吃。但与现实不同的是，在模拟中毕竟不用付出真金白银的成本。平常要日积月累才会显现的因果报应，在沙盘中立竿见影。所以，无论是纵向的时间维度还是横向的不同专业线的维度，都为沙盘添加了复杂度。在这样的复杂场景中，有成功、有失败、有很多压力，这个过程中，你还能让头脑高速运转吗？这就是"人"的要素了。沙盘塑造的环境，无论商业背景还是其他管理背景，都是为考验和训练这个人而服务的背景。

在某头部公司，有一批层级非常高的干部、部分合伙人和比合伙人低一层级的干部。在一个几十万人的公司里面，这个层级大概不过百人。我们总共要做"八年"时间，第二年，其中层级最高的三个人组成的团队就破产了，其破产之快创了纪录。破产之后，他们不听老师对全班的讲课了，而是自己在小组里研究。我可不管你的官多大，现在都是我的学生！我就请他们上来说一说为什么不听老师上课。其中一人上来说："报告老师，我们在研究一件事情。"卖个关子，先不说他在研究什么事……我想问各位，如果你做一个商业项目，很快就遭遇巨大挫折以至于破产了，这时你会思考什么？你们管理团队会讨论什么？对此，我问过很多人，大概有两类回答。一类回答是："我们到底做错了什么？"这是向后看，看后视镜，从错误中学习，指导未来做得更好一些。学费不能白交，对吧？还有一类回答大概说："现在，接下来我们怎么办？"赶紧想办法解决危机控制后果，这是往前去看挡风玻璃。要么向前看，要么向后看，都是很通常、自然的想法。但是这个领导者上来说的这件事让我印象极深，也给大家极大的震撼，他说："我们在讨论破产这件事给我们带来了什么优势。"语惊四座,不同寻常的思考。破产本身给我们带来了什么优势?我相信很多人听了以后都很纳闷。你纯粹是个 loser(失败者),破产这种破事儿还有优势?你看他思考的方式和很多人就是不一样。所以思考的方式不同,在一件事面前 sense making(得出意义、理出逻辑)不同,也就是他从中看到的意义不同。这实在是人和人的不同,这种人和人的不同决定了商业结果的根本不同。商业是最后的一个结果,但真正导致商业结果的是人和人的不同。沙盘在更大程度上应该用来改变人。你已经急不可耐想听我把答案说出来,破产能带来什么优势了吧?他们的回答是这样的:"不用再顾虑明年的 GMV(销售业绩)了。"在实际经营中,我们什么都想要,既要明年的业绩,也要长期的布局。这个纠结不仅导致资源分散,还会让你"用运营的勤奋掩盖战略上的懒惰"。而现在,上帝堵死了一条路,也为你敞开了一扇窗。明年不可能有太好的业绩了,你不得不下决心去做长远布局,开始下决心解决根本性问题,内部也更加统一一致,所以你反而比别人有更强的优势了。你看,这些领导者在复杂环境中能够稳定心态、聚焦正确的焦点。他们能做到永远看到自己的长处,永远具有追逐黑暗中微光的勇气,而微光在他们的奋斗中逐渐放大。这是意志品质的表现,这是人思考问题角度的不同。所以我们说沙盘在商业环境中塑造的挑战,与在沙漠、在冲浪运动中塑造的是一样的挑战。在挑战中,我们关注的是人。我们用这个机会让人照镜子、揪头发。这是沙盘非常重要的魅力所在。"金鳞岂是池中物,一遇风云便化龙。"我本人和我们的团队如今被越来越多的头部公司请去,给越来越高层的领导团队做沙盘培训。这些人并不缺商业知识,但要更好地引领商业,每个商业领袖必须首先突破自我。

商业结果来自一系列决策以及对决策的执行。商业沙盘的学习要点少不了决策,但我更强调的是:在沙盘中,决策是一群人在协作、竞争甚至对抗中做成的,是群体智慧的产物。群体智慧越高,决策质量越高。反之亦然。事实上,衡量群体智慧高低的方式就是看一群人共同决策的正确率有多少。麻省理工学院(MIT)的群体智慧中心(Center for Collective Intelligence)对此做了很多研究。根据他们的研究结果,我来问大家:以下哪些说法是对的?

1. 成员越聪明,群体智慧越高。
2. 群体的凝聚力越强,群体智慧越高。
3. 群体氛围越好,群体智慧越高。
4. 女性越多,群体智慧越高。
5. 成员的人际敏锐度越高,群体智慧越高。
6. 团队领导者越聪明,群体智慧越高。
7. 团队领导者的经验越多,表达能力越好,群体智慧越高。

实验研究表明,成员个体的聪明程度和群体决策正确率没有相关性。团队士气和凝聚力与群体智慧没有相关性。领导者的聪明程度和经验与群体的决策质量没有相关性,如果领导者的表达能力很强,对群体智慧甚至会出现反作用。

不论原因如何,群体智慧在沙盘培训中可以明确测量,因为大家要以小组为单位做出无数决策,并产生可以度量的商业结果,这就揭示了小组的群体智慧现状。而且,在竞争中、在与对自己期许的对照中，学员饱含情绪，或激动或沮丧或不甘，激发成员产生疑问：为什么我们的群体智慧是这样的水平？也激发了成员的好奇心和求知欲：怎么样才能够提高我们的群体智慧？这是本色出演，反映自己的真相。不像以往所谓领导力培训那样，对案例中的角色评头论足，也不是一本正经地在角色扮演中按照剧本，在平静状态下演出"正确"的人物角色。

导致群体智慧低的行为表现林林总总，沙盘模拟基本上都能准确地反映出来。问题暴露出来了，当事人才能"心服口服"，我们就可以针对每个群体甚至每个成员的具体表现，帮助他们认识到并争取消除制约群体智慧的障碍。沙盘美妙的一点是，有机会立即运用自己的结论、收获，在接下来的进程中实施自己的改变，看看是否能够带来群体智慧的提高。如果立刻见到效果了，对学习者的影响力无疑胜过老师的千言万语。

群体智慧，从根本上说与成员个体的复杂度高度相关。在群体智慧背后还是人的问题。所以，竞越沙盘的根本落脚点其实是提高领导者的自我复杂度，虽然商业是一个很重要的背景。

沙盘能够帮人提升复杂度，甚至我认为它是最佳的纵向发展的手段。原因有三。

原因一，沙盘完美地符合自我复杂度提高所需的三个条件。原因二，沙盘为所有处在不同心智成熟阶段的人都提供了来到现场进行学习的理由。原因三，沙盘能够为所有心智成长阶段的人提供在他现有的心智层次上进行突破的机会。

高压体验、视角碰撞和思维提升

沙盘对所有人都有吸引力,不同心智成熟阶段的人所需要的不一样的吸引力,沙盘都能提供。进一步,沙盘对所有人都提供了在现有基础上向前突破的机会。

我先从三个条件说起。前文说到美国创新领导中心(CCL)提出的一个模型——领导力的发展需要三个条件,即高压体验、视角碰撞、思维提升。请注意,CCL说的不限于培训现场,而更多指的是领导力发展项目。

高压体验:当领导者回顾整个职业生涯中什么时候成长最快时,他们一定会讲述自己最紧张的高压经历。大多数人都会设法避免高压,然而学习敏锐度高的领导者都有寻求高压的习惯。这习惯通常来自这样一个周期:突然接受了超乎自己能力的任务,疲于奔命以应对局面;逐渐掌握窍门,绩效和成果开始显现;掌握要领之后,开始感到无聊和烦躁,于是四处寻求更多的高压。在培训发展场景下,所谓高压体验,就是把领导者投入一个对既有思维方式产生困惑的复杂场景,他发现已有的思维方式不够用了,于是开始开阔思路,寻找新的、更好的方式来理解所面临的挑战。领导者的成长不是因为喜欢,而是因为不得不成长。当面临一个足够艰难的挑战,当前的发展阶段无法解决,必须成长才能解决这个挑战时,领导者开始"长高"。一些重大变故会迫使人们重新评估这个世界并以新的角度看待这个世界,同样的道理,领导力培训课堂也必须营造同样的发展高压。

视角碰撞:"故天将降大任于是人也,必先苦其心志,劳其筋骨,饿其体肤,空乏其身,行拂乱其所为。"高压会让领导者产生积极的不均衡状态,动摇自信心,放开思维采用新的理解世界的方式。这时,与拥有不同世界观、想法、背景以及受过不同培训的人接触,不仅能挑战领导者当前的心智模式,还能拓宽他看待这个世界的视角。他不仅愿意接受他人不同的观点,还会试验他人的观点。在这种条件下,他能够对不同观点、不同世界观和不同发展阶段的内在冲突进行协调。这可以增加领导者看待世界视角的数量,而这是纵向发展的一个核心驱动因素。一个思维简单的人只会从一个角度看待事物,而思维复杂的人能从多个不同的角度来看待事物。职位越高,从事的业务越复杂,领导者就越要擅长在多个视角间进行转换。

思维提升:视角碰撞不是目的,在领导力发展中,甚至解决问题、胜任新职位也不是目的,心智成长才是目的。听了新的观点,当前面临的问题得以解决,然而,我们仍旧要问:在这个过程中,他的思维更宽广了吗?心智有没有提升到一个新的高度?在高压体验中,思维提升不仅需要领导者获取新视角、学到新知识,还要促进领导者从更高的心智发展层次探索它们的意义。比如,在经历了患病的痛苦之后,成年人不仅要让孩子懂得细菌或病毒引起疾病,还要让他懂得自然界有其自身的规律,人类社会有很多规则,与人相处同样有内在规律。于是这个孩子产生了对自然界的敬畏,对规则的尊崇,实际上,这是一个从自我中心向社会导向转化的良机。这叫思维提升。在无效的管理行为造成不满的员工和不良绩效之后,教练或者上级要帮助管理者重塑其对员工成长意义的认识,从一个绩效管理者进化为组织能力建设者。高压体验、视角碰撞为思维提升创造条件,而思维提升才是领导力发展的目的所在。更广阔、更先进的世界观在他身上涌现,并随着时间的推移不但不会衰减,反而会日益稳定。

高压体验、视角碰撞、思维提升,任何一个条件都能够提供一定的价值,但只有把这三个条件全部结合起来,才能真正使领导者得到发展。

有高压体验和视角碰撞,唯独缺少思维提升:领导者有了成长的动力并接触新视角。不过,由于在培训中缺乏时间和必要的支持把这些视角整合成新的世界观,领导者觉得这个项目很有趣,而一回到工作中就会把在项目中学到的东西抛到脑后。

有高压体验和思维提升,唯独缺少视角碰撞:高压会让领导者产生积极的不均衡状态,使他开始寻找新的答案。然而,由于项目没有让他接触新视角,他又被强大的惯性拉回当前的思维模式,总是得出相同的结论,因而不会取得任何发展。

有视角碰撞和思维提升,唯独缺少高压体验:领导者缺少成长的理由。他将发展过程视为一种智力活动,体验不到情绪冲突。大多数课堂学习都太舒服了,在空调房间喝着咖啡,看着培训师怀着良好但天真的愿望准备的案例影片,对其中的人物给予"如果是我"的圈圈点点。风轻云淡,看云卷云舒,学习者无论如何都很难把学习内容转化应用于自己的实际工作中。

沙盘模拟培训完美地具备以上三个要素。

沙盘过程有很强的高压体验。有别于过去舒舒服服的课堂培训,我们刻意在沙盘培训中制造高压。比如说,沙盘培训里面规则很多,信息量大,消化起来并不容易。过去,有些老师出于好意,不仅掰开了揉碎了详细讲解各种规则,还把规则写成海报贴在教室里供学员随时参照,生怕学员说"老师,这个规则你没有讲过、没讲明白",因此细致讲规则其实是老师的自我防卫措施。不是老师没讲过,是你太不专心,况且相关资源都在墙上啊。后来,我们渐渐发现完全不必去迎合这种要求。

根据高压体验的思想,我完全改变了做法。从上课一开始就告诉同学们,我讲的速度会很快,目的是希望你们更早进入你自己操作的环节,避免浪费时间。"我保证两件事,第一,我保证全班没有一个人能全懂老师在讲什么。"老师的"罪过"变成老师刻意为之的教学方法了,攻守易形。"第二,你们一桌四个人应该成为战斗团队,对吗?我保证你们四个人从我这里领受到的所有信息,加起来就应该是信息的全集。"我还说,"在这两天的操作过程中,如果你抗议说有任何信息你觉得老师没有讲过,我不会辩解,我会问大家你们有谁知道这个信息。如果有任何一个人知道,对不起,那就是你的错。"压力来了,从那个瞬间开始,同学们立即放下跷着的二郎腿,并且迅速抽出笔记本,认真记录,拿起荧光笔在讲义上标出重点。

接着,我进一步制造压力。"模拟最后会出竞赛结果,对应结果你们要发大大的红包,名次越靠后,发的红包越大。过程中你们每一个操作上的错误都要发红包。为什么这样?因为现实中,每个错误都要有人承担后果,承担最大后果的那个人叫作'股东'。现在你们是股东了,你们当然要为自己的任何错误承担责任。"只要红包金额够大,谁会不心疼?

另外,公司领导就在场,有的领导就在竞赛学员之中,有的领导坐在外面观察观看。领导既看最终的结果,也看中间的过程,以此来判断这批部下。可见,在课堂上完全可以制造足够的压力。

我告诉学员书上有职责分工和岗位描述,但是我告诉他们书上做的职责分工和岗位描述很差。"老师,你为什么要给我很烂的东西?"我说:"现实中不是这样吗?你创办一家公司,或者刚开创一个新业务的时候,组织架构清晰吗?岗位职责合适吗?那时候你自己不懂就找 HR,对吧?可是你没多少钱请称职的 HR。你大概会请一个刚毕业不久的小朋友兼做 HR。你让小朋友去设计组织架构、岗位职责,不仅因为你自己根本没有时间,而且那时你大概并不理解这些事情有多重要。这个小朋友很可能去网上找资料,或者向他在其他成熟公司工作的同学要资料。部门怎么设、职责怎么分、岗位怎么定……一份报告给你,你草草看过就这么定了。上马之后,各种责任问题、流程问题、合作问题都出现了。那时你们干什么?重新调整呗。所以,老师给了你一套非常传统、非常望文生义的设计。合适的在哪?我也不知道,而且,这不是我的事。创业的时候没有一个全能的上帝告诉你答案,对吧?"学员的肾上腺激素狂喷。

"老师只设计了四把交椅,四个平等的 CXO,故意没设 CEO。但老师对 CEO 的态度是随你便。你想设 CEO,你就自己搞一个出来。用什么办法搞?不是我的事。你想要有 CEO 你就搞,但是几'年'后,你要告诉我有 CEO 好不好,以及什么样的人适合担任这个职位。"

课程伊始,老师就告诉大家:"你们面对的就是这样一个复杂的商业冒险。虽然模拟竞赛的结果是假的,不过你发的红包里的钱是真的,你的脸面也是真的。因为大家有比较,你的领导也会看到这些结果。从现在开始,我打算放松去了,'公司'就交给大家去忙乎了。"

以上列举了一些制造压力的手段。我相信各种培训类型都应该在课堂上给学员增加挑战,让学员不要那么舒服。老师不要替学员承担责任,只要发挥创造性,所有类型的培训都可以制造压力环境,当然沙盘因为本身的特点更容易罢了。

我们再来看一下内容本身给学员带来的压力。这是竞越的"伐谋®"沙盘课。可以毫不夸张地说,中国所有你能想到的头部公司,几乎无一例外都用这门课,而且持续上这门课。不少客户甚至上了50、60场"伐谋®"课。为什么有这么大的魅力?就是因为我们把这门课用作人才发展,而不是某个商业敏感性的课或者单纯的战略课。

看一下某次"伐谋®"课中某个小组(也就是六家竞争公司中的一家)的进程。

大家从完全相同的起点出发,几家公司在相同行业里争夺五个行业客户市场。每个圆圈代表一个行业客户市场。

第一年,深色的A小组公司和浅色的E小组公司先声夺人,旗开得胜。A公司(图片中的"A"代表A公司占据的客户行业市场以及在该市场的份额)占据了右上和右下。E公司则抢占了左上角和左下角两个行业市场。开局如此辉煌,然而,终局却变成了这样。虽然不比"当年",但浅色E毕竟还在左上角这个客户行业市场有不小的份额。而最初在右边居于垄断地位的深色早已绝迹,仅在左边尚存两抹。"眼看他起朱楼,眼看他宴宾客,眼看他楼塌了!"这难道不触目惊心吗?

5　沙盘：展现并提升学员的复杂度

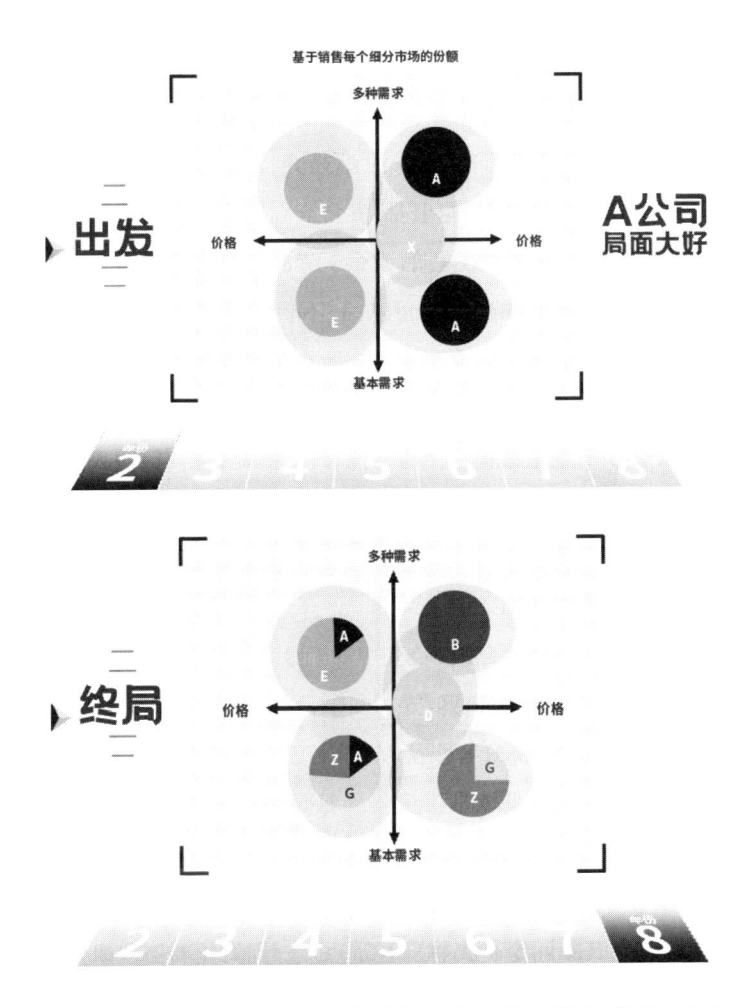

沙盘记载了学员做的每个决策所带来的阶段性成果，而过程更加惊心动魄。这是一开始 A 和 E 的大好局面，请记住，另外还有四家"公司"在起始阶段毫无斩获，你在下图只见 A、E 两强争雄，不见 B、G、D、Z 的影子。

接着 B、G、Z 登陆上岸。

◆ 重塑内容：复杂时代的培训之道

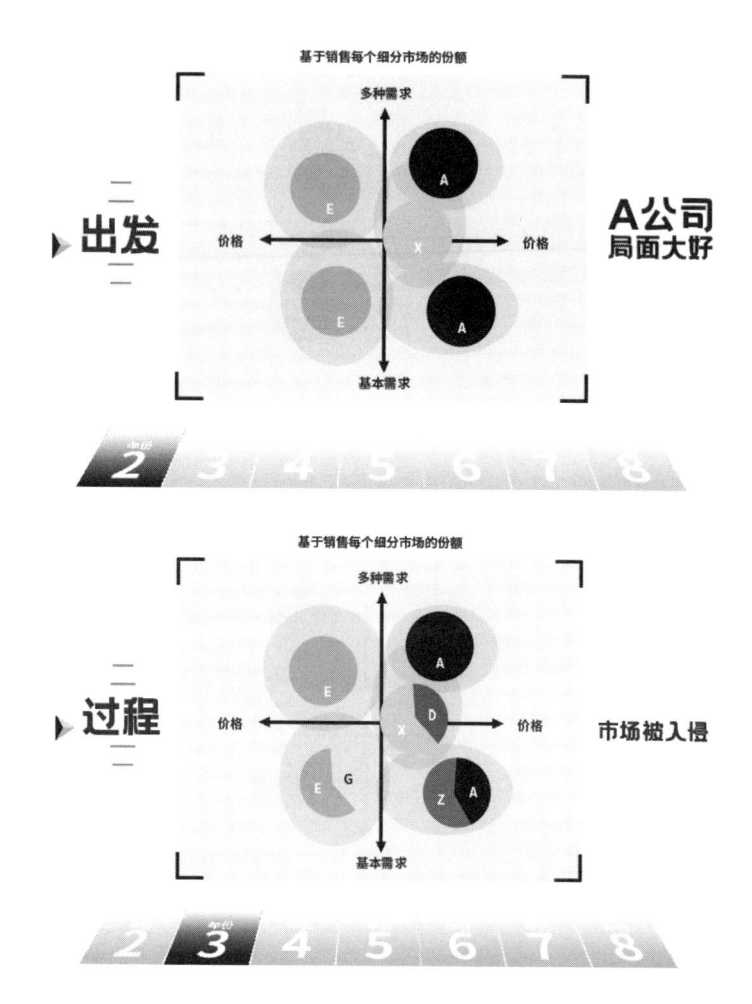

入侵更加深入，B 被剿灭，G、D、Z 站稳脚跟。还好，此时 A 和 E 暂时都只有一个行业客户市场受到侵袭，各自仍然有一个稳固的根据地，如果此时收缩战线，很有可能各自守住一个最有利可图的行业市场，A 主打右上角，E 经营左上角。

恰在此时，行业出现了重大技术变化。由于忙于经营原有

5 沙盘:展现并提升学员的复杂度

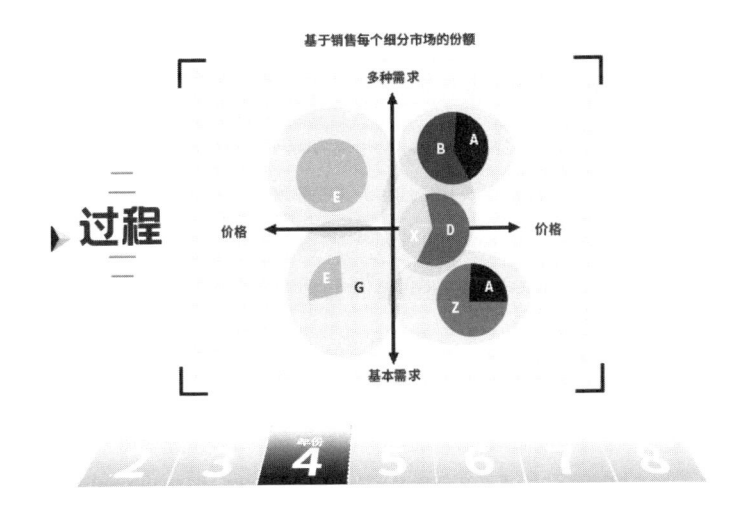

技术方案,既要开发新技术,又要狂吃现有技术的红利,还要顾及多个行业客户市场,出道最早的 A 在技术引领的行业转型过程中被彻底赶下大海,不经意间演绎出了"柯达"和"诺基亚"。而 E 看来及时把战线收缩到了左上角。

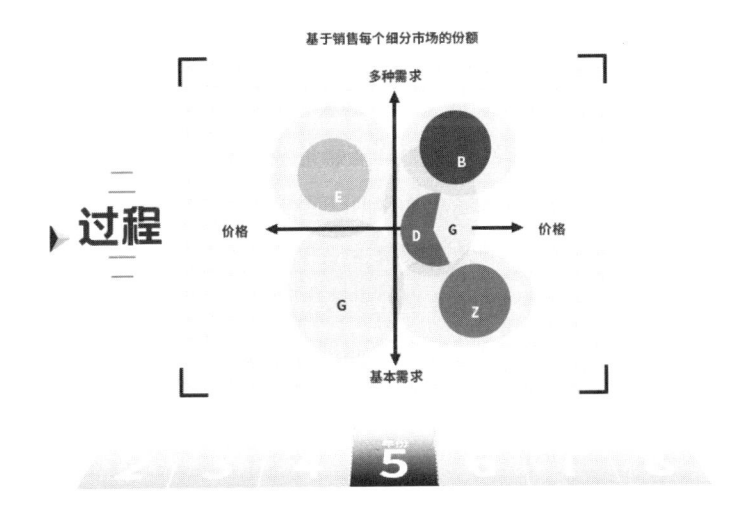

091

……终局如此(如前文第89页所示)。

每一"年"学员都绞尽脑汁急于翻身。整个过程中学员的代入感极强,情绪激动或者扼腕叹息。与当年亲身经历了柯达、诺基亚由盛而衰的过程,甚至本身就是亲自决策的操盘者相比,在商学院研读教授事后写就的柯达、诺基亚案例的学生,顶多学到些有形的知识,却断难获得心智的成长。那些亲身经历者在这段职业生涯中习得了丰盛的收获,更获得了个人的成长。前者很难再次应用,而后者却终生发挥影响,无论其在哪个行业、什么职位及所遭境遇。前述沙盘让学员提前获得了弄潮于商场的经历。同样,我们培训专业人士,不仅要提炼其中蕴含的知识,更应该推动学员成长。否则,岂不浪费了如此宝贵的经历?

这就是"高压体验",或者译为"高压经历"的作用:学员太想知道为什么、怎么了、我行不行、我该如何提高。头脑和笔记本都敞开了全新的一页期待被填满。"视角碰撞"和"思维提升"已经水到渠成。

沙盘培训符合人才发展(当然也包括领导力发展)过程所需要的第二个条件:视角碰撞。不知所措是探求的起点。高压动摇了自信,高压也推动大家各抒己见。"伐谋®"等沙盘特别把几个角色设计为平级,不设 CEO(如果认为有必要,每个小组自己可以设 CEO)。在去中心化的结构中,大家有机会学习如何用好冲突。从培训伊始,老师便要求每个人必须不折不扣地从自己所在部门的利益出发,努力实现他所负责部门的作用。这种架构在压力下少不了冲突和不同视角。除了在模拟中的不同分工导致不同视角以外,每位同学带来的参照体系不同,思维模式、经验不同,格局不一样,都会导致大家冲突。此外,我们还格外鼓励冲突。大家都特别想赢,由于遇到了艰巨挑战,大家都可以畅所欲言。

第三个方面,思维提升,这是人才发展与培训的最大不同。人才发展学的不是知识和技巧,不是损益表、资产负债表,甚至也不是商业技能,而是要改变你底层的思维逻辑。就像我在前文列举的那位头部公司的领导者,在至暗时刻,既不看前挡风玻璃驾车逃离泥沼,也不看后视镜去反省提炼经验教训,他为什么能有异乎寻常的思维角度?他到底是怎样建构他的思维框架的?作为学员的你停留在哪个思维层面,因而难以企及那个思维高度?

思维提升非常需要教练的启发和推动。沙盘老师不是培训讲师,而是要成为优秀的群体教练。学员的高管、老板可以联系他平常的观察给予有力的反馈,同学互相之间也可以提供有效的反馈,正所谓同侪教练。有些公司在进行沙盘培训时还特意在每个小组安插一个来自 HR 的观察员、"小精灵",以便提供额外的观察视角。教练、高管、同侪所做的推动、质问、反馈,把学员之前经历的高压体验、冲突的视角进行提炼和催化,让学员的思维模式开始松动,意识到长期以来所持的假设和信念值得质疑,从而使思维更加宽广,思考维度增多,时间跨度延长,策略思维得以加强,更加敏锐果决地抓大放小。

所以,沙盘完美地符合人才发展所需要的三个条件:高压体验、视角碰撞和思维提升。

为不同心智层次提供切入口

用沙盘实施人才发展、领导力发展还有一个特别的理由：符合具有不同心智成长阶段学员的学习需要。也就是说，它能给自我中心、社会导向、自主书写、内观自变等各个心智层次的人都提供一个合适的切入口。

如何吸引自我中心的人去学习？他就是大尺寸的孩子，对自然规律了解有限，也没有了解的兴趣，自己的所知就是宇宙的一切。他竭力用已有的知识解释一切现象。社会规律、社交规则在他眼里纯属繁文缛节，他总想简单行事，甚至粗暴对待。快、简单、现在、钱和权力最能唤醒他的注意力。他看不到间接、抽象、长远的联系，看不见就是不存在。长远的战略、愿景、客户价值这类看不见的东西对他来说都是虚幻的空话。沙盘的好玩和直观可以成为吸引他们来学习的理由。"这个老师比我们财务总监讲得生动多了。搞财务的人就喜欢把简单的事情弄得很复杂。"

甲之蜜糖，乙之砒霜。同样的特点对于社会导向的人非但不构成吸引力，反而成了疑点："这不是玩吗？能学到东西吗？"幸好，沙盘也符合他想要的。他已经具备一整套学识，他的头脑经过严格训练。任何新知识必须契合已有的知识体系，经得起他那善于批评的头脑的推敲，知识要严谨、自洽、成体系，源自某个领域的权威或者有权威的背书。例如，财务是一个受社会导向的人们所尊重的严谨、成熟的体系，被全世界所有公司接受，是商学的必修课。而商业类沙盘100%都需要算账，都需要借助(或简或详的)财务报表来分析模拟结果,对社会导向心智层次的学员来说,商业类沙盘因为有翔实的财务内容做支撑,当然是令人尊敬的权威知识。由于现代社会各个组织中构成比例最大的人群的心智位于社会导向层级,这在一定程度上解释了为什么很多老师把各种商业类沙盘万变不离其宗地都讲成了高度类似的财务课。对我而言,这极大浪费了沙盘的潜力,还导致各种沙盘模拟培训的同质化。所谓"可惜龙泉剑,流落在丰城"。

沙盘培训不能止步于此,因为我们恰恰需要帮助组织里的大量领导者、关键人才突破社会导向,进一步向自主书写发展。一旦用于帮助人发展,而不是传递知识技能,沙盘便能发挥出独特的价值。沙盘是少有的能在课堂上推动人们心智发展的方式,对各类组织的大量干部、骨干来说更是不可多得的训练。无论创新、创业、领导商业,还是在复杂环境下进行有效决策,都受益于从社会导向向自主书写的心智成长。

那么什么能吸引自主书写者来到沙盘培训现场呢?要让他相信,你讲授的东西有新意,而非老生常谈。即便老生常谈,你也有独特的见地。同时,与他现在坚信的(也是他自我创造的)本质上一致。他尊重有见解的而不是死抱教条只会讲课的老师。自主书写的人喜欢同类,因为他需要同类跟他共同对抗"陈规陋习""世俗礼教""平庸之见",但未必愿意眼前这位老师的自主书写的观点与之对立。想一下,领导喜欢什么下属?听话的?也许。不听话、有主见的?肯定不是,而是能够理解并深化领导意图的人。既听话又不单纯傻听话,既要认真聆听,还要深入阐述,建设性发展。自主书写的人,历经艰苦探索而终有所得,人生经验也好,商业智慧也好,不仅引以为豪,甚至已经成为他的化身,可以说,他一生都在继续验证、传播和捍卫这些经验和观念。所以,老师提供的内容一定要言之有物,还必须与自主书写者的想法吻合。但是,吻合不是目的,吻合只是一个引诱点、一个切入点。然后在沙盘培训过程中给他提供一个场域。其中有多种多样的变化和挑战,有足够多的供其把玩、探索、判断的空间。所有结果和结论都应该由他自己做出来,老师尽量减少对他的输入。他会相当嫌弃你来跟他讲商业或者管理——"你算老几?"沙盘完全可以提供广阔的自我判断空间。

只有少数人一生能够发展到内观自变这个心智层级。对内观自变的人而言,学习是一生最大的快乐。他喜欢跟不同的人相处,三人行必有我师,处处留心皆学问。动员他到学习现场不难,相反,有时你需要拒绝他来却不容易。发展到这个心智层级的人,往往级别比较高,德高望重。学有所成,业有所精,却依旧谦逊通达。在培训前的高管访谈中我对高层领导说:"这个培训对您来说过于基础了,您不来也罢。"经常有大老板说:"不不不,只要行程不冲突,我一定要来。看着这些人在学习,一方面是观察,对我自己都会很有启发。"只要能学东西,这些人就很开心。而沙盘培训有别于老师一言堂的传统培训,在整个计划、模拟、复盘、交流过程中,大家七嘴八舌,见解纷呈,观点碰撞,火花四溅,高质量的学员与老师一起,创造出异常丰富的学习素材,自然成为内观自变层次的智者所喜欢的思想盛宴。

说到这里,不免要抒发一点感慨。就培训师以及甲方从事培训和领导力发展的同行而言,如果我们能够突破培训者天然自带的自我中心,能够突破无论是培训内容上还是培训方式上很多理所当然的教条，那么我们就能够从这些人身上学到更多。我经常发现很多真正深刻的学习正是来自学员中的这些人。他们讲述自己在培训过程中得到的点点启发，经常让我汗颜，因为有不少是我从来没有考虑过的角度，这对我来说是巨大的收获。他们得到的启发来自你设计和引领的这个场域，他们可能因聆听而有所思，也可能来自他们的观察，或者触发了一直萦绕在他们头脑中的一些思考，可能关乎团队管理和组织发展，可能有助于商业项目……每当此时，作为培训者，我因遇见善学者而备感幸运。

作为极佳的纵向发展手段，沙盘为处于不同心智成长层级的最广泛人群提供了各自看重的入场理由，得到所有人的支持和拥护。

进一步，入场不是目的，让他心满意足地离场才是目的。离场的时候，我们希望已经推动所有心智成长极端的人们，在既有的层次基础上都向上走一点，抵达甚至突破各自目前所在层次的心智边界。在这方面沙盘的表现堪称完美，因为沙盘帮助每个人实现其个性化的目的。

什么是个性化的目的？它的含义是"相对海拔"而不是"绝对高度"：每个人从他目前的站位高度向上攀登，而不必让所有人都抵达同样的海拔高度。这也是培训和发展的一个重大分别。培训的英文 Train，词根是火车。想过吗，这是为什么？一个司机拉一车人，沿着既定轨道，按照既定日程，向着预定目的地出发。事实上，是这些人还是另一批人，对培训和培训者而言并无太大区别，载荷而已。发展则不同，发展用的手段更多是教练，即 Coach。其原本含义是私家马车。车夫完全听从乘客的指挥,顺应乘客的节奏行进。他要揣摩并遵从乘客的需要,按照乘客的需求确定目的地,在必要的时候还要修正甚至颠覆既定的目的地。

针对不同心智成长阶段的人,培训者要有感觉,大致知道他处在哪个阶段,应该突破什么,然后,帮他往前突破一步。沙盘为因材施教并在同一个场子里兼容不同的需要提供了广阔的可能性。自我中心的人在离开的时候,他应该朝向社会导向走一步。家长普遍认为孩子有主见是好事,不过设想一下,一个孩子,如果主见很大但对社会了解很少,对自然规律一知半解,这个时候他要是很有主见的话,是不是很可怕?

比如说做数学题,应该按步骤一步步推理、一步步写出步骤,而他就是不按步骤走,只想要快速跳到最后的结果;比如不讲究卫生,暂时没生病,他就觉得随手抓东西吃"不干不净吃了没病";比如老师喜欢某个同学,没喜欢他,他觉得老师对女生偏心,因为在他狭窄的视野里,事情只能如此解释。等到他进一步学习之后,他慢慢懂得了科学规律、自然界的规律,懂得人和人相处的规律,看懂了老师评价学生的更多角度,经过这样的学习过程,他渐渐突破自我中心。学习的目的既是某些具体的学习要点、知识本身,更是帮人们(尤其是孩子)从自我中心上升到社会导向,也就是尊重、敬畏规律规则,愿意如饥似渴地持续学习规律规则。怎么做才能够从自我中心提升到社会导向呢? 教育者要从教授有关规律和规则的知识,转向人的心智发展。比如,当孩子生病的时候,真正重要的并不是让他懂得细菌和病毒能够致病,而是让他在心智上建立新的信念:你必须尊重自然规律。有了这个心智成长,学习者未来会改变一系列行为,即信念带来行为模式的整体迁移。从这个信念继续往前走,学习者还需要接受并且尊重人和人相处的规律。这就是心智重构。

所以,当我们在沙盘学习中让这些人意识到,天地之宽超自己所臆想,一件事情的来龙去脉和因果牵连竟如此错综复杂,天地间的道理自己只拾得沧海一粟,自己曾经认为理所当然的信念与真相相距甚远的时候,他开始疑惑,开始求知、包容、耐心。我们常说要让学员们爬出深井(Silo),任何沙盘培训,都铺展了一幅更加全局、更加系统、更加战略层面的图景。对于很多人而言,他们一生大概都不会升迁到这个层面去工作。可是,由于他们深陷在深井中,看不到更广阔的空间,自然很难理解周遭的局面。比如,一位资深的开发工程师,技术级别到了很高层次,但迄今为止都在实现别人制定的目标或者开发既定的功能,至于为什么要开发这个东西,哪些应该先上线,他并不关心。因此,有些干部级别很高,但心智模式可能还停留在自我中心层级。于是,沙盘课需要让他意识到开发在整个商业价值链上的位置,以及整个价值链对开发环节的影响。

举个例子。在"伐谋®"中"每个公司""每年"只有9个资源可用。顺便说一下,大量沙盘其实就是现金流游戏,无论怎么改版,目标都是产生尽可能大的现金流。其实现代商业不是这样的,并不是通过挣钱和省钱扩大现金流,而是要建立一个资本抢着想投进来的企业。当企业资金出问题的时候,往往是商业设计和组织设计出问题了,换个角度说,如果商业和组织设计有问题,那么再多的钱都无济于事。"伐谋®"有一个特别的设计很能够反映商业本质:钱没有限制,可以充分供给,但限制各个"公司"的组织变革资源。你每年有9个资源,可以放在队伍建设上，也可以放在产品开发、技术投资、组织建设和流程建设上。每个选择都要耗费 9 个资源中的三分之一到三分之二。你会发现重要的东西不一定需要重视，因为还有更重要的东西。你放弃的不是不重要的东西，而是重要但不得不放弃的东西。放弃一些重要的东西才能突出另一些一定要突出的东西。你可以在队伍建设上投入 3 个资源，让队伍更好。你可以在流程和架构体系上投入 3 个资源，让流程和架构更好，让支撑系统变好。你也可以在技术投入和产品开发上投放 6 个资源，让你的功能更加强大，让你的产品更有吸引力，但你必须在队伍建设和组织建设上有所放弃。商业全在于抉择。这并不说明人才开发或者组织建设不重要，只是因为还有更重要的事情要做，你不得不舍弃那些重要的，但是没有那么重要的选项。这是一个个选择，即使到了高级技术级别的人，也可能从来没有操盘过这些有关 WHAT 的选择，他做的只是其中一个选择怎么样做出来的 HOW 问题。沙盘可以让学员看到天地原来这么广阔，一件事情的影响可以如此深远。而自我中心的人，他的局限在于视角有限，看不到普遍的、隐性的联系，因而故步自封。所以，沙盘学习不是为了让他具备商业技能本身，而是让他意识到他自己的格局还是太小，从而激励他去努力提高。进一步，当他看到不同的人在相同事情上有完全不同看法的时候，他可以平静对待，不再闭目塞听、固执己见。他开始对自己原来的思维结构产生怀疑，这是人的思维底层的发展。

社会导向的人，读了很多书，经历过优质的管理教育、商业教育，甚至组织发展教育，前人的知识经验让人避免重复造轮子，避免重蹈覆辙，但同时也让后人萧规曹随。这些人容易被头脑里的知识和社会上的规范所束缚。比如说,"这是我该做的""我不该碰那件事情"。"我"和"你"的概念很强,造成岗位分割,部门分割。做事灵活性差,长期按照规章、程序、SOP 处理属于他的一些事情或者领导交办的事情。经常听见他们说"这不公平""我们一直是这么做的",背后反映他头脑里固化了很多程序和规则。在学习过程中,要给社会导向的人充分的时间去表达自己,去看到更广、更深刻的一些东西。灌输给他更多的学问和教条并不管用,需要他们能够开创局面,用于突破和创新。

拿另一个名叫 Tango(探戈,即组织发展与业务赢利的平衡之舞)的沙盘模拟中的场景举例。同样,这个模拟的限制也不是钱,竞越的很多沙盘培训都不再围绕钱做模拟。比如前述"伐谋®"中钱近乎无限供给,有限的是"变革资源"。而 Tango 中有限的是人的能力。这个培训的核心内容是组织、人才、组织建设和人才发展,把人才从盘点直到落实的整个过程讲得清清楚楚。

这个模拟场景的背景是:一个咨询团队有三名咨询顾问,一老两新。新手入行不久,只能配合高手做项目。每个交付项目需要一名项目经理和一名项目成员共两名顾问。常规"标准交付项目"学不到新知识,参与者不能从中获取经验。"挑战性项目"由于要创造性地克服很多困难,参与者因参与挑战性项目而得到学习成长。在项目团队里,项目经理客观上起到项目组员"师傅"的作用。另外,在内部为建立系统、完善方案、产品化而做的"研发"项目也因其探索和攻关性质而使参与者在能力上获益。

◆ 重塑内容:复杂时代的培训之道

有一个场景是这样展开的:其中一名年轻员工和技术高手一起刚刚完成了一个挑战性交付项目,他的工作技能有了提高,在能力上超出另一名新人,距离担任项目经理独当一面接项目更近了一步。这时,模拟操盘的学员决定派另一名新手去和高手启动一个新的常规交付项目,而让这位能力更强一些的新手带头主持一个有难度的技术研发项目。为什么要这样安排呢?因为这个研发项目与标准交付项目相比更能锻炼人,而经过这个研发项目的锻炼,后续只要再提供一些培训,他就笃定可以成为独当一面的项目经理了。从这里,你可以看到这个排兵布阵策略的特点是把所有发展性资源都集中到一个人身上,明显反映出操盘的学员想把这个人快速发展起来的迫切意图。为什么要这么做?为什么是他呢?镜头还要拉回上周,当操盘的学员与这家模拟公司现有的三名"员工"做 One on One 即一对一面谈之后,发现团队存在需要立即加以解决的问题。

回顾最近情况怎么样,那位技术高手说:"我做的项目很棒,学到很多,虽然遇到了很多困难,但情况还好,和客户相处很愉快。"遇到很多困难是说他领衔做的交付项目挑战很大,然而,由于他和客户文化、人气很吻合,所以这个项目做得愉快。但是接下来的话令人警觉,他说:"早出晚归,好久见不到太阳了。还有儿子,每次回去他已经睡了。不瞒您说,有时心情不太好。"

轮到下一位员工,他说:"我也同意师傅说的,学到不少东西。跟客户相处,还行吧。"因为他和客户脾气不对付。"跟师傅相处也还好吧,能学到东西就行,别的不重要吧,我想。"他跟上面技术高手能学到东西,可是话里话外听得出有所保留,因为他们两个人不太投缘。

最后一位说:"我还好,平凡的事也得有人做吧。有时候不知道该怎么做,大家都很忙,不好意思老麻烦其他同事。"可见他做的多为平凡、琐碎的事情。又因为作为新手能力不够,而大家又各忙各的,所以他经常很困惑。

谈了一圈话,操盘的学员们发现这个团队的危机不少。

Tango课中的这个场景能让学员学习什么呢? 亲爱的读者,请先停在这里,想一想以下两个问题:

(1) 如果你是这个团队他们三人的领导者,你会做些什么?

(2) 在通常的管理培训课上,这样一个案例希望引导学员做什么?

如果在传统的管理培训课上,这种案例极有可能用来引导或者训练管理者做思想工作,善于沟通谈话。比如对那位技术高手,管理者最担心他离职,万一他离职,所有交付就塌台了。因而挽留他是重中之重。管理者要同情、安慰这位高手,要与他建立私交,去他家里慰问并帮助解决生活困难。管理者还要去和高手带的新人谈话:"你说得对啊,能学到东西才是最重要的。耐心一点,未来你有大把的机会。"但在真实环境中,即使管理者的沟通能力被发展到与沟通培训老师的能力那么强大,沟通的效果仍然转瞬即逝,因为这个团队存在的根本性问题没有解决,其他都是表象。这个团队存在严重的结构问题。唯一的技术高手工作负担太重了,已经成了工作瓶颈。你跟他谈话、帮助他解决后顾之忧也解决不了太多问题。然而,在Tango培训中,学员们看到了问题本质之后,不再通过"修补"

◆ 重塑内容:复杂时代的培训之道

(说服和帮助技术高手去面对他并没有太多转圜空间的问题——工作超负荷以及由此产生的家庭问题)来"维持"现状(团队的整体能力不足,只能依靠个别人的能力,加班加点做到小马拉大车),而是致力于解决根本性问题,抓组织建设,让后备队快速成长,突破团队的结构问题之后一切难题都将迎刃而解。沟通能力差一点也无碍。

下面我们分析一下这样一个教学过程是如何提升社会导向者的心智层次的。我们先对社会导向者与自主书写者的学习过程、学习深度来做一个对比。

社会导向者对知识本身有宗教般的崇拜,用现有知识进行合乎逻辑的推导来获得新知识;或者通过对比来学习新知,即把听见、读到的新知识与头脑中已有的知识进行对比,然后存入其知识框架中的某个适当位置,成为已有框架中的一个新元素。然而"纸上得来终觉浅",由于在获取知识的时候没有经历过大脑的抵抗和斗争,所获取的知识缺乏与现实场景的联结,直到遇到需要运用相关知识来解决现实问题的挑战时,才发现自己并没有真正消化所学的知识。

与之做对比的是自主书写者并不崇拜知识,但推崇行动和在行动中得出自我的结论。其学习过程包含大量动手、观察、交谈、实地尝试,在失败和成功中经过自己的总结形成结论,所谓"绝知此事要躬行"。这样的求知习惯赋予了他们强大的探索能力,因而善于面对现实问题创造性地找到解决之道,成为知识的创造者。

在沙盘培训中(比如 Tango 培训),老师的目的不应该局限为传授知识,而是要帮助社会导向者向自主书写者进化。具体而言，在上一个场景的学习中，从新的、不同于自己头脑中已有的角度看待问题并成功地解决了问题，学员们对过去学习的知识、认为理所当然的知识产生了怀疑，对自己跳出原有的知识去解决问题产生了信心。解决问题本身就应该被视为创造知识的一个关键环节。

很多接受过良好管理培训的社会导向的学员，在他们的知识结构中，对管理技能的认识很大程度上建基于理解人的能力和沟通能力，综合起来就是要因人而异地对不同人格、沟通类型的人做好各种场景下的沟通，授权场景、激励场景、辅导场景、解决问题场景等等莫不如此。经过以上描述的模拟场景，明白大量所谓"沟通""激励"问题背后往往隐藏着团队结构问题，沟通产生的效果注定短暂，有效的解决方案应该是在努力保留高手的同时，加速发展下面的接班人。如果高手离职，接班人可以尽快接班，不至于葬送业务。如果高手继续留任——发展了下面的接班人，高手的负担减轻，重复性工作减少等等，应该比良好的沟通更有助于留任这位高手——存在两个可用的项目经理将容许这个团队接更多的业务，还有助于招聘新人和消化新人，基础人才毕竟更容易招聘。这就扩展、丰富了这些学员的管理认识，围绕另一个（优化团队结构）角度学习知识，实现了管理飞跃。也许你会问：学员获得了"因人而异进行沟通"以外的新知识，这难道不是又一个获取新知识的过程吗？与以往的知识学习有什么不同？是的，"透过表象去解决本质问题"，"沟通背后往往是团队结构出了问题"，当然也是学员获取的新增知识。但是更为关键的，我们要看到学员不是一如既往"学习"获得的新知识，而是经过探索"自己发现"了新的解决之道，形成了新知。"探索"和"自我发现"本质上是不同的。"自我发现"标志着学员对既往知识产生了怀疑，标志着开始用解决问题的方式去行动，在行动后归纳和提炼属于自己的知识。更像英文中所说的"Gut Feeling"（直觉），而不再是通过用既有知识进行推导、与头脑中已有的知识框架进行对比后接受下来的外来知识。跨出怀疑"金科玉律"的第一步，尝试过创造的喜悦，内心深处享受过的自我肯定，那是任谁也无法再次剥夺的。

最后，沙盘培训如何帮助自主书写者进一步发展成为内观自变者？自主书写者既然有自己的创造，也就有了自我捍卫。渐渐地，"我"的创造就成了"我"的化身，终其一生都在捍卫"我"的作品，时时处处都在为自己的作品寻找佐证。帮助自主书写者进一步发展，就是要让他认识到自己的局限，发现自己长期捍卫的理论和信念的局限，从而开放地与人合作，开放地吸收，更加耐心和包容，容纳对立的观点。让他勇于在被颠覆之前先颠覆自己，回归学习状态。

任何自主书写都来自解决特定现实问题的需要，问题当然有其发生发展的环境背景。当时成功的方法以及由此而形成的信念肯定只是局部真理，不幸的是自主书写者经常无法意识到边界在哪里，即便已经走出了适用范围也往往浑然无知。这一方面是因为成功之前，他们百折不挠地宣传、捍卫、践行自主书写的方法和概念，而随着成功的到来，他们对社会的影响力日渐扩大，用来创造局面的资源日益增加，成功的机会自然更多。尽管用他们自主书写的作品来解释后来的一系列成功已经勉为其难，但随着成功的到来，自主书写者也积累了过度的自信。另一方面，身边那些察言观色、逢迎拍马之徒乐于把这些成功统统诠释为自主书写方法论的成功。随着自主书写产物被推及更大的范围,其暗区日渐显露,然而每一次成功都进一步蒙蔽自主书写者的双眼,使之愈加无法察觉自己的信念存在的重大局限。最终,自主书写者无一例外被其作品反噬,所谓"屠龙少年终成恶龙"。

在现实中,每一次商业冒险都在攀登一条新的学习曲线,商业本质上就是一个学习过程,学习能力是竞争优势的真正来源。在行动中,人们获取数据、正确组合数据以便抽取出有意义的信息,在信息中提炼高质量的洞察,高质量的洞察又指导更高水平的决策,再行动……"屠龙少年"曾经是以实践、观察和总结提炼为核心的社会化学习的高手,他最早认清环境,找到并掌握所从事行业、业态的规律。过去的经验无法指导新的业务,他们或者本来就不受经验规则的束缚,没有书本教条的羁绊,或者最彻底地抛弃过去的经验和教条,凭借开放的学习去发现,终有斩获。

在沙盘培训中,老师要把这个过程重新展现出来,让学员再次经历"屠龙少年变成恶龙"的过程,更为重要的是,还要经历"恶龙"觉醒的过程,使之重拾少年心。老师刻意让自主书写者进入茫然无知的状态,包括理解眼前这个沙盘的设计要素,破解底层逻辑,正如在真实世界进入一个新领域、新市场时商业领袖们所面临的场景;虽然形成了一个四人群体,但距离默契团队还有很大距离,要一边打仗、一边建设管理班子;老师刻意制造沟通障碍,阻碍信息顺畅流动,正如现实中的条块分割、信息不对称,学员需要调整组织打通信息流;对手的策略连对手自己都不确定,我们会在怎样的市场环境下博弈?我们应该设法获取对手的信息以正确应对,还是应该从制变的立场出发,找到摆脱对手任何纠缠的办法?更何况我们的动作又会引致对手的应对,面临的局面不仅是变化的,还是不确定的;成败究竟取决于正确的战略还是有效的执行?你或许会看到人算不如天算,拉开差距的只不过是一个偶然的执行失误。面对这么多挑战,你靠什么摆脱混乱、无知和盲目?

面对如此纷繁复杂的商战模拟,你能复制当年在真实世界的成功吗?经过多"年"厮杀,在沙盘终局面前,我们要问自主书写者:现在的沙盘结果和你在现实中的商业成功,究竟哪一个体现了你的真实能力?你仍然有底气认定现实的商业成功反映了你的真实能力,而不是幸存者偏差吗?

更有意义的问题是,如何能比较确定地(而非侥幸)重复往日的成功呢?唯一能带来确定性的是学习能力,包括你个人的学习能力以及你发挥群体智慧的能力。进入自主书写层面的商业领袖们普遍擅长在解决问题的行动中自我学习,只不过成功之后背上了自主书写作品的包袱,极力试图扩展作品的运用范围,自证的欲望取代了开放的好奇。

群体智慧能够加快学习速度、提高学习质量,令自主书写者的学习效果如虎添翼。而努力发挥群体智慧的过程,可以让自主书写者尽快回归学习状态。在很多沙盘课上,包括本书中提到的"伐谋®"和"探戈(Tango)",我们把大家分成四个不同的岗位,而且四个学员之间是平级关系,不设 CEO。岗位和岗位之间存在大量矛盾,这很现实,现实中各个岗位之间的利益诉求非常不同。如果我们换个角度看这些不同,正因为大家的立场不同、视角不同以及诉求不同,才使得我们有可能在面对前述那些复杂、不确定、多变的环境变量时，形成一张尽可能反映真相的完整大图。在多大程度上可以用好这些不同，我们就能让商业结果获得多大程度上的可复制性。而固执己见与盲人摸象、盲人瞎马无异，成了，那纯属运气好。为了达到自主书写学员恢复学习能力的目的，作为沙盘老师，我喜欢给他们"添乱"：鼓励冲突。我告诉他们没有冲突，意味着四个人没有各尽其职、各守本位；没有各个角色的尽职尽责，就不要奢谈什么团队合作。我还鼓励他们不设CEO，即便他们设置了CEO，我也通过模拟中的场景帮他们看到有了CEO会对群体决策质量带来的严重干扰。有冲突却没有那个一锤定音的人，就注定要设法在冲突中找到活路。掷骰子也好、少数服从多数也好，无论用什么方式，选择方案都无异于浪费了成员的智慧。自主书写者不太会用这些简单化的手法来选定方案，但却可能会自证和争论。老师鼓励他们拒绝二选一，相反，要从对立的观念中产生新的观念。他们发现，经过充分酝酿和沟通讨论，可以找到让四个成员、四个方面的诉求都得到完美满足的办法。这让大家在经历美妙的心灵体验的同时，树立起来新的信念：在新挑战面前，我有能力重新开发新的规则，只要我保持冷静和耐心，坚持理性，不同观点之间的交互，就能形成比我原本拥有的更好的答案。

这就是沙盘的魅力，你可以无数次去推倒重新开始，一堂课下来做了几"年"不重要，有没有最后的结果也不重要，重要的是在某个瞬间，学员形成了新的信念。

总之，通过让学员在其中"照镜子"（自我觉察）、"揪头发"（向上发展），沙盘模拟培训发挥了远比直观传授知识技巧更大的价值，那就是促进学员的心智成长。

6 学习的力量

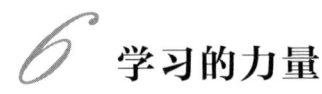

——介绍经营模拟训练

物理学家、诺贝尔奖获得者费曼在谈到教育问题时曾经举过一个例子：教科书上给一种叫作 Triboluminescence 的物理现象下的定义是"晶体碎裂时发出的光"。他说："（从这个定义）你学到任何科学道理了吗？根本没有。你只知词义，却丝毫不了解自然。什么晶体在被碾碎时会发光？为什么会发光？你见过哪怕有一个学生回家动手试验吗？他根本就不会。但是，要是你这么写：'如果抓一把糖，在黑暗处用老虎钳碾碎时会看到红色微光。还有几种晶体也一样。没人知道为什么。这种现象叫作 Triboluminescence。'那么，他们回家就会试验，从而产生对自然的体验。"

这是教育的失败。这种失败不仅存在于科学教育中，在管理教育和管理培训中也屡见不鲜。

教、学、会到底是什么

我曾多次问培训学员："损益表中为什么要有 Contribution 项目，它代表什么含义？"学员都是资深企业经理，其中不乏

MBA或经济学硕士,有些还是专业财务和会计人员,但是得到的答案经常是:"Contribution就是毛利嘛。""Contribution等于销售收入减去售出商品成本。"

每次听到这样的答案,都使我对传统商学院的教育感到悲哀。这些人"学"到东西了吗？没有,他们只是知道了一个生意上的术语,以及这个术语相对一系列其他术语的含义,或者知道了损益表上的一个指标是怎么算出来的,却不知道为什么企业需要关心这个指标,以及当这个指标摆在面前时,自己应该采取什么行动。

西方漫画《老虎》里有这样一个故事:

老虎的弟弟告诉老虎:"我教过小狗吹口哨了。"
老虎问:"那我怎么从来没听过小狗吹口哨呢？"
老虎的弟弟回答道:"我说教过他吹口哨,我没说他学会吹口哨了呀。"

可见无论科学教育还是管理教育,无论是东方还是西方,"教"(培训亦然)不一定导致"学",更不一定产生"会"。

我说的教、学、会,到底是什么意思呢？

学习是为导致某些预期结果而特别为学员设计,并使学员经历的心智过程。

教(培训属于此范畴)是指通过提供信息、练习、游戏、作业等方式,为学员创造适合学习的外部条件和环境。正如伽利略所说:"你无法教别人任何东西,你只能帮助别人发现一些东西。"教的作用是产生学习。

◆ 重塑内容:复杂时代的培训之道

会是指学员经过学习,在现实环境中能够应用学到的知识和技能,或者学员的行为发生了改变。

培训的主体是学员而不是培训师。在培训过程中,学员应该在培训师的引导下进行"学习",而不是被"教"。因此,如果培训真正要产生价值,挑战在于培训师和培训课程在多大程度上能够使学员运用自己的头脑去"学习",挑战自己的头脑,形成自己的结论,并且最终运用到现实环境中去。

该如何做到呢?古代中国的教育思想对此有非常精辟的概括:

我听,我忘记;
我看,我记得;
我做,我学到;
我教,我掌握。

它强调了从听觉向视觉的转变(可惜,从古至今的教育和培训大多仰仗听觉),从老师教向学生自己动手学的转变,以及进一步从被动学向主动教给别人的转变。做和教都是学,而不是被教。

决战商场®:经营模拟训练

飞行员在模拟器上的操作使教练所教的知识和技能得到演练,在演练的过程中真正学习和掌握了驾驶技能。经营模拟方式为管理教育和培训提供了类似飞行模拟器的效用,这是一种让学员在所犯错误中学习,却不会给企业和学员个人造成实际损失的工具。

瑞典教育专家克拉斯·梅兰德(Klas Mellander)于 1979 年开发的经营模拟训练项目"决战商场®(Decision Base)"是经营模拟训练方式的一个经典范例。

经营模拟培训方式建立在克拉斯·梅兰德提出的自发学习模型基础上:

1. 激发兴趣,使人愿意接受(信息);
2. 接受信息;
3. 把所接受的信息主动与已有知识联系起来;
4. 形成自己的结论和理解;
5. 经过运用和测试,确认自己形成的结论和理解。

举个简单的例子。有个女子买了一部照相机,这时她已经形成了强烈的学习"兴趣":渴望探索。她对怎么用照相机太好奇了。好奇心为她吸收说明书所提供的信息做好了充分准备。然后,她自发地选择、寻找并且吸收说明书中对她有价值的信息,忽略其他信息。她摆布照相机,目的是把经过筛选后接收的信息与以往对照相机的认识进行对比联系。如此反复,终于她理解了:"没错!这一定是快门。"现在,她一定会迫不及待地试验几次,既因为新鲜,更是在无意识中确认自己形成的结论。

这就是自发学习的过程,这样的学习能力与生俱来,只是到了"正式"的教育环境中被异化,"教师"反客为主了。

在"决战商场®"训练中,24 名学员被分配在 6 个相互竞争的模拟"公司"里,分别担任公司的市场营销和销售经理、生产和研发经理、财务经理、市场情报经理。根据"市场"需求预测和"竞争对手"动向,决定模拟公司的产品、市场、销售、融资、生产方面的长、中、短期策略。然后,一年一年"实施操作",每一年末用会计报表体现经营结果。分析经营结果,制定改进方案,继续"经营"下一年。

在此过程中,学员的兴趣被激发起来,因为他们看得到自己的经营结果。他们想知道自己为什么做得好或不好,为什么计划要发生的却失之交臂,为什么不希望出现的事情却不期而至……在模拟中,学员突然意识到很多耳熟能详的概念只是停留在"知"的层次上,却并不"会"。这时,学员进入了最愿意吸收信息的学习状态:"意识到了不足"(Awareness)。现在,他们迫切需要知道如何分析外部环境、如何分析市场和产品、如何提高内部效率、如何核算成本……

培训师始终处于十分低调的位置上,学员何时需要某个信息或知识,他就在这时提供这一信息或知识。

可见,经营模拟培训最独到之处在于创造适宜自发学习的环境,学员复归为学习的主人。经过充分的学习体验,学员

"会"运用学习的知识和技能,行为最容易发生改变。

经营模拟培训在传达公司的使命和策略方面也能起到卓越的效用。还是以"决战商场®"为例。如果站在更大层面上看,课程的结束其实又只是回到了梅兰德提出的自发学习的第一个阶段:激发兴趣,使人愿意接受(信息)。只不过这时是现实的信息。

学员在结束课程时不仅真正学会了一些知识和技能,而且兴趣也被激发起来:他们强烈渴望知道更多有关自己所在公司的策略背景信息,参与公司实际管理的欲望空前强烈。现在管理层成了培训师,该由他们抓住最佳时机,提供公司的现实信息、指导学员(员工)分析、批判和理解公司的策略目标。当学员(员工)形成与公司一致的策略结论时,他们焕发出来的就不仅是"认同和承诺(公司的策略)"的力量,而且是"主人翁精神",因为这是自己通过学习形成的结论。

"没错!这一定是快门。"

7 正确的评价是提升企业培训效果的关键

我一生的职业生涯都在与企业培训打交道,1994年在担任《世界经理人文摘》中文版主编期间,我开办了这本杂志的培训业务。1996年我创办竞越顾问公司,它是中国最早的商业培训机构之一。此后28年,我一直为各类企业提供人才培养服务。我体会到正确认识企业培训的价值,以及对企业培训正确的评价视角对于企业培训健康发展的意义。

企业培训对个人的意义

经常有人问我企业培训和大学教育有什么不同。这是理解企业培训价值很好的对比视角。大学帮助年轻人为未来的发展做全面但不定向的准备。而作为终身教育的一部分,企业培训为员工提供定向聚焦的赋能。清华大学位于北京五道口,教育部门和家长肯定不希望把它办成五道口职业技校。所以,从大学所受的教育,到实际应用的技能之间存在着巨大的鸿沟,需要企业培训来填补。企业培训公司不仅没有被大学替代,反而还被请到大学的MBA课堂授课。

不过我想说,叫培训部也好,叫培训中心也好,或者叫企业大学,企业培训既不是"清华",却也不是"蓝翔技校"。说不是"清华",是因为企业培训更注重当下的应用。而之所以说企业培训也不是"蓝翔技校",是因为企业培训有"终身"和"全面"的特征。"终身"好理解,即终身学习。

联合国教科文组织做的一项研究表明,知识更新速度不断加快。19世纪到20世纪初,知识更新的周期是30年;20世纪六七十年代,一般学科的知识更新周期为5～10年,而到了八九十年代,许多学科的知识更新周期缩短为5年。进入21世纪,许多学科的知识更新周期已缩短至2～3年。这是什么概念?知识的年贬值率是33%到50%。刚出校门知识就已经老化,所以企业不得不提供持续培训,个体必须终身学习。

"终身"不言而喻。但企业培训的"全面"特点尚未引起充分重视。"全面"指的是"全面培育"。现在,7岁的孩子在"全面"上的差距已经拉开。我有一个企业家客户,她女儿7岁时就已经带着小伙伴一起进货做自己的买卖了;举办大型生日会,那是很多既有财富又有见识的父母为孩子提供的项目管理训练;一位训练7岁孩子打篮球的教练,突然停住正在进行的训练比赛,就为了告诉孩子一个道理——"你要处理的不是你和篮球的关系,你要处理的是你和其他人的关系"……这样培养出来的孩子很可怕。除了大学的通识教育,企业传统上提供的特定职业技能之外,时间管理、项目管理、团队合作、领导力、沟通能力、情商等"软"技能,对个人成功的作用一点都不软。普通家庭环境没有从小为孩子做软性技能训练,无论考上清华还是蓝翔,孩子也没有得到相关训练,而企业的员工培养,帮助大量普通家庭出身的员工,在走出校门以后,一点一点地形成全面的能力。可以说,大批企业通过全面技能培养,帮助最广泛的人群全面发展,提升了全社会劳动大军的人力资源价值。

企业培训对企业的价值

企业培训不是公益事业,首先是对企业竞争力的提升。个体能力提升了,对提升企业竞争力有一定意义。但还有一个更大的意义:通过塑造集体意志和组织能力,满足企业转型升级的需要。

什么是组织能力?组织能力是企业独特的,能为客户带来价值、优于对手,且不依赖于个别人的能力。

举两个实际例子来说明企业培训对塑造组织能力的意义。

比亚迪作为资金密集型企业,成本管理、资金使用是其成功的关键。在它还很小的时候,2000年前后,我们的"苹果加橘子"课,用沙盘形式为比亚迪非财务背景的管理干部讲解生产运营、资金流转和经营结果的关系。大家因此理解了快速周转、减少资金占用体现在生产经营的每个环节,认识到人人都能为其做贡献。比如,超净厂房太占资金,比亚迪就发明了给每个工人一个操作箱,两只手伸到超净箱里加工,既达到净化要求,又非常省钱。培训在其中起到了关键作用:形成集体意志、培养相关能力,全员参与减少资金占用,加快周转。

2005年开始,华为在孙亚芳董事长亲自部署下,我们竞越为华为全员实施了"关键时刻 Moments of Truth®"培训项目,让全公司所有人提高客户意识，具备客户服务技能。那时候华为的业务还很单一，客户只有几个运营商，让运营商满意不仅是销售和客户服务部门的事情，还涉及财务、项目实施、售后、行政接待等所有环节的员工。现在大家都知道客户导向是华为的重要竞争优势。

比亚迪、华为的事例说明，企业培训既可以用来培养员工的个人技能，还可以有更大的作用，那就是形成集体意志，也就是企业文化，后者尤其重要，要从企业还不大的时候开始做。

企业培训对社会的意义

人在企业中，企业在社会里，三者是有机整体。当政府、企业、个人都选取整体视角审视，企业培训对所有利益相关方就是三赢。

当今社会，随着不确定性增加，企业兼并重组转型频繁发生，强调扁平化、去中心化、业务迭代等等。腾讯的管理法宝是"活水"和"赛马"；任正非和张瑞敏都反复讲要通过建立开放性人力资源系统，实现熵减。大家说的其实都是一个意思：让人动起来。适当的流动促进组织新陈代谢。人是生于忧患、死于安乐，而组织是生于开放、死于封闭。

过去那种企业与员工之间的长期契约关系不复存在。在那种契约关系下，公司提供工作保障来换取员工忠诚。企业对员工无法提供职业保障，就不要期待员工对企业无条件忠诚了。在这种社会环境下，职业大军普遍存在职业焦虑、中年危机。

有鉴于此，硅谷的一些领先企业，比如苹果、谷歌，通过在雇主和员工之间塑造新型契约关系而让大家受益。他们不再把焦点放在传统意义的雇用上，而是聚焦于可雇用性。可雇用性意味着员工具备有竞争力的技能，使得无论在企业内还是企业外，当需要寻找一份工作时，我们都能成功。具有很强可雇用性的员工反而可以专心致志于眼前的岗位，管理层也会减少产生职位冲突的危险。

这是一种新的契约关系，企业和员工从传统的"父子"关系转变为一种成人之间的关系。企业和员工共同承担责任，以保持甚至提高员工在公司内部和外部的可雇用性。企业的责任在于向员工提供学习和发展的机会、工具、开放的环境，来评估和发展员工的技能。员工的责任是管理自己的职业生涯，并且只要在这家公司工作，就要对企业的目标和集体做出某些承诺。这样做将会打造出具有自我职业发展能力的员工团队，以及能力迅速更新、敏捷地响应高速变化环境的具有持久竞争力的企业。

社会和企业需要帮助员工具有自我职业发展能力，并时刻准备重塑自我，以跟上变革步伐。

与此同时，企业才能放下包袱轻装前进，果断地形成人才发展通道，做到熵减。相反，如果没有社会和企业在增加员工可雇用性方面形成配套支持，那么企业家们通过建立开放性人力资源系统来保持组织竞争力的努力就势必导致普遍性的敬业度下降，而且形成社会问题。

正确的评价才能让企业培训持续健康发展

企业现在普遍要求培训能解决实际问题,有直接产出。这不仅无可厚非,而且是正确的方向。培训毕竟要通过对人、对组织能力赋能,间接地对企业解决实际问题起效。让培训直接解决企业问题是本末倒置,而且得不偿失。培养人和解决企业实际问题的最终目的无疑是一致的,但有一个滞后的过程,做不到立竿见影。如果不去评价人的技能成长,老板们很容易"看不到"培训的价值,从而动摇对培训的支持。而要想用对实际问题产生的影响来回应老板对培训价值之问,则很容易用力用错方向。我认为这是对老板们终极目的的最简单化的响应。

举个例子。大家在网上搜索"金工实习",很容易跳出来"锤子"两个字。这是因为中国很多工科大学生的金工实习都是用五天时间做锤子。有谁在金工实习期没做过锤子的吗?一个直径 28 毫米、长度 105 毫米的钢毛坯,先是铣削加工成长方体,铣出倒角,再通过钳工的锯割、锉削、钻孔、攻丝等工序加工成一把锤子。从 1980 年到 2020 年,全国大学生做了 1.2 亿把不怎么样的锤子。锤子不怎么样不重要,因为培养出来了人。为什么是锤子?因为做锤子大概是很多学科专家反复选定的最高效的学习活动。换成其他作业,要么没有必要地增加了难度,五天不够,降低学习效率,要么难度不够,达不到预定的学习要求。

如若不是培养人才的需要,我们何苦花几天时间让一堆外行来解决企业的真实问题呢?与主题专家相比,初学者解题毫无效益可言。真想要一把锤子的话,上京东买只需要 13 元。要是特别痴迷于私人定制,你还是请师傅做吧,保证比菜鸟大学生做要快得多、好得多。

同样,对于企业面临的问题,最有效的解决手段是调整战略、架构、流程、制度和工具。靠培训解决企业问题既缓慢又不经济。咨询公司和内部的主题专家比培养外行学员来得更快更有效。所以,培养人和出成果是两个不同的目标。实现不同目标的最佳路径不一样。与其硬着头皮用"实际成果"评价培训,不如认真地解决如何评价学习效果、评价技能、评价人才培养的有效性问题,让老板们看到不一样的价值。综上所述,对学习过程和学习效果的直接评价,是提升企业培训效果,提高投入产出比的关键抓手。

第二章

领导力发展

1 什么是领导力？

艰难时刻，培训预算的削减在所难免。但是，无论削减什么，万万不可削减领导力发展方面的预算。世道越艰难，就越需要领导力。超高绩效一定是超强领导力的体现。提升领导力必定带来突破性的绩效。

为什么这么说？我想通过几个例子来阐述领导力到底是什么，为什么在艰难时期更需要领导力，以及领导力为什么能带来突破性绩效。虽然领导力不是新概念，但绝对不是被普遍"正确"理解了的概念。培训人自己要先吃透领导力的本质内涵，才有可能正确设计和实施有效的领导力发展项目。

什么是领导力？

我用领导力的两个作用来定义：领导力是"可能性的象征＋功能性的作用"。

可能性的象征：你需要通过一系列鲜活的事例使人们相信大家所要追求的东西是正确的。如果能做到用鲜活的事例让大家相信，那么提出可能性的人就成了这种美好可能性的象征。

功能性的作用：团结大家把可能性一步步变成现实。

用一个简单事例来说明以上概念。一群小朋友即将开始三天的假期,其中一个小朋友提出"在这三天里举办一场篮球比赛",得到了几个小朋友的赞同,此时这些小朋友就把目光放到提出这个建议的小朋友身上了。于是在那个瞬间,这个小朋友就获得了初步的领导力。然后大家又设法克服了一个个困难,在这个过程中,通过让一个个困难迎刃而解的事例,大家越来越感到这个建议是可行的,是值得追求的,于是这个小朋友就被授予了越来越强的领导力。

在这里我用了"可能性"一词。在领导力领域,大家比较熟悉另一个词:愿景。可能性在本质上与愿景并无区别。然而,愿景这词太大了,可能性是缩微版的愿景。在做领导力发展项目的时候,我们用"愿景"一词,太容易让人联想到那些伟大的领袖和企业创始人,列举的也都是改天换地的例子。这样,除了超级羡慕以外,会让员工们感受不到领导力和自己有什么关系。同时,从"愿景"这个词开始,不少培训从业者对领导力的理解也误入歧途,把领导力演绎得天花乱坠却毫无实际意义,既不能让人联系自己,更不会对普及领导力以及提高业绩产生实际意义。当我们把"愿景"换成"可能性"这个词的时候,你就可以很轻易地找到很多的例子来证明:人人都需要领导力以及领导力是突破业绩的真正瓶颈。

下面给大家举几个并不复杂的例子,试图说明各个层级普遍具有领导力会对绩效带来多么大的改观。

第一个例子,销售代表引领客户创建新型甲乙方关系。日常我们在和客户合作的过程中,双方立场对立,甲乙双方很容易形成商场上互为攻防对手的关系。甲方的人关上门谈的是如何从乙方拿到更多利益,要乙方干更多的活,这样自己就可以少干一些。没有甲方在场的时候,乙方讨论如何能少支出成本,怎么样能让甲方多干一点。双方貌合神离,内心都有自己的小九九。这是传统的甲乙方关系,由来已久,并无不妥。

其实甲方在咄咄逼人的外表之下,隐藏着强烈的不安。他担心在与乙方合作的过程中万一出了什么意外的话,自己吃不了兜着走,自己在组织内部的政治环境会变得更加恶劣。因为内心不安,才会对乙方"刁难""逼迫"。每个甲方人员都有两方面的利益,一方面所谓企业的利益,要为公司的利润成本着想。另一方面他还有个人利益。摘掉工牌、脱掉西装之后,他就是一个普通人。他有内心的恐惧,他有在组织里生存和繁荣的诉求。当你走近他的时候,你就有可能理解并帮助客户解决内在更隐秘的问题。那样,你和客户之间的信任感才会更强;信任越强,客户就越容易对你言听计从。所以我们完全可能从一个互为攻防的对手转变成价值伙伴。而在这个过程中起主导作用的不是那个客户,不是那个强势的甲方,而恰恰是那个看似弱势的乙方的服务人员。他完全有领导力带领对方实现他们两个关系中的一个新的可能性。这就是一个领导力的例子。销售业绩好坏,表面上是销售技能高低造成的,是客情关系好坏的差别,本质上却是销售代表或者服务人员是否有转变这种关系性质的意愿及能力,这种创造新型甲乙方关系可能性的意愿和能力就是领导力。

我们再看看缺乏领导力会对销售业绩造成多么大的制约。现实中多数销售人员并不愿意与客户走得太近,他们内心的想法是:工作就是工作,我跟家人很亲密,我何必在工作关系上跟客户走得那么近呢？我不愿意跟客户产生共情，何苦呢？多数销售人员靠所得来谋生，而另一些销售人员是靠给予来创造彼此更美好的生活。后一种拥有强大的领导力，使他能够突破眼前的障碍，相信自己可以领导那些看起来更强势、地位更高的人，让大家一起实现一种新型关系的可能性。很多人做出了不起的绩效，看上去是一些表面的技巧，但"莫看江面平如镜"，真正的差异在水下，水底万丈深的东西决定了特别卓越的绩效。领导力定义了卓越绩效和一般绩效的差别。销售问题的本质是领导力的缺乏。

理解客户的需求

Business Win

企业利益
有助于客户公司的业务

改善客户服务
增加收入
降低成本

Personal Win

个人利益
对个人有利

减轻压力　个人成长
增加收入　提升地位
改善关系　获得信任

第二个例子，同样不是上级对下级实施领导，恰恰相反，是下对上实施领导的例子，而且是一个弱势部门初级员工对强势部门资深领导实施领导的例子。

一名刚进公司不久的招聘专员要为公司核心部门的老大招聘一个新设立的岗位。原来的做法一般是这样的：用人部门要给招聘专员清晰定型的文件，描述岗位，说明对候选人的要求和给予什么样的待遇;招聘专员依据文件开展工作,包括公布、筛选、初步面试,然后推荐合适的候选人给用人部门领导面试。

而我们故事中的招聘专员是这么做的:他先麻烦用人部门的老大花 15 分钟(对,只要 15 分钟)写一个需求概要,然后他在数据库里找到一个差不多的人,只花了 15 分钟左右时间。然后跟老大说能否花 15 分钟时间面试一下,不过不要抱太大期望,这次面试无非是探探底,看看我们到底能招来什么样的人,以及会不会对岗位画像有新的思考,老大同意了。等候选人走了之后,这小伙子又去问老大有没有什么要调整的,这时候老大开始眼睛放光了,对招聘专员说了更清晰、指导性更强、可行性更高的要求,使招聘变得更容易成功。在这个过程中,部门老大发现这种边做边迭代的方法使双方花的时间都很少,而且需求越来越明晰明确。这名招聘专员正在"带领"业务部门的老大构建一种新型的配合关系。我相信业务部门老大在众多招聘专员面前一定更愿意与这名招聘专员合作。这名招聘专员开辟了一种可能性,而且他每一步的做法都越来越接近这种可能性,每一步都是一个鲜活的例子,使得对方认识到这样一种做法是正确的,是值得追求的,于是这名招聘专员就被授予了领导力,他就是领导力的象征。

很多人会觉得这不就是敏捷和迭代吗？的确,敏捷迭代不只是创新,不只是设计过程中的方法论,敏捷迭代还在改变我们人类彼此相处的关系。敏捷迭代之所以能够大行其道,在于它赋予了每个普通人更好地领导别人一起前进的手段和工具。当大家还不明白领导力到底是什么的时候,这些具体的操作方法就已经在把领导力变成为可操作的实践了。

第三个例子：领导项目。

大体上现在有两类组织机制：赛马机制和事业部制。赛马机制的好处是利益可以很清晰地划分，内部自成体系，内部可以非常快地从整个全链条加以控制。但它的坏处是在客户端，很多赛马团队要去找一个客户，同时无法为客户提出横向打通的更有价值的解决方案。另外一类组织是典型的客户导向组织，客户要什么，整个团队就相应地围绕客户的需求去调整。

这两种组织都有其长处和短处，如果能把它们合并起来发挥两者之长，业绩会有巨大的突破。问题是两者很难兼容。如何能把这两种组织"合并"起来，答案也在于领导力。如果基层干部有领导力，那么不需要打破赛马机制，仍然能够做到客户导向，使得公司兼得二者之长。

不少团队领导也尝试过打通赛马团队，不过这种努力大多无疾而终。我们经常看到这样的景象：年初时大家一起开个茶话会，下决心以后要经常合作，但是这一年下来啥都发生不了，合作很难，之所以难，不仅有意愿的问题，还有很多具体的问题。比如KPI如何协同，比如隔行如隔山，"我"真的不了解对方到底在做什么，比如还有整个价值链条比较长，如何在合适的环节让双方都共享信息、共享知识等等。缺乏领导力的合作只做表面文章，比如拉拉手动动嘴，最终只能是火花一闪，而有领导力的合作必须相信合作的力量，相信双方能够实现一个新的可能性，于是，不考虑得失先把事情做了，而且做得异常出色漂亮，当然肯定是花费了足够的精力和投入，甚至冒了得不偿失的风险。敢于付出，有了鲜活的事例之后，大家看到这事是值得追求的，对双方都有利的，然后再在一起看如何改进流程考核和工具，让今后的合作容易起来。不需要公司来组织，双方就慢慢在一起开始调整他们做事的方法和利益分配机制。这时，横向的合作就产生了……

　　合作本身是一场艰难的长途跋涉。革命不是一枪成功的。管理者和领导者的巨大区别就在这里，管理者是为了解决问题而去做事，而领导者是通过做事去赢得对方的信心，使对方愿意跟自己一起奔向一个新的可能性；管理者把精力放在事情的解决上，而领导者是把事情、把精力放在双方信心的树立上。

2 什么是领导力发展？

领导力发展和领导技能培训是一枚硬币的两面,既相互关联又迥然不同。领导力技能属于冰山上层可见的行为范畴,而领导力的发展必须触及深藏在水面以下部分。不过即使大家对此有意识,还是会通过一些不适当的手段,像处理技能问题那样试图发展领导力。把领导力当成技能性问题来处理,很像房子漏水,拿一个盆子去接水,盆子满了再拿一个更大的盆子接水一样。不改变底层对自己的身份认知,技能培训的效果转瞬即逝。无论你是领导者还是从事培训或领导力开发的人士,请尝试思考以下故事中杰克需要什么培训。杰克是一家危险品航运公司的总工程师,40多岁,一线经验十分丰富。他非常敏锐、尽责,他老板诺姆常常说:"我之所以能够睡得着觉,完全是因为知道有杰克在。"危险品航运是风险极高的业务,一旦发生泄漏,不仅有鱼类和环境会遭受损失,甚至很容易出现生命财产的损失,动辄有十几亿、几十亿美元的赔偿。最近几年,诺姆意识到公司越来越大了,有好多地方杰克照看不到。决策环节非常慢,因为杰克在控制整个问题解决和决策。杰克为解决问题而做的一些决定考虑得比较片面。诺姆希望杰克尽快提升自己，如果不能有效改进的话，他甚至担心杰克是否还适合在公司继续干下去。与此同时，诺姆开始调整组织架构，设立运营部门。在新架构下，现场员工虽然仍然向总工程师汇报，但也需向运营部门总监罗伯特汇报。诺姆当然希望杰克能与罗伯特默契相处。但杰克偏偏跟罗伯特处得非常不好，两人到了不愿在同一个房间开会的程度。而一线员工也经常抱怨——任何事情如果不经杰克同意都不能马上行动。这和诺姆想要的团队文化格格不入。杰克到了一个重大转折点。

我猜大家认为杰克需要转变角色，学会授权，改变决策风格等。他已经不是一线操作人员了，而是个拿主意的人。决策对于杰克肯定非常重要，而他的决策风格仍然停留在基层管理者的层次上。

所谓决策风格概括了从发现问题到问题被解决全过程的行为模式。目前的杰克拥有什么样的决策风格？他听下属汇报问题，虽然大多数问题已经不再是亲眼所见了，只要问几个问题了解他想知道的情况，他仍然可以果断地说："我告诉你如此这般去做吧。"下属在执行过程中如果遇到困难打电话回来，杰克可以很有把握地说："你一定做错了什么。"按照他的指点去做，经常发现杰克说得真对，下属自然对他无比佩服。有时下属也会面带难色回来说老板好像不能那么做，杰克会说："那是你执行不够坚决。"这大致是杰克在整个决策过程中的行为模式。其结果是下属对他依赖大，工作效率低，杰克自己也非常辛苦。

对于横向部门的罗伯特，杰克又表现出了怎么样一种相处风格呢？诺姆希望各部门都能发表意见，对他而言，部门之间

决策风格
从出现问题到问题解决的行为模式

杰克	诺姆
听情况	听情况
问问题了解更多情况	问问题了解更多情况
打断对方	征询对方的建议
给解决办法	询问优缺点
给各个人下指令	鼓励对方做决定
再打断:照我说的去做	后续,继续了解和观察
有问题?不要犹豫	总结、鼓励和辅导,授权

有冲突和争吵能带来更多的信息,真理越辩越明,事实越摆就越清晰。但对杰克而言,却是全新课题。过去他一竿子插到底,所有下属百分之百向他负责,现在下属不只他这么一个"婆婆",老板也不只向他一个人征询运营建议。下属难管了,做个事越来越麻烦了。

杰克很难理解他需要做怎么样的转型。因为从看到问题一直到解决问题为止,有一个长长的决策链条,在这链条上,杰克已经形成了一整套行为习惯,也就是常说的行为模式。他需要调整的不是一个行为片段,而是长长的一整套行为模式。通过具体技能的培训,充其量仅能带来有限的改变。为什么呢?让我们来认识在这行为模式背后躲着一个怎么样的杰克。当我们把视角从杰克的所作所为移开,聚焦到杰克这个人身上时,我们可以理解领导力发展和领导技能培训之间存在的普遍性区别,以及具体而言,如何才能帮助杰克做出彻底而有效的改变。

那么，行为模式背后究竟存在一个怎么样的杰克呢？

我们从身份和身份认知这个角度来分析。

杰克常说："我要对安全负责。"这句话的背后存在这样一些潜台词：我不能不对安全负责；你们对安全负有责任，但我是最后责任人；你们向我反映问题，而我是那个拿主意的人；我在公司的价值就在于有丰富扎实的一线经验；没有人比我对我们公司的运营一线更了解了，我是公司运营线的一号位。

这些是杰克脑子里根深蒂固的一些信念。这些信念主导了他的行为模式。对比一下，如果杰克的信念从"我要对安全负责"改成"我带领大家对安全负责"，他的行为是不是自然就会发生变化？如果信念从"你们反映问题，我拿主意"变成"你们的想法对我很有启发"，他的行为会不会发生一系列变化？"我的价值就在于有丰富的一线经验"这个信念如果改成"我还能创造更大的价值"，他个人的行为会不会发生一系列的变化？如果从"我是咱们公司运营线的一号位"这种信念变成"我是运营线的重要一员"，他的行为会不会发生重大变化？冰山模型说冰山上表现出来的是知识、技能和人的行为，而冰山下是人的个人特点导致行为的更长期的一些原因，包括社会角色、价值观、自我认知、自我形象、个性特点以及驱动力。

这个模型揭示了领导力发展领域存在更深的问题需要我们去勇敢解决。这既是挑战，也是方向。培训仍然大有可为，只不过需要充分认识水面以下作为人固有的特点对水面以上行为改变的影响，就能更为有效地设计培训。而且，即使针对水面以下部分，依旧可以借助培训手段加以影响，通过培训有望调整人的"身份认知"。行为模式下面有很多内容，严格区分

◆ 重塑内容：复杂时代的培训之道

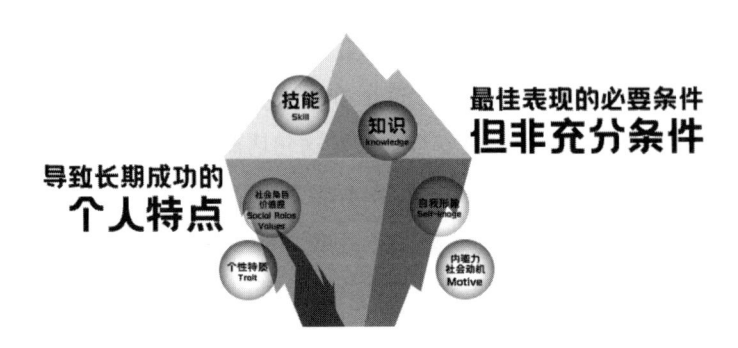

最佳表现的必要条件但非充分条件：技能(Skill)、知识(Knowledge)

导致长期成功的个人特点：社会角色价值观(Social Roles Values)、自我形象(Self-image)、个性特质(Trait)、内驱力社会动机(Motive)

起来并不容易，且干预效果很有限，因此，我们把它简化一点，提出一个新的概念，叫作"身份认知"。身份认知是社会角色和自我形象的总和。身份认知是冰山下面阳光仍然能够微弱照到的地方，身份认知是可以改变的。一旦身份认知改变，对行为就会带来很大影响。身份是在我和你的关系中存在的，身份是我和他们的关系，身份是我和人群的关系的定位。身份定义了我在这种关系里采取什么样的行为是适当的。身份也是一系列行为的索引，比方说，你认为自己是一家之长和你是孩子的朋友，这是两个不同的身份标签。在这两个身份标签下你有一系列相应的行为可以很自然地表现出来，因为你本来就有充分的行为能力。这些行为能力是在某个身份标签背后隐藏着的能力。你知道怎么跟别人做朋友，只是你不会对孩子以朋友相待，因为你一直觉得你是孩子的家长。直到你确实认识到你是孩子的朋友的时候，你跟其他朋友相处的方式就会自动显现出来。所以行为可以被身份认知带领着做一系列的"批处理"。

身份认知这个观念，对我们做领导力发展的同行与业务领导的交流具有重大意义。你也许已经发现业务领导经常提到身份认知。他们评价某个干部不太合格，或者某个干部特别好，说的很多是与身份认知有关的东西。比如说"站位"（"他摆不正自己的位置"）、"格局"（"他把自己看成是一线经理"）、"关系"（"他没有捋顺自己和公司的什么关系"）……对吧？所以他们提的大量问题，既不是冰山上的技能，也不是冰山底下的人格特征。他们其实都是在谈一个干部如何摆正自己的位置，说的就是如何正确认识自己的身份，以及如何理解公司、团队、员工、社会需要他具有一种什么样的身份，他现在是否应该转变自己的身份。所以用身份来说话的时候，我们可以很透彻地理解领导者的语言体系，甚至理解他们的思维逻辑。

身份认知相对于最底下的人格特征来说更容易调整和改变，这就是为什么我强调身份认知有助于大家去更有效地甄别、分析领导者的现状和做好领导力发展的原因。

循着冰山模型的视角回到杰克的例子。杰克的信念背后反映了他的身份认知。"我对安全负责"，这个信念牵引出一系列相应的行为。这信念往下走是把自己定位成老板的那种身份，老板是个所有者，是问题的所有者，换个角度说，别人不是。最终负责的人是我，这就是老板心态，当所有人都可以离去的时候，老板不能离去，这叫"我要对安全负责"。他对自己的压力于是无限巨大，因为他把自己看成了老板。"你们反映问题，我拿主意"，如果这么想呢？他觉得自己是长辈，你们都还嫩着呢，对吧？我是真正懂这事该怎么干的人。"我的价值是有丰富的一线经验"，如果这么想呢？他就把自己看成了专家和一线经理，始终没有把自己的站位放到一个更高的位置上。"我是公司运营线的一号位"，它的背后是一个希望获得别人尊重，希望被老板宠爱、被公司认可的人。这就是身份影响了信念，而信念影响了行为模式。不触及身份就很难改变行为，因为没有改变中间层的信念。那么，如果他能这么认知："我带领大家对安全负责""你们的想法对我很有启发""我还能为公司创造更大价值""我是公司运营线的非常重要的成员"……这些其实反映出他已经拥抱另一些身份了。与原来的身份做一个对比就很清晰了：原来是长辈对下属、晚辈，现在是成人对成人；原来是专家，现在是高管、学习者。作为一个学习者，我不靠原有的经验去发光发热，在新的环境下、新的岗位上愿意并且有可能重塑自己。

培训和教育从业者务必穿透行为看到行为模式，进一步充分意识到身份认知对行为模式的制约和牵引作用。甚至做家长的也不例外。比如说，如果前文说的那个孩子带领大家终于成功举办了一场篮球比赛，这孩子在一群人中的威信就会冉冉升起。另外一个孩子的妈妈深受启发，也很希望自己的孩子能增加一些领导力，因为将来到国外读书，领导力是一个很重要的录取因素。于是她就对孩子说你应该如何如何。然而她孩子显然不同意，回了妈妈一句："我学习好不行吗？"他也许没对你说出来，但只要他内心有这样的念头，就说明他对自己的身份有一个坚定的"我是一个学习好的好学生"的认知。你说，妈妈絮絮叨叨提的那些提高领导力（要影响学习）的建议，他听得进去吗？

所以，身份认知和行为模式的关系就是，有什么样的身份就有一组什么样的行为，尤其要记住是一套行为模式，不是一个行为点。改变身份认知，行为模式自然就随之带来重大改变。如果身份认知发生我们所希望的改变，他势必敞开自己，愿意学习支持新身份的技能、知识。如果杰克认为他的价值就是具有丰富的一线经验的话，那么他喜欢谈论的事情，他自己的英雄事迹，最有成就感的事情全都围绕一线。他平常看的书也都是一线技术，他把自己束缚在一线操作相关的信息茧房里看不到外面的阳光。他愿意跟操作人员打成一片，却不太愿意和领导层交流，因为他觉得那些领导不懂业务。他可能给一线员工提鞋，却不愿意在领导层搞关系。但是，如果有一个他尊重的人在适当的情境中质问他："你想永远当一线经理吗？"倘若时机合适，就有可能起到一语惊醒梦中人的效果。他可能开始思考自己到底应该如何定位自己，此时的思考让他打破信息茧房。一旦身份改变，他的行为就可以"批处理"了，一系列做学习者的行为就会自然出现，因为人人都当过学习者呀。一系列做高管的学习渴望就会出现。他以前一直没有摆正自己作为高管的位置，而现在开始渴望学习，他就会踊跃报名参加高管训练，在课堂上就是一个态度端正的学习者了。所以，知识和技能不是领导力发展的主要目的，个人的成长才是。

3 谁最迫切需要调整身份认知？

在前文杰克的例子中，我们详细讨论了一个比较典型的身份调整。下面再聊一聊培训和发展从业人士经常遇到的身份调整。之所以要认识这些身份调整，是因为这样能让我们在培训设计的时候直指目标受众的核心阻碍，而不会简单化地做技术、知识、行为性的"赋能"。

一种是当惯老板的家长。家里有学龄孩子的家长都有家长群吧？是不是都参加过家长聚会？虽然家长的身份地位各不相同，但聚会的时候大家的身份都是家长。似乎总有家长不能及时把自己调整到适当的身份。在公司里他是老板，在家长圈子里他的举手投足仍然拘谨得像一个时刻紧绷着的老板。直到他老婆问他："你怎么能这样？怎么说这种话呢？你怎么能表现出这个行为呢？你以为那些家长是你的员工吗？"这时，梦中人被瞬间点醒。

另一种是自我定位不同的几类销售代表。第一个销售代表，偶尔流露出这样的话："不为五斗米折腰，不伺候。""安能摧眉折腰事权贵，使我不得开心颜。"这些话的背后透露出她把自己看成了一个乞讨者。那当然是一份屈辱的工作，当然就会经常感受到内心的这种纠结。第二个呢？他挂在嘴边的话是："为什么跟钱过不去呢？"他是个嬉皮士、现实主义者、快乐的乞讨者。看在钱的分上什么都可以做，不做是因为给的钱还不够多。乞讨者怎么了？要饭也图个开心。第三个说"酒香也怕巷子深"，这是什么意思？这位意识到自己提供的是帮助人的好东西，对别人是有价值的，但是客户不专业，客户不了解这个行业，我需要把价值传递给客户，我做的是一份崇高的价值传递者的工作。我有好东西，酒香也怕巷子深，所以需要帮你去了解。第四个销售代表说："帮助别人就是帮助自己。"这是一个非常成熟的价值交换者，你对顾客的问题了解得越深，不仅了解他的企业利益，也了解他的个人利益，了解他在公司内的恐惧，了解他公司内想得到认可的那些内在的愿望，你才可以走进他，然后帮他去解决那些问题，你可以提出既解决公司的问题又让他个人问题得到解决的新方案，你们慢慢就成了朋友。他发自内心地愿意把这个销售代表称作老师（相反，对很多真是老师身份的培训师，客户只是当着你的面礼貌地叫你老师，内心不一定把你当成一位他尊重的老师）。你本来从事的是销售行为，但你的客户却发自内心地愿意称你为老师。因为他信任你，所以在为他创造价值的同时，你们建立了深厚的信任。他也更容易对你言听计从，你的工作就容易很多。所以这个销售代表认为帮助顾客就是在帮助自己。

还有一种是"创业者高管"。创业家和企业高管需要非常不同的技能组合。驾驶小舢板在风浪中侥幸存活下来的创业者成了远洋货轮的船长，需要重新学习一套驾驭新公司的本事。公司长大了，但是舵手自己往往没长大。同样，如果给舵手灌输舵手新技能,却没有来得及帮他摆脱创业者的身份认知,培训和学习显然不会有效果。就拿决策模式来说吧,成功的创业者使用最多的是"果敢型"决策模式,在信息缺乏的情况下就敢于朝着一个方向一头扎进去,必须抓住转瞬即逝的机会窗口。而成功的大型企业高管多采用"行政型"决策模式:鼓励部门交流甚至论辩,这样可以让高管看清楚自己没有经验、没有一手信息的事务,可以在众多的对立方案中选择经得起实践检验的方案。有意思的是,这两种决策模式相当对立,背后反映了决策者迥然不同的人格特征。问题是,创业成功的那位现在成了大公司领袖,他还是那个他,既不能换人,也没有换头脑。使我们成功的决策模式很可能正在阻碍我们走向新的成功,并很可能正在毁灭一家本可以成就一番伟业的了不起的公司。

这也说明优秀的培训和领导力发展人士对公司可以做出无可替代的巨大贡献。摸清领导们当前的身份定位,并帮助他们转变身份,在此基础上,为他们赋予新能力。

第二次世界大战期间,在欧洲战场上两位军事领袖——艾森豪威尔和巴顿表现出了截然不同的决策风格,背后潜藏着完全不同的身份认知。巴顿出生于军事世家,军事才能极强。他自己动脑子,然后下决心要求下属坚决行动。他是强有力的思考者、指挥者和行动者。而作为盟军总司令的艾森豪威尔却没有那么强的军事才能,他是一个很好的组织者、学习者和架构者。他很好地处理了盟军之间的关系,让各国友军密切协调配合,大家因而都拥戴他。艾森豪威尔没有当过一天文官,最后做了美国总统。艾森豪威尔从来没有做过教职员工,没有在私营企业里工作过,但是他做了哥伦比亚大学校长,被认为是最成功的一任校长。艾森豪威尔的行为反映了他学习者、架构师、团队组织者的身份。而巴顿是一个思考者、指挥者、行动者。

  作为培训师,我见过中国最优秀的头部企业的领导者,从基层到高层。我发现有一个非常大的问题,包括在高层领导者。阿里有这样一个模型,领导力要做到脑力、体力和心力。这个模型可以帮我们更好地阐述前面的论点。这个模型也可以帮我们培训者更通透地看清对象的领导力发展需求。脑力就是动脑子,这是智力活动。心力是情绪活动。领导工作是一种艰巨的情绪劳动。领导工作经常让你压抑,让你愤怒,让你焦虑,经常让你想骂人,经常让你怀疑自己,经常让你瑟瑟发抖,这需要一种强大的心力。领导力也需要体力。体力不是说你能不能加班加点,而是你能不能去组织大家,去架构大家,不是要你把精力全放在脑力上,自己去找最佳方案。领导力的本质就是让你不要脑力那么强,而是通过你的体力让别人的脑力更强,通过你的心力,让你走过让别人脑力强起来的那个过程,那是非常痛苦的过程。所以领导力真正重要的不是脑力,而是体力,是心力。巴顿这位老兄,他非常困难的转变就在于如何让自己从一个思考者,变成一个体力和心力强大的让别人思考的组织者,如何成为一个优秀的架构师,通过适当的架构设计做到共享信息,让更多的人参与到思考过程中来。

4 如何保持领导力长盛不衰?

在领导力的旅程中,领导者经常需要重新定义自己与被领导者的关系。由于没有及时调整身份认知,在不知不觉中失去领导力的事例屡见不鲜,特别是当我们把组织发展壮大之后、承担更高的职位或者进入复杂的新环境时。领导力发展和培训负责人时刻要冷眼观察领导者身份调整的需要,否则,你看到的都是他们下属的问题。至多是他们的一些技能型问题。

领导力不会与权力伴随而来,也不是组织能够赋予的,而是由领导者赋予自己的。领导力的获得需要领导者从各个方面尽可能去争取,失去任何一方面都可能导致失败。领导者需要从个人、组织和社群这三个方面获得支持。个人即本我自己;组织是穿着西装、戴着工牌时的身份,那时我们是组织价值链条上的一个环节;而社群则是摘下工牌、脱下西装后回归的环境。

领导者需要从这三个方面中获取支持,而不能只专注于一个或两个方面。在三个方面中领导者本能地会关注哪个方面的选票?一定是自己。在领导力项目进行过程中或者在培训现场,领导者在私下跟老师交流的都是自己的位置,自己如何上升,而不是如何符合公司的需要。每个领导者都活在自我里面，这是不可避免的现实，但是如果只关注个人方面，他的领导力很快就会丢失。在领导力项目或培训中，我们经常看到领导者关注职业发展超过带领公司取得成就。这种倾向不限于职业经理人，创业者和企业家也难以免俗。无论是CEO还是董事长和老板，都会过于关注个人的成就和地位，而忽略组织和社群的需求。你看，很多老板的动力是不是来自与同行较劲，渴望得到行业认可？

过度关注个人极可能导致领导者出现站位问题，进一步导致领导力的缺失。过去经历的阴影深刻影响着我们，我们长期试图摆脱这些阴影，但自尊和复仇的心理很容易钝化我们对外部世界的敏锐，使我们失去对组织和社群的敏感性。

这样的领导者对尊重的渴望、对安全感的追求以及对被认可的强烈愿望，紧紧约束他们走向自我实现的新高度。这些较低层次的需求驱使他们努力摆脱过去，而不能引领团队走向未来。在领导力发展的过程中，一个重要的任务就是帮助领导者认识到个人内在因素可能正在强烈干扰其决策、讨论和沟通。

有一句英文谚语说，"进屋的时候要把鞋子脱在屋外"，这暗示我们应该摆脱个人的自我，不要让其进入决策和沟通的空间。然而，个人的自我往往不自觉地渗透到会议和讨论中，影响领导者的决策过程。

领导者很难不关注自己的个人方面，而组织显然更关心组织这一方面。我们在做领导力项目或者培训项目的时候，客户总会向我们介绍公司的使命、领导原则是什么，我们老板最近讲了什么，显然是希望把领导者按照组织的需要来培养。但并不因为我们同时关注了两个方面，就不会产生问题。强调领导者与组织的一致性有其好处,但也存在巨大的潜在风险:偏离领导力发展的方向,并让领导者矮化成为功能性作用很强大的管理者,不再是象征可能性的领导者。可能性是领导力的关键,我们可以改变现状,可以比现在做得更好,可以跟客户或者兄弟部门建立更好的关系,可以重塑现在的流程,也可以突破现在所做的产品……为什么不呢?这都是一系列的可能性,这是我们需要塑造领导力的原因啊。可能性是领导力发展的重要组成部分,它代表着我们改变现状、取得更好成绩的潜力。为社区创造更好的未来是瞄准可能性,而把我们组织在做的事情、按照组织的要求做得更好,则往往是合规性。然而,当我们过于强调领导者与组织的一致性时,可能性往往被忽视,而组织的规范性却变得过于强大。当领导者重视合规性胜过可能性的时候,领导者就陷入了管理者的角色,完全无法发挥领导力的潜能。因此,当一个组织文化力量过于强大并强调领导者要与组织的需要一致时,领导者可能会失去关注社群需求这一更为重要的方面存在的机会。过分追求合规性可能导致领导力发展偏离方向,使"领导力"变成一种纯粹的管理手段,可能性被掩盖,功能性作用被放大。这就是我们经常无法分辨你究竟是在做一个强化合规性和功能性的管理培训,还是在做一个鼓励和帮助这些人树立开启可能性这样一种能力的领导力发展项目的原因。因为,无论领导者扮演何种功能性角色,领导者和管理者之间并没有太大差异。正是在这里,形成了与管理培训的明显区别:领导力发展不关乎提高合规性,更关乎开拓可能性。

如何避免让领导力发展误入歧途,如何拓宽领导者可能性?答案是:在第三个方面获得收益。

请大家通过一个事例感受马斯克的领导力来自哪里。马斯克要造房子了，1万美元一套的房子你会买吗？马斯克最近表示要颠覆人们对房子的认知，推出一种被称为特斯拉之家的精装房，每套售价只需要1万美元。一辆卡车就能送到，送货上门两天就能完成组装。家具水电一应俱全，屋顶采用太阳能电池板提供全家的用电需求。而且特斯拉之家与特斯拉汽车也完美融合，通过屋顶太阳能装置随时为特斯拉汽车充电。房屋的智能系统可以通过手机来控制。如果你愿意，还可以用特斯拉汽车拖着这间房子到处旅行。马斯克表示，特斯拉之家是为了让普通人都能买得起房子，虽然感觉有点不敢相信，但是十几年前马斯克说要造火箭，而且是可以重复使用的火箭时，也没人信他。

合乎组织需要的地产公司的领导者不太会去思考这种房子，因为他们要考虑利润、市场份额、现有的组织能力等等，更因为他们忙于围绕优化现有模式充分施展其功能性作用。马斯克之所以能够想到要用新的房子、新的方式去颠覆这个行业，不仅是他脑洞大，真正重要的是，他的创新活水源头不是来自组织，而是来自对另外一个方面即社群的关注！

阿里前任CEO张勇，有一次讲话时说到商业设计问题。他说:"你要做什么业务？你要服务什么客户？你要为他提供什么服务？公司走到现在，要走向未来，我的客户是谁？他有没有发生变化？我原来为他提供什么服务？我今天为他提供什么服务？未来他还需要什么服务，跟我有什么关系？这就是整个商业模式设计。"张勇说的就是价值定位和商业设计。而战略定位另外一个方面是什么？是竞争设计，就是如何从对手手里抢夺市场。那么，一个组织更关心商业定位还是竞争设计？显然是竞争设计（无非是组织的需要）。而张勇说的无非就是马斯克始终在思考的问题：要把我们的一切思考从合乎组织的规范和要求，向另一个地方走去，那就是社群的需要。

当一个组织过于强大，而这个组织一定会灌输自己的领导者要跟组织保持一致的时候，我们从两个方面得到了收益，但却失去了一个真正重要方面的支持。这就是社会社区，这就是community，这就是我们的政府，这就是我们的行业，我们生活在社区，生活在有政府的环境里。领导力发展行业正在苦苦思索到底什么是领导力，大道至简，领导力的本质就是为（社区）人创造可能性。我们需要培养大量这样思考问题的领导者。张勇说的就是鼓励领导者从重视组织的需要走向重视社群的需要。马斯克就是始终思考客户的需要，牢牢盯紧社群的需要，所以他能不被自我束缚，能够一次跳出组织的需要。

**各个预域的管理呪念
本质上都是领导力视角**

- 使命
- 愿景
- 以人为本的设计
- 客户视角
- 技术为人服务
- 用户研究
- 商业设计
- 客户导向
- 敏捷迭代
- 从产品思维到用户思维

领导者的眼睛要始终盯着地平线，船在航行，新的地平线在远方浮现。领导者要经常问自己：我的身份角色对吗？曾经对，是不是现在已经不对了？我是不是该更换新的身份角色了？否则，在不经意之间，领导力就丧失了。

5 在专业培训中持续发展领导力

"给我一个支点，我能撬动地球。"领导力是能够撬动超额业绩的那个杠杆。然而，领导力必须在各个层级、各个专业条线都有支点，领导力这个杠杆才能起作用。领导力发展不应该是一个一次性项目，更不应该是领导力发展项目中的一个部分，无论这个部分是行动学习，还是一个自我认知测评以及配合测评的一堂课。这一节将讨论如何通过专业培训持续而深入地为组织赋领导力之能。相较于领导力发展项目，专业培训在各家企业开展得更加频繁，能覆盖更广泛人群。专业培训既是提高实际技能的手段，也可以成为让领导力深入实际、深入业务的途径。

还记得我是如何定义领导力的吗？"可能性的象征"和"功能性的作用"。前者，具体而言就是"用鲜活的事例，让人们相信所追求的事情是值得的和美好的"。可能性的象征是领导力与"管理"能力最大的不同，功能性作用则更接近于管理活动或者运营活动。任何层级、任何职能都需要领导力，提升更多人的领导力就能更大幅度提升绩效。采购人员当然也需要领导力来挖掘绩效潜力，采购人员的领导力毫无例外地体现在创造

"可能性"上,通过成为"可能性的象征"来带领甲乙双方相信并共同去实现新的可能性。

哈佛大学谈判学教授约翰·卡莱尔(John A. Carlisle)和罗伯特·帕克(Robert C. Parker)的一段话揭示了采购人员应该创造的可能性。他们说:"谈判是商务关系中一方引导另一方进入一种新的关系和一种新型合作的桥梁。"有领导力的采购人员为购买双方创造新型关系。能够这么做的采购人员深知"称职的谈判者压倒一切的目标,并不是达成协议,而是成功地执行协议"。而具备独特价值的专业采购培训,其异乎寻常之处就在于帮助采购人员对自己与对方的关系(也就是自我的身份认知)形成迥异于同侪的定位。

既然领导力体现在采购谈判的过程中,那么一方面,我们找到了持续发展领导力的办法:把领导力发展延展到具体业务技能培训的课堂上。这样,由于把创造"可能性"落实到了日常的专业工作中,可以更直观、更有效地提升学员的领导力,有助于落实人人需要领导力的理念,并发现各个层级尤其是专业线的领导人才。同时,由于触及了冰山下真正束缚行为模式的根源,在专业培训中发展领导力又能大大提升技能培训本身的效能。所以,采购和谈判培训的内容及学习活动可以用来发展采购人员的领导力。通过塑造与谈判有关的挑战性经历,只要我们不再仅仅探讨谈判技巧和话术,而是深入探寻当事人在挑战性经历中所体现出来的相互关系的性质,以及他们在其中所抱持的身份,就能促进学员领导力的发展。

在一次面对采购和销售人员的采购谈判培训中,我们采用了一个竞争性谈判游戏,学员很入戏,双方各为其主争取最大利益。其间,双方各派代表进行几轮谈判。我们观察到了一种敌对的竞争态势,双方都试图通过压制对方来达到自己的目标,谈判变成了一场你输我赢的战斗,参与者活脱脱就是为自己组织争取利益的斗士。这在利益重大的谈判场景下很常见。随着谈判的发展,双方逐渐转变为势均力敌的本位主义者,因为双方认识到谁都无法靠实力轻松获胜,于是开始以聪明人的姿态玩心眼。这个阶段的谈判较量的是谁更聪明,谁能更巧妙地迷惑甚至欺骗对方,以获取一些优势。随着时间的推移,这种状态不再持续,谁也不比谁傻。仅存的善意和幻想在失望中被丢弃了,双方变得更加警觉。谈判者感到困惑,既不能回到最初的敌对状态,又没有找到新的解决方案。这时候,他们进入妥协者的状态,试图接受双方都不满意的平衡。

在以上经历之后,教练老师开始带领同学们进入反思环节。在多数情况下,学员们最初都围绕具体的话术、策略、时机、技巧进行反馈,试图重构经历。但是,同样是这些学员很快否定了具体技巧可能带来的价值,他们发现无论是压力、智力还是妥协方案,都无法战胜同样聪明的对手,或者即便在谈判桌上战胜了对手、签下对自己有利的协议,对方也不会诚实履约。在大家陷入困顿的时候,所有人都转向了教练。教练抓住时机把讨论引向新的层面:冰山下被忽视却又无比强大的暗区。其中一位谈判代表表现出了强烈的斗争意愿,将关系置于敌对的境地。这种立场让他失去了解决问题的机会,因为其态度使得合作不可能发生。这种情况他似乎并不陌生,于是他开始利用对方的弱点,以道义高地来制胜。然而,这种做法导致对方激烈对抗,最终无法获得任何好处。于是,教练抛出了"灵魂拷问"："在这个经历中，你认为你是谁？你如何定义你和对方的关系？你是利用当前局面的投机者，还是带领双方创造一个新局面的领导者？"这一系列问题推动个体深入探寻自我，推动谈判者重新定位自己的身份，这样教练就把培训从具体技巧推进到领导力发展。学员意识到在商业谈判中存在发挥领导力的机会。好的领导者在商务关系中起到桥梁的作用，引导双方进入新的关系和合作模式，而普通谈判者可能只关注短期的利益得失，却失去了更为重要的信任和长期合作的机会。

在另一些常见的关系中，同样存在领导力发展的空间，也只有领导力发展才能解决这些关系中普遍存在的争斗，从而引导双方进入新型互利的关系中。在厂家和经销商之间、同城经销商之间，甚至跨部门之间的关系中，长期存在的对立、勾心斗角和无奈的妥协根本不可能通过提高沟通技巧、话术或简单的合作技巧来产生突破。只有当其中有领导者站出来，从斗争者的立场过渡到共创者的身份去开创双方关系的新未来，才有可能走出僵局。因此，在专业培训中，站在领导力发展的立场上，教练或者顾问应该从外在的行为技能带领学习者深入内在，围绕身份认知去做根因反思，专业技能培训就成了领导力发展的延续。然后，再由内而外去讨论行为改变就水到渠成了。

以上事例说明，专业技能培训的目标不应停留在技巧层面，而是要在专业场景中塑造冲突经历，帮助个体更深刻地认识在冲突中展现出来的自我，反省长期以来自身设定的身份认知，然后调整自身身份并产生相应的行为改变。

在我看来，只要能关注个体的内在变化，而不是简单地注入技能或知识,所有专业技能培训都可以成为延伸领导力发展的机会,正如所有层级、所有职能活动都有发挥领导力的机会一样。这对培训发展从业人员包括培训组织者、项目设计者和项目实施顾问都提出了挑战,但这也是带领培训通往价值实现的必由之路。

6 帮助管理者用领导力化解本位立场

讲述下面这个事例有两方面作用。第一，这是一个领导力发挥作用的具体场景，再一次，培训人员应该时时处处跳出具体问题去看更深层次的人的发展，在解决具体问题的过程中思考领导力培养和人的发展。这样，我们便可以把培训和人才发展、领导力发展逐渐融合起来。第二，这个事例还呼应前面讨论过的复杂性主题，培训者既要从多角度、多因素、长时间段、彼此互动和转化来看一个事件的发生发展过程，也要看到一个看似复杂的局面其实存在内在的自发秩序。从复杂性角度看待问题，是培训者在充斥着复杂问题的现代企业环境中应必备的能力。培训者自己首先要增加头脑的复杂度，才有可能具备洞察力，从而应对环境的复杂性。

某制药企业最高领导者向我提出了一个长期解决不了的突出问题："风控、合规部门一心控制风险，但是医疗行业有它的特点，不风控不行，风控也不行。医疗费用在GDP中的占比很低，医生收入很低，监管把问题甩给企业，行业环境矛盾重重。销售部门为了实现销售，跟风控、合规部门之间就有矛盾。其他生产部门、研发、准入也都站在自己的立场想问题。内部不同部门的利益和外部矛盾纠葛在一起,更令人头疼。"

这类问题在医药企业很突出,在其他行业也普遍存在,只不过没有那么突出而已。从表象上看这是本位立场问题,但背后隐藏着深层的领导力问题,高度复杂的环境,对相关人的领导力提出了更严苛的要求。随着干部尤其是高管的领导力提升,问题能够逐步得到有效的解决。

下面,我将从帮助提升领导者的头脑复杂度和领导力发展两个层次,讲述培训者如何帮助企业领导者处理本位立场这类常见问题。

提升领导者的头脑复杂度

"立场"问题极度复杂。试图帮助企业领导者处理复杂问题的培训和领导力发展专业同仁,务必首先帮助领导者提升复杂度层次,避免用简单化思路来认识复杂问题。

企业里充斥着简单化看待"合作""立场"这类复杂问题的老生常谈。比如,"从公司整体利益出发","站在公司立场上思考"。培训者以为找来高明的老师,用华丽的包装响亮地鼓吹这些道理就能解决问题。即便无法解决问题,至少不会有什么坏处吧?错了。任何从这些听上去都对,但对解决问题毫无用处的论点出发而构建的培训,无论包装得多么精美,呈现得多么感人,都不仅无益而且有害。它们进一步掩盖了问题的真相,而且还恶化合作问题。试问,在公司里,各个部门、各个指标,哪个不是公司利益呢?领导最喜欢倡导那些老生常谈。为什么?因为这些大道理背后的潜台词就是保证公司利益,服从领导的轻重缓急,不惜放弃各个部门和你们各个个体的利益。"公司利益"本身就是一门玄学。领导当前的关切焦点就是公司利益,而领导关注的焦点处于不断的变化中。这种简单化(甚至自私)的论点事实上还恶化了合作问题。你看,哪个立场得到领导的首肯或默许,持那个立场的部门就能秒杀其他职能部门、攻讦其他指标。以领导的判断为依据的"公司利益"是一面活动靶。今天,这个部门的利益与领导强调的重点吻合,明天,那个部门的指标又成了领导当前的核心关注。如何能指望大家理解并体谅其他人的利益、其他部门的指标呢?因此,"从公司利益出发"或"为共同目标出发"无法成为解决"本位"问题的有效指南,而且会把部门之争导向可怕的结构性恶习。强弱之间愈加泾渭分明,得到时下公司(其实是公司领导)背书的一方更加不在意倾听对立方的意见,没有包容的耐心,更无妥协的意愿。另一方则回报以私下的消极抵抗。而领导者则被牢牢捆绑在某个立场上,难以脱身。

复杂的头脑不排斥复杂性,能够用发展和辩证的立场看待本位问题的发生和发展以及各个因素之间的相互作用,从而找到动态的解决方法。如果人们担心关心个人利益会被认为"境界"不高,被视为对公司不够忠诚,那么人们都会装扮成忠诚于公司的圣人,个人的盘算不曾须臾放下,只不过包裹得更加紧密而已。相反,认可个人利益,不再试图动员大家提高境界、放弃个人利益,大家无须高举"公司利益"的大旗行个人私利算计;当人们相信个人利益会得到真诚的尊重,各个立场背后的真实诉求才会水落石出。我想得到我的利益无可厚非,而对立一方的利益同样值得尊重,或者不得不尊重,这不仅不会导致更加自我导向,反而可以产生相互制约的张力,通过利己的较量,迫使大家在对立中寻求平衡。于是,找到妥协或者双赢方案,成了利己的成年人之间唯一的合作出路。真实诉求越是和盘托出,解决问题的效率就越高。

领导者大可放心,成人之间不仅没有解决不了的问题,而且还能形成越来越好的合作关系。唯一需要担心的是他们之间不够势均力敌。美国政治学会前主席、美国国家科学院院士、麦克阿瑟天才奖、美国科学促进会纽科姆·克利夫兰奖、美国国家科学院奖获得者罗伯特·阿克塞尔罗德认为,在"没有中央集权的自我主义世界"能够涌现出合作行为。他说:"即使在没有中央集权这样的控制力量存在的情况下,在一群自私自利者所构成的世界中,如果有个别人开始相互施惠,合作精神就会涌现出来。"

不妨领导者后撤,拆解找领导者定调的模式。当合规、风控、准入遭遇业绩、交付、市场时机等方面的对立时,公司领导者一定被逼迫表态。每当此时,领导者左右为难,想说的话还不好直说。而且,无论领导者做什么样的判断,客观上都鼓励了找领导者做决定、矛盾集中在领导者身上,出了问题甩锅给领导者这样一种解决问题的模式。

相反,领导者后撤,拒绝进入裁决者的角色,让各部门直面冲突、自己去解决问题。按照罗伯特·阿克塞尔罗德的说法,这时候各个部门进入了所谓"没有中央集权的自我主义世界"。他们不仅能够解决冲突,解决冲突的过程本身就是通往高质量合作关系的旅途。

在这个旅途上,人们在互动中会逐渐掌握一种越来越高效且彼此满意的解决问题模式。起初,人们动辄诉诸职权去压服对方,希望简单、快速地推行自己的立场。这种做法很快遭遇抵抗而不再高效。进而,精致狡诈的利己者出现了,他们的想法是"只要我比对方聪明,我就能发达",他们善于使用技巧和手腕成全己方。但由于不同职能的同事们处在长期合作关系里,进行的是不同于一次性零和博弈的长期多轮博弈。"在零和游戏中,对他人的任何伤害都对你有好处。而在非零和游戏中,人们可以共荣,也可以同衰","在非零和游戏里,尽管你比别人做得好,你也可能和他一样潦倒"。精明的选手仅能获得短暂的成功。随着对方的觉醒,任何谋求单方面受益的人,开始受到对方的制裁,并最终被拖入双输的泥潭。精明的人要么被排斥,要么变得聪明起来,大家学会包容、妥协甚至忍让,找到最不坏而且是大家都愿意实施的方案。让对方得利,自己才能获益。

然而,有输有赢、各让半步的妥协对任何一方都不是最佳状态。为彼此获得更大利益考虑,合作关系还须再进一步。做大蛋糕才能双赢。为了获利更丰,人们走入了合作的新境界:不再琢磨算计,而是诚心实意找到做大蛋糕的办法。这时,对立的想法为拓宽双方的思维空间输送养料,而以往"敌人"的专业知识,成了做大蛋糕的创造性资源。人们在一起共创的机会越来越多,人们不仅越来越习惯跨部门沟通,甚至还习惯了跨部门运作。更多的事情提前布局准备,而不是事到临头在狭窄空间里找出路,人们更经常地前置参与对方的设计、计划、准备阶段,去提供自己的专业经验和专门知识。

以上,描述了一个合作关系的形成过程。虽然不会一蹴而就，却是一个现实可行的发育过程。适当的培训教育能够加速合作关系的发育。在竞越的"共启®合作与超越"课程中，有详细的解释和训练。

在这样的合作环境中，不存在本位问题，领导者也轻松愉快。但很明显，这个理想状态绝不会轻易到来。那么，背后存在什么阻力？需要创造什么条件？

开发领导者的领导潜能

上述破解本位立场的路径不难理解。然而能否走上这条路，能否走通这条路，则取决于一个组织是否有足够的领导力，中高级管理人员是否有过硬的领导潜力，以及培训和领导力发展同事是否致力于持续发掘大家的领导潜能。

我围绕合益集团（Hay Group）（如今被收入 KornFerry 旗下）的领导潜能模型来分析在前述合作旅程面前，领导者需要做的重大思维突破，要形成的全新解题思路，以及要掌握的一系列新能力。

如何发展领导力
（自我认知／领导力提升／挑战性经历／发现支持系统）

在重大思维突破方面,"不要迷信公司利益、全局观念","要鼓励大家坦陈真实动机"……这些想法相当冲击常识。在一群"自私自利者"所构成的世界,离开了"全局观念",没有老板行使"中央集权"的指挥和控制,我们的组织还会变得更好吗?……这些疑问让人心惊肉跳。领导者需要具备相当的"心智敏锐度"和"变革敏锐度",才能建立起相关的认知突破。

在暂时变得更加无序、混乱、争斗之后,你仍然还能乐观地在模糊中坚持一段时间,等待自发秩序涌现吗?《自私的基因》一书作者、牛津大学著名教授理查德·道金斯在为罗伯特·阿克塞尔罗德的著作《合作的进化》所写的序言如此开头:"这是一本乐观的书,但这种乐观是可信的,它不是天上掉馅饼式的、不切实际的天真愿望(或者革命狂热)。为了可信,一个乐观主义者首先必须承认基本的现实,它既包括人性的现实,也包括所有生命本性的现实。"是的,在揭示了人性真相和企业运行的本质、监管环境背后的真实设计意图之后,你很可能心生失望、无奈和愤怒,不过你也可能发现反而更加真实可信,更加踏实、可预测,更加有迹可循了。只有具备真正的乐观,领导者才能打破符合常识的信念,不惧各种利益登堂入室之后形成的模糊混乱,让既往的经验和安全与舒适一同离去……心智敏锐度、变革敏锐度越高的领导者,越有可能拥有真正的乐观。

进一步,假设你不但没有个人利益(事实上这不可能),却还能认可对方的个人利益;你放弃了单赢的想法,愿意了解并接纳对面同事的利益诉求;在混乱的纷争和撕开了玫瑰色的假象后,仍然保持乐观的信念。但即便如此,你还需要"善于协作"。你必须善于看清周围正在发生的事情,捕捉各种重要信息,也就是具有高度的"情境自我意识";你更要善于察觉对方的内心世界,聆听他话语中潜在的语义,从而探索能够包容双方诉求的方案。在这方面,"人际敏锐度"高的人做得更加得心应手。

然而,对领导力最大的挑战却是"坚持"和"担当",是否在"有挑战性和竞争性的工作任务与环境"中,依然表现出高度的"对结果的敏锐度"。"对结果的敏锐度"的含义是:受到新的艰巨任务的激励,克服障碍,实现具有挑战性的工作目标,且帮助他人建立信心。

为什么这么说呢?过去,所谓本位立场,无非是希望简单、快速地处理问题。诉诸职权,在气势上压倒对方,比对方脑子转得更快,都为实现一个目的:快速做出决定,推进行动,这事结束了就结束了。然后我可以赶紧去做其他事情了,毕竟还有无数事情在等着,悬而未决最让人焦躁不安,我们都是行动派,不是吗?

用职权和气势推进纠纷,信马由缰,快刀斩乱麻。坐下来协商妥协,犹如深陷泥潭的困兽之斗。一次次压抑动用职权、恶言冷语的冲动,却难以按捺住要说服对方(而不是协商共创)的本能。脸上和颜悦色,内心却如万马奔腾,恨不能立刻纵马飞奔。

这该多么令人抓狂!

此情此景之下,结果敏锐度不足的管理者有两种逃避模式,你擅长操演哪一种?回归实力和职权,"谁说了算?谁负责?""咱们都听领导的吧!"这是其一。"好吧,好吧,就这样吧""各让一步吧",此为其二。

而具有高度结果敏锐度的领导者,在这种环境中仍然能乐观地坚持,相信能找到兼容的办法,把对立的立场看成开启思考空间的钥匙。他们喜欢这种费心劳神的挑战,坚持和对方继续交流、共创下去,一次不行就两次,今天不行明天继续。一次有一点儿进步就行,有进步就有信心,有了信心就更能团结一心,渐渐直到云开雾散,心有喜悦。

相关的人,无论是部门负责人,还是公司层级的领导,作为领导者,是否有潜力,终极挑战是在高度困难、模糊和冲突面前,不仅坚持,还要乐观;不仅解决问题,还要追求更高的工作结果,即具备高度的"结果敏锐度"。与对立面一起,坚忍不拔找到兼顾多方利益和需求的办法,从放弃单赢到协商妥协已经是了不起的进步,而从不坏的妥协到做大蛋糕,让大家都获益的双赢,则是更大的进步。每个进步都在丈量你的领导潜能。

这里提出的是本位、立场之困,深层透视,实则组织领导力不足。培训者充分认识领导潜能,并致力于持续开发领导潜能,对一个组织在复杂环境下的成功实在至关重要。记住,帮助领导者发展,使其具备足够的头脑复杂度,并强化坚持、乐观、心智敏锐、人际敏锐、情境敏锐、结果敏锐等领导潜质,乃突破一切业务和管理困局的不二法门。

第三章

商业领导力

1 "战略"培训？先把战略和战略思维分清再说

"战略"和"战略思维"这类培训需求很大，但在企业争议不小。有些企业绝对不做战略培训，仅限于对高层做战略研讨工作坊。有些企业学员对象仅限于高层管理团队和独立业务负责人。另一些企业则非常强调战略和战略思维，为大批中层甚至基层干部提供类似主题的培训。

众多企业对战略培训的看法为何如此迥异？我一直认为，优秀企业家无论持多么"令人咂舌"的看法都一定有其道理。于是，我聆听、思考、观察，多年来，在与培训部门合作过很多项目、接触过很多企业领导之后，我渐渐发现，语义差异造成了问题。用相同的词汇，不同领导表达的却可能是相当不同的含义。业务领导对一个词的定义，和培训部门用同样的词所表达的含义又存在差异。这种现象及造成的恶果在业务和培训两条线的沟通配合中却是极为普遍的。领导用的是自然语言，培训用的是培训专业语言。领导基于其朴素认知使用（其实领导定义了那个词汇，可惜听者头脑中不同的框架对那个词另有含义）某个词汇描述他所看到的现象，而培训说那个词时却带着培训圈子里约定俗成的内涵，对相同的词汇有他们习以为常并且深以为然却经常与业务领导们不同的定义。比如，下属的工作进展不好，工作效能低，老板们很自然地描述成"他们的时间管理没学好"。作为培训专业人士，听到这话，你想到了什么？四个象限、优先管理，对吗？预算执行下来超支严重，领导在某次会上盛怒之下可能转头对负责 HR 或培训的你说："他们要提高做预算的能力。"此时，你是不是想到了财务培训和预算程序、预算方法培训？但是，事实上，对时间管理技巧无比娴熟的管理者更可能因为不会带队伍而导致工作进展迟缓，而不是缺乏狭义的"时间管理"技巧。缺乏行为和成本、收益之间的对应关系的历史数据，或者行业洞察力太弱、由于市占率太低对市场或者供应商缺乏控制力等等是预算产生严重偏差的最常见原因，而不是因为这些管理者没有掌握"财务"知识或对预算"技巧"、预算"程序步骤"这些培训内容不熟悉。

作为培训的组织者和提供者，你头脑中的专业知识越多，越容易跳过咀嚼和消化对方的话语这样一个必要的过程，忽略追寻对方话语的背景，而倾向于用你的专业范式替代对方的真实语义，而且还毫无觉察。这导致培训项目还没有上马就跑偏了。可悲的是，这个进程很少被纠偏。因为老板们不参与培训项目的整个闭环。他们通常只在项目伊始提供指导意见或者接受需求访谈。对了，老板还是很愿意在第一天早上到培训现场致辞的……之后老板们最多过问项目进展却不再过问项目内容。他们假定下面同事有能力理解自己的要求，并且会不折不扣地落实自己的要求。而培训的组织者和供应商也认为自己在"忠实"执行着公司老板的需求。

在培训和人才发展领域，我可以举出大量这种并不美丽的误会。事实上,本书已经列举了不少事例,我甚至可以再写一本。我希望通过持续揭示这些"误会",与企业领导和培训从业人员一道,尽快结束这些误会所造成的难以计数的时间和金钱浪费。

这个问题在战略主题领域表现得尤为严重。一个特别的原因是这个领域与业务、商业连接太紧密了,且涉及相比软性技能更加深入的专业领域知识,与人力资源和学习发展、培训专业人士的知识结构距离比较远。下面展开详谈。

细分下来,战略主题领域的需求混杂了几个意群,常见的有:

- "战略(Strategy)"。具体而言包括"商业战略(Business Strategy)"和"竞争战略(Competition Strategy)";
- "战略规划(Strategy Planning)";
- "战略思维(Strategic Thinking)"。

当领导们说到"战略"或"战略能力"时,既可能强调其中的某一个概念,也可能混合了以上几个概念。对于人力资源和学习发展专业人士,如果能建立这些概念,形成一个基于比较的概念体系,无疑会帮我们跳出狭隘的、简单化的,甚至望文生义的认知,更加敏锐地分辨领导和业务部门的真实意图,并拓宽我们对解决方案的选择。

对于"战略(Strategy)"这个词,领导和业务部门多指广义的"商业(Business)",关乎"经营"大版图的构想。它超出了一般企业战略部的工作范围。你可能难以想象,但事实的确如此：不少战略部门同事甚至缺乏这个领域的相关知识，因为战略部门长期研究所在公司一直在做的事情，公司一直在做和一直在卖的东西。从正在做的产品出发去圈客户，分析有没有可能扩展客群卖给更多的人，有没有可能为他们做产品改型以卖更高的价格。他们善于做数据分析，那么没有数据怎么能分析？因此，他们很难提出现有业务和现有模式之外的构想，通常不会考虑进入新领域。而"商业"思考却要从本质上、全局上进行思考和决策，甚至运用"零基"思考，即假使我们现在创立一家公司，我们应该做什么。具体而言，"商业战略（Business Strategy）"包括两大维度。其一，"商业设计"或称"价值定位（Value Proposition）"，即做什么、为谁做、为他们解决什么问题从而创造什么价值，归根结底，思考我们和客户的关系。其二，"竞争战略（Competition Strategy）"或称"竞争设计"，用来明确谁是对手，如何赢过对手，本质上思考的是我们和竞争对手的关系，目的是获取"竞争优势"。马云说："战略就是客户价值，你为谁创造什么价值，解决什么问题。"张勇说："你要做什么业务？你要服务什么客户？你要为他提供什么服务？公司走到现在，要走向未来，我的客户是谁？他有没有发生变化？我原来给他提供什么服务？我今天要给他提供什么服务？未来他还需要什么服务，跟我有什么关系？这就是整个商业模式设计。"在"商业战略（Business Strategy）"领域里的培训内容应比"战略规划"和"战略思维"都更宽广，涉及商业全局观、价值创造过程、行业和市场洞察、客户定位、组织能力设计以及竞争设计。

总结一下，基本上抓住四个特点就可以判定这类需求：第一，目的是培养商业负责人的广义商业能力，"商业负责人"可以指公司的高层或者接班人,也可以指相对独立的具体业务负责人;第二,内容一定是从客户出发,从价值创造出发,涉及商业设计,而不是为现有业务做工作规划;第三,超出战略部门(战略规划)的工作范围,战略部门感到力不从心,这就是为什么很多时候培训部理所当然去请公司战略部的同事来指导自己即将开展的"战略培训"却很可能得不到有价值的帮助;第四,往往是有远见、愿意授权的大老板极力支持的赋能项目。

如果说商业设计、价值定位、商业战略的原点是客户及客户未被满足的需求,那么"战略规划(Strategy Planning)"的出发点则是竞争,获得我们想要的竞争地位,甚至把实现企业领袖的个人野心或者消除其焦虑作为出发点。为实现某种雄心,自上而下确定一个总体数字目标,从现有数字和目标之间的差距出发,在产供销资源各个方面制定一整套相互嵌套的计划,避免捉襟见肘。明年、后面几年要销多少产品,需要多大产能,什么客群最有潜力、通过什么渠道、划拨多少资源、依靠什么方式才能做到?你可以想象为企业里的参谋部即战略部门张罗的事情,他们在战略规划过程中唱主角。数据分析,呈现方案,或争取高管团队同意,或帮助大家理解并要求提出各自领域的配套、协同计划,最后与经营责任和绩效目标管理挂钩。

总结一下:很多时候"战略"相关的培训需求是狭义的"战略规划",企业需要为中高层的战略规划赋能。其典型特征是:第一,需求自顶层发起,战略参谋部门在其中起主导作用,对培训内容和培训方式有决定权,或者干脆就是由战略参谋部门发起,极力鼓动人力资源或者培训部门去实施的培训项目;第二,有很强的时间性,强调产出,比如年底,要与制定战略计划或者战略解码结合;第三,有时采用以赋能为目的的培训课程,但更多时候省去培训赋能阶段而直接进入"战略解码"的工作坊阶段。

最后谈一谈"战略思维(Strategic Thinking)",对企业而言,这是一口蕴藏极其丰富的金矿,批量挖掘出来,能给公司带来巨大的业绩提升。对培训部门而言,这是一个大有可为的主题领域。在所谓乌卡时代,人人需要战略思维能力,干部队伍的战略思维能力乃企业之制胜法宝。这个领域最应该受到重视,然而却普遍被误读、被误操作,因而客观上这口金矿仍有待开发。它宛如海市蜃楼、雨后彩虹,清晰可见却遥不可及。人们对它谈得最多、做得最少。企业上下缺乏战略思维能力而带来的危害,不亚于人体缺钙造成的各种各样健康问题(绝对不限于骨质疏松)。

什么是战略思维(Strategic Thinking)呢？我认为战略思维,简言之,是"取舍"的智慧,但归根结底却是"舍得"的特质。"取"战略性问题(Strategic Issues),"舍"非战略性问题。战略性问题是相对于战术性问题(Operational Issues)、操作性问题、运营性问题而言的。首先,要能识别什么是战略性问题,还要识别什么不是战略性问题。知道什么不是,才能更准确地做出取舍。其次,要牢牢抓住战略性问题不放,敢于用足够的力量为解决战略性问题而努力,甚至不惜放弃重要的战术性问题,舍后方得。任正非用"敏锐的嗅觉和奋不顾身的精神",对战略思维做了最贴切的描述。我经常说,基层员工是在对和错之间进行选择,中层员工是在重要的和不重要的事情中进行抉择,而高级员工则是在极其重要和非常重要之间做出取舍。对比何其鲜明：对于中高层员工，你放弃某些事情不做，不是因为那是错的，也不是因为不重要，而是因为有更大的机会要抓住，有更致命的问题要去解决。"敏锐的嗅觉"让你感知极其重要的事项，而"奋不顾身"让你集中资源，置之于死地而后生。可见，职位越高，战略思维日趋重要，也越来越艰难。不过唯其困难，因而难得。

- 战略性问题：具有长远性、全局性、根本性的问题。
- 战术性问题：短期性、局部性、表面性的问题。

系统思考与战略思维密切相关，系统思考是战略思维的基础，但不等于战略思维。华为用拆解了的"官僚"一词，把系统思考和战略思维的关系及其区别说得很形象："僚"要擅长系统思考，而"官"要擅长战略思维。"僚"做分析，全面的分析；"官"下决心，偏颇武断的决心。"僚"思考 How，如何做；"官"考虑 What，做什么和不做什么，该做还是不该做。如果系统出现偏差和混乱，"僚"往往惊恐不已，全力以赴找到偏差的原因，使之尽快恢复常态和稳态才会如释重负；此时，"官"镇定自若甚至"幸灾乐祸"，他们的想法是"物极必反"，"黎明之前黑暗最深"。各种矛盾交织，原有系统的缺陷正在暴露，建立新系统所必须的抓手也正在廓清，"隧道尽头的光明"即将来临。比如，家里的车子坏了，多数人本能地考虑修车，在哪里修，如何修得彻底，要不要进保险等等"运营性"细节问题；另一些人却能跳出来，去琢磨做二手置换是否更合算，是不是该用足电动车的优惠和补贴趁机开上新车。这是从战略角度思考问题。同样，住

◆ 重塑内容：复杂时代的培训之道

了很多年的房子该维护装修了，与其劳心费力精打细算地装修，可否考虑把装修的钱省下来贴补置换新房呢？系统思维讲求完整、平衡、相互关联，"牵一发而动全身"；战略思维追求突破，重视主要矛盾及其对全局的影响，"不破不立"。通过系统思考，你能看到事情的全貌，厘清各个要素之间的关系，构建问题框架，确定来龙去脉。由于要考虑众多要素，对逻辑分析能力又有很高要求，系统思考能力往往是良好教育背景的标志性特征。系统思考要求追求各个要素的平衡，不可偏废也不可偏颇，而具有良好教育背景的人偏好这类精细思考。各个阶段的教育选择和训练具有耐心、坐得住的"好学生"，淘汰看到复杂问题就心情烦躁的"好动"学生。好学生进入大公司、官僚体系，成为"僚"，乐此不疲地从事分析、报告、守护现有系统的工作。恰恰因为系统思考要驾驭的要素众多，关系错综复杂，迫使"僚"们埋头于永无止境的系统思考之中。如此刻画的"僚"，像不像你身边的战略部门同事以及很多中层领导、高层副手？不过，这并不是说"僚"不具备战略思维潜质，恰恰相反，我们看到了培养他们战略思维的必要性，也看到了培养的关键路径：与其提供"正确"的战略思维知识和方法，不如帮助他们看到阻碍其进行战略思维的"错误"行为和心态。培训者不是发射"正确"知识之光的灯塔，而是身怀同理心帮助其看到"错误"行为的陪伴者。

"官"是要下决心、拿大主意的人。"官"常常被众人责骂——当然是在茶水间里的窃窃私语。无论英明还是暴虐，君王都无法堵住臣民的嘴。这背后有一个重要原因，"官"做的是做与不做的决定，继续做下去还是改弦更张的决定。总之，取舍就意味着偏颇甚至偏执，无论偏向哪一边，势必被另一边诟病。从"官"普遍被骂的现象，我们能看出战略思维的一些特点。战略思维比系统思考更进一步。战略思维要求不仅看到事情的全貌，还要建立起理解问题的框架，因为要获得飞跃式发展，要避开外部危机，必须打破现有平衡，追求令人头晕目眩的新高度。所以，战略思维的核心在于抓取从现有平衡走向新平衡的关键要素。具有战略思维的"官"不满足于对现状进行修补，他们听从愿景的召唤，更为可贵的是，他们洞悉谋取愿景的路径。他们掌握了在更高水平上推动平衡的艺术，那就是偏执。格鲁夫说"偏执狂生存"。他们偏执地先形成一个优势，集中力量把一块长板做长，让这个优势强大到足以成为明显优于对手的、对资源和要素的吸引力。具备了对资源和要素的吸引力，犹如纲举目张，其他问题迎刃而解。用要素吸引力去吸纳各种资源，拾遗补阙，渐趋平衡。有强大战略思维的人，其卓越之处不在于有系统观点，也不在于擅长做系统思考，而在于不在平衡的系统上驻足，宁愿享受在踉跄中舞蹈。平衡只是愿景，却不是用力的焦点。正如聪明的减肥者把矫健的身材视为愿景，却不会把体重当成目标：体重数字可以记在心里，而头脑里盘算的是如何实现运动和饮食目标。

　　从低层级副手擢升为高层级副手，是众多"僚"可以期待的职业成长路径，但从副手成为主官的"僚"却凤毛麟角。"僚"必须跨越思维方式的鸿沟才能成为"官"，必须从系统思维发展出战略思维。

　　战略思维是一种极为珍贵，处处都需要的能力。"战略"需要战略思维，但战略思维却更广地用在与战略无关的领域。还是用一些事例来说明战略思维的广泛需要，以及普遍匮乏。

前文说过，任正非认为战略思维就是"敏锐的嗅觉和奋不顾身的精神"。他是按照点、线、面的顺序谋篇布局的战略大师。1995年前后他就反复强调华为不要试图在"哪怕火柴杆横截面上"跟美国企业较量，必须在"针尖那么大的范围"集中资源跟他们交手才有希望。他的"压强理论"要求用敏锐的嗅觉抓住关键要点，奋不顾身打透一个点。看似只抓一点，不及其余，实则实践了偏执狂的生存法则。

先在一个方向上做出优势，为全面突破创造条件的思路，不仅体现在高层的重大决策上，也体现在中基层的日常工作中。有没有战略思维，在所有层次都决定了能否打开工作局面，做出突破性业绩。2000年前后，在广东某地一家全国性家电巨头，我遇到了一位与众不同的培训总监。他从事业部销售总监任上调来负责集团的干部培养，他的父亲是集团的高层领导，他自身业务做得非常出色，已经是公司少壮派接班人选。有这么强大的背景来管培训，至少在当时很罕见。见面的时候，他打断我做的介绍，对我带去的资料礼节性地翻了两页，然后直截了当地说："告诉我，哪门课是你们反馈最好的？哪个老师上这门课最好？"我正在快速琢磨该如何应对，他看出了我的疑惑，进一步说："我和朱老师说一说背景吧。集团调我来管干部培训，只有一个原因：我们太需要快速培养大批干部。但是这些干部的工作已经非常忙了，培训不是他们的优先事项。我必须靠几个培训项目建立培训的声誉，让他们愿意抽时间来学习。这比什么都重要。价位、课程需要多少天、培训地区和场地,还有什么其他要求都听你的,我只要你保证一件事,帮我把头炮打响。"怎么样,确实与众不同吧?

在上述事例中,希望你既看到战略思维强的人的"取",即抓牛鼻子、抓主要矛盾和矛盾的主要方面,更要看到他们的"舍"。想不舍而得,那不仅是战略思维缺乏的表现,更是自以为是的外化。为什么这么"上纲上线"?因为,"放低"自己,我们才会把对手看得至少与我们自己一样聪明、至少拥有同等的条件,既然苍天不会唯独垂青自己,那我何德何能可以棋高一着呢?若想胜出,只有比对手更"舍得"收缩战线、更长期主义而已。前述那位与众不同的培训总监舍弃了价格上的斤斤计较,舍弃了在细节上的关注,目的是得到最想要的东西。与之相反的是,"既要,也要,还要",如果不是想不清楚自己到底要什么,那就是自以为是、傲慢的心态在作祟。

再讲述一个具有出色战略思维的年轻管理者的故事:战略思维在跨部门合作中发挥的作用。日常工作的跨部门合作对于在VUCA环境下赢得竞争日益重要。因为无论采用哪种形式的组织设计,背后都存在几乎无解的内在缺陷,而唯一能够弥补各种组织设计缺陷的方法就是人与人之间、部门和部门之间的合作。事业部制分工考核明确,利益分配直接,有利于激励各个事业部甩开膀子做大做强自己的事业,大批如今执行业牛耳的中国公司,当年能够快速发展起来,得益于果断采用事业部制。但这种架构很难避免各事业部重复造轮子、构建重复的能力。眼见对方具有我需要的能力,双方合起来就能给客户带来更大的利益,但任何实现能力整合的努力事实上都会削弱事业部本应有的清晰、明确、高效。赛马团队无非在更微观的层次上继承了事业部的利弊。矩阵结构的组织虽然能避免重复构建能力,有利于做大客户价值,却又难免坠入官僚化、低效率,甚至大锅饭的泥潭。如果能在事业部之间、赛马团队之间"拉通"项目性合作,又不进行实质性的组织整合,不就既能取其长,又能避其短了吗?

所谓理想很丰满,现实很骨感。基于项目建立跨部门合作,将牵涉复杂的利益关系,合作双方的每个人,无论普通员工还是事业部总经理,都有很多项KPI被考核,每个人都希望获得最大利益:所有考核项都取得理想成绩。这就给合作带来了困难:平等的双方,谁愿意做出牺牲呢?当事人的战略思维能力仍然是建立良好合作关系的决定性因素。请看下面的事例。

我服务过某全球最大化工公司,其生产总监和计划物流总监之间的合作一波三折。听我说一说,看看你能从战略思考的角度对促进合作得到什么启示。生产总监老王在公司资历深厚,供应链体系的上上下下多出自老王手下。中国业务在公司全球版图中占据重要分量,而这是该公司在中国最大的生产基地,老王的重要性自不待言。计划物流总监老赵也是公司老人,这个部门有两大职责:安排生产交货计划,保证原料供应和成品物流。生产负荷很满,老王希望老赵在做生产计划的时候多为生产部门着想,比如交货尽量宽松一些,排产多考虑各个工序的负荷平衡。不过,老赵在做生产计划时总是面对来自各个销售团队和客户的压力。客户是上帝,销售是离上帝最近的人,在全公司都倡导客户导向的现实面前,老赵难免倾向于顺从销售和客户的要求,反正不是计划物流部门去生产嘛。另一方面,销售团队会把交货期作为与客户谈判的筹码,往往以牺牺生产体系的需求作为拿单子、守价格、要销量的交换条件。这样,压力最后都落到生产制造环节。公司甚至流传着这样的说法:客户是一等人,销售是二等公民,生产制造体系都是三等公民。作为当家人,老王觉得自己必须站出来为生产体系战斗。"你老赵不在前面帮我们顶着,我们真不能逆来顺受了,要不然他们一定会变本加厉!"除了希望老赵在做生产计划的时候能向销售传递压力之外,老王觉得老赵在原料供应上也不给力。"你控制不了客户还说得过去,怎么连供应商都控制不了呢?"时间长了,老王跟老赵就有了裂痕。说老赵对供应商控制不利,指的是原材料断供或者出现品质缺陷,无论出现哪种情况,都会给本已呼哧带喘的制造体系员工忙中添乱。

老王抱怨的原材料问题确实存在。供应商很难杜绝送货不及时或者品质有问题,如果库存水平太低,一旦出现供应问题就会造成生产产能浪费。而增加库存保生产,显然不利于老赵完成存货成本指标。在这种情况下,两位公司元老级人物都有了跟对方较劲、为自己争取便利和利益的利器。起初老赵凭借组织赋予的计划权力,要求老王执行自己下达的生产计划,老王则想方设法向老赵示好以求老赵多一些偏向生产体系。夹在销售和生产之间,老赵与老王虚以为蛇,最终还是顺从销售端的压力。一看软的不行,老王不再向包括老赵在内的"外人"透露产能信息,预防性检修、设备故障、人员培训、招工困难的报告越来越多地出现在生产协调会上,一出现原材料断货全公司马上都知道了,原材料质量缺陷、供应商物流车辆安全不合规被拒绝进场等的报告也越来越多。

公司运营总经理的应对策略是能躲则躲,让两尊菩萨自己解决问题,但现在矛盾升级,交货多次受影响,不得不出面协调。然而他发现自己总是被拖进细节里,而细节就是泥潭,无论如何都没有两位至尊掌握的情况多,结果浪费了大量时间,根本解决不了任何问题。最后,老赵被调离,换成头脑特别灵活的小李来担任代理总监。小李以前是老王的下级,作为领导力发展项目成员,小李去销售区域工作了两年,现在回到总部并得到提拔。公司领导意识到担任计划总监的人不仅要像老赵那样有丰富的供应商管理经验、对生产体系的理解,还必须有销售经验和销售人脉,更重要的是,必须具备敏锐的判断力,建立在诚实基础上的坚定性,无论是对待客户还是面对公司生产体系。

现在的格局发生了变化。小李的级别比老王低,又是老王招进来、培养起来的晚辈。在老王面前,小李没有老赵那种底气,他明白必须和生产体系保持密切的关系,形成互相配合、双赢共好的局面,才能做到对客户、对销售前线最有力的支持。从自己的利益出发,小李当然想全面完成KPI,获得领导的好评,以便更进一步。在认真盘算之后,完全不同于老赵的策略浮现在小李脑际:以实现准时履约交付为核心,这是公司、客户、销售最看重的。放弃原材料库存指标,虽然会影响自己的考绩,也会影响公司成本,却能消除对生产不必要的干扰,减少公司因为交货不及时而遭受的罚款,消除销售端维护客户、争取新订单的难度。最明显的改变是,老赵又开始请小李吃饭了,他觉得小李真诚地牺牲了自己来成全生产。两个部门的关系缓和了,各种缺陷报告明显减少。在运营总经理的支持下,老王部门"花钱"多起来了:招工成本、设备更新、产能优化项目等等。两个部门负责人都做了实质性的牺牲，不过公司总收益却大大上升。进一步，小李又开放了自己和销售端、客户要求有关的邮件，让老王和自己一起参与与销售的交涉。销售理解了生产的节奏和设备、产能情况，生产也了解了客户的实际需求，帮助销售为客户设计分期分批交货等建议。

几年来，这个泥潭让各个方面深陷其中，现在终于破局了！

年轻的小李以其卓越的战略思维把大家引出泥潭，创造了崭新的局面。这就是"敏锐的嗅觉和奋不顾身的精神"，虽然谈不上"舍生取义"，小李却做出了影响实际利益的取舍。

现在，说清楚了什么是战略思维，以及为什么各处都需要战略思维，而战略思维又是如此匮乏了。你觉得呢？通过这一节的阅读，我希望你能同意"战略思维"与"战略""战略设计"迥然不同，却常常被混为一谈，不仅浪费很多培训经费，更是大大降低领导力发展的效果。小李显然具备杰出的领导力，但在他的领导力背后，最核心的素质是战略思维。

从事培训的伙伴，在读完这一节后，是否想起了某一次遗憾的战略或者战略思维培训项目？现在，你更理解业务老板们话里的语义了吗？下次有信心选对战略培训内容了吗？

对了，建议你把这本书保留起来，留待相关需求出现后再次细读。

2 如何培养商业领导力？

最近 10 年,有关商业领导力谈论得特别多。究竟什么是商业领导力？对领导力还没弄清楚,领导力和管理能力之间有什么区别还不甚明了,现在又冒出来一个"商业领导力"？这个概念对企业内的学习发展经理、培训经理,甚至对培训公司的讲师和顾问来说都有挑战。人力资源部门负责领导力发展和人才选拔的同事也需要吃透相关概念才能做出素质模型、理解素质模型,并相应设计人才选拔工具,对被评估对象准确实施评估。

什么是商业？

要想说清楚"商业领导力",需要先说清楚什么是"商业"。"商业"的英文是 Business,指企业的"经营"(相对于"管理"而言),企业在价值链主链上的"业务"活动(相对于人力资源、财务、法务等在共享价值链上的"支持性"活动)。但无论把 Business 翻译成以上哪个词,都会引起困扰。翻译成"经营",就容易窄化为对外的贸易性行为,而掩盖 Business 是从内到外向客户传递价值的全过程。设计和运作好整个价值链条上的每个环节都是 Business 成功所必不可少的。但 Business 确实又有"经营"的意涵,因为"经营"这个词在区分其与内部"管理"活动的同时,强调了价值链主链上的活动。翻译成"业务"一词也有类似的好处。但翻译成"业务",又容易与企业的"销售""售卖"类活动混淆。20 世纪 90 年代,我在担任《世界经理人文摘》中文版主编的时候遇到了一个很大的困难,非常多的概念在中文里找不到与英文对应的词汇,比如 Teamwork、Process、Business Process Reengineering 等等,为它们寻找对应词,本质上是为中文重建一整套市场经济语言的努力的一部分。Business 就是其中一个老大难。首先想到的是"商业",而且当时国内出版物普遍将其翻译成"商业"。这严重误导了只读中文译本的读者。在中文里,"商业"是什么?买进卖出,低买高卖(相当于 Trading 或者 Commerce)。直到不久之前,尤其是有英文基础的读者才能基本准确地理解 Business 这个概念。倒是现在大家渐渐忘记了"商业"作为买进卖出的本来意涵,所以,现在我们把 Business 说成"商业"就不那么"违和"了。

总结一下,Business 是指"商业",包含"经营"和"业务",主要指价值链主链上的活动。而说到价值链,在这里,这个概念强调两个本质:其一,向客户传递价值,也就是说要最后实现销售和回款以及客户满意;其二,强调"从内向外"的整套向顾客传递价值的活动。由于对大多数读者而言,"商业"这个概念基本上已经与买进卖出的原始概念脱钩了,所以把以上含义直接概括成"商业"一词应该可行。

◆ 重塑内容:复杂时代的培训之道

什么是商业领导力?

商业领导力(Business Leadership),简言之,是指在商业领域里的领导力,领导商业成功的能力。

请大家想一想,实现以下成功的管理者是否具有商业领导力:

● 领导客户服务部门,让售后做得风生水起,客户满意度提高了10个百分点。

● 原材料供应井井有条,不仅从不断货,还削减了库存,降低了30%的物料成本。

● 生产管理卓越,品质好,交货可靠,安全生产一流。

● 产品研发部门增加了新配方、新剂型、新规格,有力地支持了销售成长。

● 营销部门虽然比上一年多花了200%的营销费用,但营销费用的投资回报率却增加了50%。

● 以上环节的共同老板——总经理、总裁,除了实现以上成果之外,原有产品在传统市场上的销售增加了一倍,还开辟了新市场。

请你停下来思考片刻。有答案了吗?

所有组织都希望实现业务增长,扩大销售,增进客户满意度,实现更大的股东价值。实现的方式大体上有三种:运营增长,创新增长,战略增长。全面了解这三类增长,你就能做出正确判断了。

运营增长是通过更大的差异化和更深化的客户关系来实现增长。什么是更大的差异化？比如：我开书店，价格便宜或者书籍门类齐全；我做汽车，我们的车更省油或者尊贵感更强。产品在各个方面都跟竞争对手差不多？那么我的销售队伍执行力更强，我的客情关系做得更好。所以，运营增长来自新客户、新渠道、新定位、新产品、新定价。实现运营增长的所有活动基本上都是对现有盘子的维护、防御、改良、扩展。上述6种情况都属于运营增长上的成功。注意，不要误解，增长不仅限于市场和销售端的活动，虽然最终表现在销售量、客户数量、单价和利润等市场和销售环节，但无论何种增长都是整个价值链上各个环节努力的结果。所以，即使上述前4种情形不涉及市场和销售环节，也不能因此认为不是商业成功。

创新增长是通过重新定义市场环境，建立新的理念来实现增长。比如：把书店做成咖啡吧，让顾客把消遣喝咖啡和会友的时间用在书店；汽车厂不仅卖新车，还卖二手车，或者由卖车改为引导顾客习惯前来租车，让顾客每年开新车、更快换车。创新增长通过植入新理念，开辟新应用场景，形成新的消费习惯，从而创造创新市场。

战略增长是凭借颠覆性和突破性的观念改变市场来实现增长。比如：前文提到的把书店转变成书吧式书店后，实现了一定的销量增长，但终究不敌网上阅读，采用新的销售方式或者租用方式赢了对手却败给了时代。汽车厂掌握电动车技术和围绕电动车形成一整套新玩法，造车新贵横空出世，扫荡市场、席卷人才。此时，无论如何精打细算、绞尽脑汁，传统燃油车企业的运营增长还是走到了极限；无论如何创新，也是百年草木上的新雨露，乏善可陈。沉舟侧畔千帆过，病树前头万木春，新势力的战略增长如同降维打击。战略增长总是与形成新的产品类别、构建新的业务模式、形成新的能力、新创企业或者并购紧密联系在一起，其带来的挑战之大远非运营增长和创新增长可以相提并论。顺便说一句，恐怕也正因为战略增长所带来的挑战，驱使"传统"企业的领导者们转向依赖运营增长和创新增长，一次次回避痛下战略增长的决心，直到运营和创新几无可能继续增长。

为了简化起见，并且避免不必要的混淆，接下来我们姑且只对比两个极端：运营增长和战略增长。在继续往下阅读之前，我建议培训同仁考虑两个问题：第一，你服务过的公司或者业务部门经历过战略增长吗？第二，相较于在战略增长环境下的管理者，那些在运营增长环境工作的管理者有什么特点？

运营增长的决策来自中层、部门或者地方。考虑诸如此类的问题：我们如何提升决策执行的效率？我们如何从竞争对手那里"挖"到担当某个岗位（尤其是既有岗位）的人才？我们能提供多大程度的促销折扣？折扣会带来多少销售或者利润回报？这些问题的时间跨度较短，例如一个月、一个季度，决策风险有限。而战略增长的决策由高层甚至董事会来做，例如，我们想要做哪些业务？我们的客户是谁？我们必须具备哪些关键性的能力？如何获取这种能力？我们该如何与对手展开竞争？这类决定的时间跨度长，往往以年计，失败的风险可能非常大。

借助三种增长框架，我们来回顾前文留下的有关商业领导力的思考题:那些场景反映了商业领导力吗?运营增长的成功是不是"商业"成功?对此,我持辩证但相对保留的态度。从广义看,为运营增长所做的努力应被视为商业活动,运营增长的成功应被视为商业领导力的成功,但有充分的理由强调战略增长在商业领导力中的核心地位,由于为战略增长赋能具有鲜明的独特性,作为培训和人才发展专业同仁一定要关注战略增长的独特性,这无论怎么强调都不为过。

一方面,认可运营增长体现了一定程度的商业领导力,这不仅非常必要而且很有现实意义。这些活动毕竟直接反映在赚钱赢利上,成本下降、收入增加、质量上升、客户满意度上升,都指向商业成功。既然生意就是为了赢利,当然这些活动属于商业活动。在不少组织里,不仅领导提倡的商业成功都指向以上这些导致运营效率提高、"内部效率"(相对于"外部效率"而言)提升的运营活动,而且在这些组织,商业成功甚至只可能来自运营,并无其他可能性,至少在相当长的时间里不存在颠覆性突破的可能性。在这样的组织里,在这样一个发展阶段,培训和人才发展人士当然要为这种含义下的商业成功构建企业的领导力。于是就能理解,在很多组织看来,商业领导力培训项目唱主角的内容很自然就是财务培训,以及项目管理、质量和绩效改进培训,因为这些课题所包含的内容为运营效率的提高提供了工具和手段。

而另一方面,运营增长毕竟与战略增长有着本质区别。如果狭义地把商业领导力定义为领导战略增长的能力,那么,前文所述6个场景都不是商业领导力的体现。"狭义"不见得是贬义词,此处意味着"精确""重点突出""聚焦"。如此"狭义"定义商业领导力有其独到价值。在后文中我会详尽探讨,以期引起读者注意。

狭义定义的商业领导力对企业成功可谓生死攸关,培训和人才发展人士本应在此大展拳脚,却困于认知局限而难有建树。

过去,在稳定的经营环境里,绝大多数职业人士终其一生都身处中层或者部门层次,顶多负责运营决策。待个别人有幸进入战略决策圈时,他们大多已年届五十。而在当今时代,一项创新业务用不了几年就经历完成从鳌头独占、享受"拿着望远镜都找不到对手"的那种傲慢,到沉浸于群雄并起、短兵相接的焦虑而难以自拔,最后意兴阑珊、黯然离场的整个过程。在不长的生命周期里,始终要一只手抓运营增长来扩展业务,另一只手同时还必须做好创新增长,而创新的回报往往只够勉强能够抵御对手。运营增长的确可以带来利润率和销售收入的提高,但很快就触碰到天花板;创新增长也突破不了运营增长所固有的极限,虽然有助于挖深"护城河"。为免于千帆过尽的命运,很多组织下放决策权,任由年轻人在各个方向上探索迭代,创新创业,看到希望就果断做战略性投入,开辟新战场实现战略转移。这时候,二三十岁的年轻人就要承担战略增长的领导责任。这些年,我所在竞越公司的商业领导力培训项目可谓持续热销,主要需求来自大型组织的"小CEO"项目,大型组织的新业务需要大批商业领导者引领商业成功。除此之外,对商业领导力培训的需求还来自快速成长的创业团队。创业企业规模虽小,但其领导者的决策范围却远远超出运营层面。二者开展商业领导力培训的目的,几乎都是帮助技术背景或者专业背景的青年才俊转型为商业领导者。

在服务以上需求的过程中,我意识到对商业领导力的定义必须明确且聚焦。之所以刻意把用于战略增长的"狭义"商业领导力从用于运营增长的"广义"商业领导力中剥离出来,是为了反映"狭义"商业领导力的素质模型以及相应的培训内容与"广义"商业领导力之间的不同,突出强调二者的云泥之别,鼓励将二者的培训内容作出彻底的区隔。不过正,不足以矫枉,拨乱方能反正!

与运营增长相关的知识技能多围绕于How,而战略增长则要求领导者更多关注What。如何做好一件事固然重要,但应该在解决了做什么、该不该做某件事之后,再来思考如何做好这件事。而专业人士本来就是一群被How(细节)耽误了What(方向)的人,帮助这类人才转型的应有之义恰恰是助力其跳出一向擅长的How,勇敢走向What!可惜,在现实培训实践中,很多培训专业人士满怀好意提供财务、销售、市场、项目、流程管理等运营技术性培训,却在无形中强化了这些专业人员的本能倾向,甚至耽误企业的战略转型。

下面,我将从战略增长和运营增长两种商业领导力的素质分野出发,来比较两种商业领导力的培训,着重论述狭义商业领导力的培训内容。

财务能力? 请慎重

财务培训在商业领导力培养中重要吗?2015年,我应邀与某硬件品牌的总裁助理开了一整天的会,专题研究新任高层和高层高潜人才培养。该品牌在全球居于领导地位，由于在全球广泛存在，地区领导干部数量众多。此外，虽然该品牌在本领域是全球老大，但这个行业已经成为彻头彻尾的红海，依靠努力节省点滴成本和持续扩大销量才能勉强维持利润。顺便说一下，战略增长往往表现在毛利率的增长上，而运营增长则恰恰因为毛利率不增反降而不得不降低成本和扩大销量，以弥补毛利率下降。压缩成本还蚕食了客户忠诚度，品牌溢价严重缩水；总利润不错，但敏锐的股市却持续看空公司的价值；公司急需找到突围方向，业务创新、战略增长是高层高度关注的议题。然而，在这位总裁助理向我展示的素质模型中，我发现围绕财务的能力项占据了重要位置。在这家公司高管培训目录里，财务也是"当家菜"，据说财务培训特别受学员欢迎。这引起了我的极大兴趣。

本质上，财务是一门比较的学问，比较不同的决策选项甚至不同性质的决策。比如，降价扩大销量是否能带来规模经济，提高成本效益？要保持品牌溢价大概率需要维持材料品质和设备性能，这样是否合算？增加还是减少硬件种类？根据大客户的需求提供个性化的产品规格和性能可以增加销售量，但势必导致生产、供应、物流的复杂性，降低在上游采购关键元器件的话语权，实际利润能如愿提高吗？竞越公司有一门经典的财务课程，名为"苹果加橘子"（Apple and Orange ™），出自英文习语"You cannot compare apple and orange"。因为这是两种不同的东西，怎么比较？而在财务人员眼里，这两个完全不同的东西可以比较了。当然，他们只看哪个更贵。贵，可以是购买成本更诱人，也可以是出售价格更有利可图。这个名字以及

2 如何培养商业领导力？

背后的习语透彻地反映了财务的本质：一门在各种决策选项之间进行比较的学问，比较的标尺是最终的利润。哪个决策选项带来的利润高，它就是最优选项。即便你不是财务专业出身，希望通过这个描述，我已经帮你具备了继续深入探讨上述案例的专业基础。当然，我更希望为你今后判断财务培训的适用场景和学员对象提供洞察的视角。

好吧，那么就请你来帮助上述案例中的总裁助理吧。就其高管素质模型和培训目录，具体就财务能力和财务培训给予参谋意见。

我是这样看的：财务能力和财务培训占据重要位置，而且反馈特别正面，提示了这个选择的合理性。这也提示了利润是这些干部关键的工作追求，而运营增长是获得更高利润的主要途径。至少从"实然（现在的实际真实状况）"角度说是这样，虽然从"应然"角度看未必如此，摆脱和改变这种实然，说不定会有更好的结果。存在的就是合理的，但存在的不见得是正确的，更不代表存在的就是必然的。

那么各位读者，你认为是否应该如此呢？

从实然看，的确应坚持和加强财务培训。作为处于生命周期后半程的产品，利润一定是核心追求，在这种行业环境下，"螺蛳壳里做道场"，利润来自各种精打细算。但不要误会，"精打细算"不一定是指压缩开支，也包括考虑花钱是否能赚回来更多的钱，比如投资机台减少人工成本和错误率可能就是合算的。只不过压缩开支和投入资金都要精细计算，详尽比较。所以，理应提高这些干部的财务能力，以及为提高财务能力而做相应的培训。

但是从应然看呢？越是擅长精打细算，就越喜欢精打细算，越没有兴趣也越没有时间，最后，不精打细算就没有办法生存。我没有贬低某个社会阶层的意思，不过谁更善于发现、找到、使用各种省钱的办法，比如商家的各种优惠、贴纸、购买组合、购买渠道、打折季节甚至时点等等方面，是穷人还是富人？答案并不重要，但相信大家明白我说的要点：因为在这些方面投入了时间和精力，所以某些人更精于此道，乐此不疲，从而投入更多的时间和精力。不过可悲的是，或许也因此更没有时间、精力和能力，把自己提升到不必如此克勤克俭的层次，直至最终完全失去了成为那样一种人的意愿和信心。擅长运营增长的干部与精于优惠的阶层本就有得一拼，帮助他们更加擅长运营增长的财务培训，也与提高寻找优惠券能力的进修并无二致。

后来呢？在后面的几年，虽然竞争使得毛利率薄如刀片，这家公司仍然能够维持正的净利润，但在业务创新和战略增长方面却没有任何实质性进展，而两个主要对手却在不同的方向挺进了新战场。每当对手的新战略在市场上初步取得积极反响，这家公司内部就会经历一次恐慌和焦躁，但不久又归于平静。如此几个回合之后，对手的动向已经激不起涟漪，大家继续过着克勤克俭的日子，不过越来越多年纪较轻的高潜干部却静悄悄地消失了。

马云曾说"天不怕地不怕，就怕 CFO 做 CEO"，他担心厌恶风险、精于算计的"财务精神"被注入商业领导人的心智中，这样会阻碍商业走向成功。蔡崇信在"湖畔学院"授课时也说，到了一定境界，"CFO 要帮 CEO 拿着大赌注去下注只有 30%机会的未来"。财务能力只是商业领导力的冰山一角,商业领导力只有摆脱财务桎梏,才有可能向着探寻商业真谛的山巅飞翔。专业背景出身的同事擅长细节分析,不擅长全局思考,战略思维更是他们的能力短板(详见第三章第一节)。他们容易从书本上继承未经自己推敲过的信念,被限定在某些框架里。通过下面我要讲述的一个事例,你可以清楚地看到,恰恰是对How的擅长阻碍了对What的把握。在商业领导力的培养过程中,一定要把他们从津津乐道How之中拖出来,切勿进一步强化他们的本能。

容忍不确定性,驾驭复杂性

商业的一个显著特性是复杂性和不确定性,身处其中的商业领袖必须装备具有足够高复杂度的心智,享受在乱流中飞行的乐趣。我喜欢用各种沙盘模拟从不同的角度为不同背景的学员来诠释和训练商业领导力,其中一个沙盘叫"伐谋®"。这是六个小组的一场为期两天的竞赛,各组都从相同起点开始。如同所有沙盘一样,老师会给学员一些预测数据,包括客户需求偏好,各个细分市场的容量、客户价值、价格承受能力等数据。

梯形、圆形表示客户需要的产品功能。梯形是必须具备的功能,圆形是"最好能有"的功能。也可以把梯形、圆形看成客户存在的各种问题,梯形是紧迫的、必须解决的问题,圆形是尚不紧迫、最好能解决的问题。不过无论梯形还是圆形的问题,客户未必通过这六个小组(即"公司")构成的"行业"来解决,因为客户也可以自建相关能力或者通过在其他行业给予的解决

◆ 重塑内容：复杂时代的培训之道

顾客		价格范围	Y2 Y3 Y4 Y5	第2-4年需求信息
P1	Libra	21-26M	300　　　400	COR ECO BIM ENT DAT
P2	Capel C	5-31M	400	
M1	Vega	22-28M	400　　　500	COR ECO BIM ENT DAT
M2	Bootis C	17-21M	300	
M3	Pollux	18-22M	300	
S1	Pulsar	27-34M	500　　　600	COR ECO BIM ENT DAT
S2	Spica	22-27M	400	
S3	Castor C	17-21M	300	
S4	Zenit	22-27M	400	
A1	Capri	22-28M	400　　　500	COR ECO BIM ENT DAT
A2	Centa C	31-39M	500	
A3	Terra	33-41M	600	
T1	Rigel	26-33M	500　　　600	COR ECO BIM ENT DAT
T2	Mars	17-21M	300	
T3	Venus C	21-26M	400	
T4	Coma	22-27M	400	

方案获得解决。

　　学员们可以看到最近三年的数据，更远期的数据还未知。绝大多数学员都会从研究这些数据开始，然后形成战略计划。在我历经的学员中，数据分析的水平差距很大，特别善于做数据分析的人能很快做出数据透视表，例如我遇到一组学员做了这样一个表格：

　　这个数据表把老师提供的数据进行了转换，表格描述了各种产品功能分别有几个客户群（行业市场）将其作为必需、作为最好具备的功能。其中，COR功能有5＋0＝5个客户群需要，BIM功能有2＋2＝4个客户群需要，ENT功能有2＋0＝2个客户群需要……这个表格非常便于分析，更便于小组讨论和决

192

	⬡	○
COR	5	0
ECO	1	1
BIM	2	2
ENT	2	0
DAT	1	2

策。能做出这种数据转换的小组往往受过很好的数据分析训练。COR功能是在模拟开始之前，在这个行业运作的这六家"公司"都已具备的能力，不必再投资兴建。那么，从这个数据分析中很明显可以看出BIM是最应该投资建设的产品能力，因为BIM可以覆盖最多的客户群。而能够覆盖越多的客户群，就意味着更大的灵活性，东边不亮西边亮嘛，如果在其中某个市场遭遇强大对手，那么可以便利地转移到其他市场。

做出上面这个表格的同学是中国最杰出的大数据处理专家（甚至没有之一）。这位专家做出数据转换表格后，小组的同学一边吃午饭，一边就轻松地完成了第一次战略决策讨论，信心满满地投资BIM等产品能力，做好了进入"第一年"竞争的准备，只等午饭后老师主持市场竞标。与此同时，其他小组也紧锣密鼓做着自己的战略规划和竞标准备。各组之间高度保密,互相不知道别人打算进入什么市场,投资建立什么样的产品组合(也就是推出什么样的解决方案)。

不知道读者你有没有发现这位数据专家所在小组可能犯了什么错误?提示一下:在思考方式上反映出了什么重大缺陷?

等到老师让所有小组打开自己的标书,上面列明了竞争哪(几)个行业客群,自己的能力布局、产品结构、报价等信息,瞬间大家哄堂大笑。为什么?因为,六个小组中竟有五个都投资建设了BIM产品能力,当然都试图攻占需要BIM产品功能的客群市场。换句话说,他们在组织能力建设和市场选择上撞车了!

这很有讽刺意味。信心十足的最佳策略成了事实上最差的策略,具有最强分析能力的团队"成就"了最糟糕的战略决策。他什么都分析了,唯独没有去想对手,唯独不设法思考对手会做什么。他紧盯着书上的预测表格,却没有退后半步看到房间里还有另外五个小组。他的雷达屏幕上有客户、有自己,却没有对手。数据架构不对,分析维度缺漏,有效的分析不仅无济于事,而且贻害无穷。有了早熟的"正确"路线,团队何必再做开放讨论?团队因此而误入歧途。为什么数据专家会犯这样的错误?有善于做数据分析、享受分析的因素,也有乐于为团队贡献聪明才智的原因。但更重要的原因是,没有相关信息,对手是不可知的。然而,"对手不可知",这是事实吗?是信念。这种信念引诱当事人回归舒适区,忙于分析已知数据,便不再受缺乏对手信息而产生的不安之困。既然"不可知",何苦自寻烦恼?还是抓紧时间从已知数据挖掘线索吧,做能做的嘛。但是，只有重视了房间里另外还有五个对手这个事实，这些绝顶聪明的人才会分出精力思考如何应对，如何创造有利于自己的局面，对手的存在将如何改变数据分析的结论。而且，他们有能力对以上问题做出回答——只要他们意识到这是需要回答的问题。

这个戏剧化的事例反映了专业人士的长处和短处，也凸显了他们转型成为商业领袖的困难。他们善于处理"繁杂性（Complicated）"，拙于应对"复杂性（Complex）"。复杂性生存是培养其商业领导力的关键切入口。

繁杂和复杂大不相同。商业是复杂态，与之对比，航天科学不复杂，不过高度繁杂。繁杂可以分析，复杂不能分析。繁杂态要素众多，但因果明确，再大的问题都可以分解和还原成基本组成元素。比如航天器可以分解成若干系统，每个系统又可以分割成若干子系统。按下任何一个按键将出现唯一的一个结果，这叫"因果对应""因果明确"。比如，"项目管理"知识体系就是基于可以预知、可以分解、可以计划和管理的前提，这是一门典型的应对繁杂态的学问。现代管理也建立在可以分解、可以还原、因果明确、可以计划和管理的前提之上。甚至包括医学。

复杂态不一定要素众多，但因果不确定，一个结果的背后有多个可能的原因，因果甚至可能循环或倒置。比如，一个国家的高离婚率数据和离婚高之间，哪个是因哪个是果？会不会因为离婚率高导致人们不那么担心离婚对孩子造成不利影响，不再因为担心社会压力而恐惧离婚，甚至发现社会早已为单身人士设计了各式各样的设施和服务。再比如，"女生不擅长理科"这个说法,虽然能获得统计数据的支持,但很有可能是因为女孩的母亲从她母亲那里接受了这样的看法,鼓励女儿去学法律和财会等,甚至女孩自己在遇到数学难题时,头脑里总跳出这样的声音,诱使其放弃继续坚持直到学懂弄通。社会事物、商业竞争、人和人的互动关系,以复杂态居多。难怪很多杰出的理工科背景、天赋异禀、名校毕业的专业人士,在做了一段时间管理工作以后,请求领导放自己回去搞技术,原因是"人太难搞了",还是技术更单纯——一语道破了技术问题,甚至航天太空技术并不"复杂",反倒是商业和社会问题更加"复杂"。

前述沙盘设计了一个复杂系统,正如实际商业。你的动向会导致对手的回应,而对对手回应的担心又足以迫使你做出不同的设计。大家都算计到了 BIM 是最优选项,这恰恰导致所有"公司"都陷入泥潭。你算得到静止的数据,但算不到竞争会形成什么格局。那位数据专家,错把"复杂"问题当成"繁杂"问题加以分析处理了。而最终赢得伐谋®优势的同学并不打算用心"算计"会出现什么局面,而是思考如何"创造"对自己最有利的局面——这就是战略增长意义上的商业领导力。对他们而言商业是一场战争,而非战役。他们把战争分成两个阶段,前一阶段创造局面、控制市场是自己的任务,第二阶段把有利的格局交给善于分析的战术专家来做精打细算的运营。还记得战略增长和运营增长吗?请允许我插一句话,也因此让你在不算短的阅读中休息一下。读到此,对于你负责的发展对象最突出的发展需要是不是能看得更通透了,是不是也更深入了呢?

好吧,我们继续。只要有足够的耐心和数据处理能力,你都可以分析出来"最优解"。回顾我们的受教育过程,能够在商业人才选拔以及培养方面给我们很多领悟。学校教育不仅塑造了人,也筛选和淘汰了人。从幼儿园招生开始,便淘汰掉坐不住的孩子。坐得住才能听得进,坐得住的人才有耐心多想一会儿,多写一个步骤、多读两遍课文,在学校体系里如鱼得水渐入佳境。如此这般,一级又一级的学校筛选过去,最后选出有耐心、善于抽丝剥茧的人。这些成绩好、学历高的人成长为专业人士,他们善于了解客观事实,善于用数据描述实际情况,在数据里去伪存真、去粗取精,相应采取行动。面对繁杂局面他们乐此不疲,而在复杂性面前却普遍束手无策。工业化的现代教育传承人类的结构化知识,培养出大批善于做定量或者定性分析的普通劳动者,但在培养有能力面对日益复杂的社会现实问题的人才方面,似乎并无太多建树。

那么,什么人善于面对复杂性?难道是那些被淘汰的人?我有一个未必严谨的发现,也许可以帮助你想通一个看似奇怪的问题,并影响你的人才选拔标准。回望改革开放以来赫赫有名的商业领袖,鲜见毕业于名校且成绩斐然的。多数企业领导者学历不高,毕业的学校或成绩不尽如人意。何以如此?运营增长以繁杂态为主,到了战略增长层次,商业是复杂态,商业领袖需要具备完全不同于专业人士的能力素质。第一,他们的学习方式与"好学生"很不一样。他们更适合所谓社会化学习——不是在课堂里和书本上正式学习,而是在实践中学习,跟社会关系去学习。他们喜欢尝试,与时兴的"精益创业""最小化可行模型"如出一辙。搞个模型尽快做起来,边做边总结。他们广结三教九流,看别人怎么做,听别人怎么说,在观察和谈话中洞隐烛微。曾鸣说到马云的特点时说:"他的学习能力非常特别。他跟谁看到什么事情,都能够有自己的感悟。他有一次在华谊开董事会,刚刚聊完天回来就跟我们总结,他先讲Director(电影的导演)该怎么做事情,然后就延伸到我们的总监应该做什么事情。还有一次他去看吴冠中的画展,回来后跟我聊天说,企业家是行为艺术家(是真正的艺术家),我们的作品就是企业。"第二,商业领袖敢于朝着"相信"(而不是"看准了")的方向全力以赴,所谓 All In。而不是谨小慎微、算准了再干。All In 让他们有可能引领趋势,制定标准,打造最有利于自己的市场格局。于是,通过这些商业领袖的努力,复杂性渐渐转化成繁杂性,为企业创造更强的可预见性,那些专业人士于是如鱼得水,其长处得以充分发挥。为内部专业人士创造可预见、可分析、结构化的"繁杂"环境,是商业领导力的价值所在。

奋发有为,开创局面

时势造英雄,还是英雄造时势?适应环境还是创造环境?在战略增长语境下,商业是有为的努力。正如迈克尔·波特说的那样:"战略的本质是应对竞争。然而,竞争战略不仅仅是对环境做出反应;它同时是关于将环境塑造成对自己有利的状态。"①运营增长的出发点是在现有行业结构里做到左右逢源、游刃有余,而战略增长则致力于创造最有利于自己的市场格局。相信商业是有为的努力,并能带领人们创造未来,是商业

---

① PORTR M E. Competitive Advantage: Creating and Sustaining Superior Performance [M]. Free Press, 1985:25.

领导者的又一个与众不同的特质。

从心所欲，顺理而行，事有必至，理有固然。被教育筛选和塑造出来的专业人士尤其信奉天地万物的运动规律，相信曲线另一头存在趋势。但是商业领袖们并不会被"趋势"困住，他们普遍认为所谓历史也不过是一些偶然因素促成了今天的结果。事在人为，人可胜天。这反映了商业领导者和普通管理者的重大区别。偏执狂生存的例子俯拾皆是。如果一个商业机会的市场吸引力很大，而在众多对手之中你有明显优势，自然当仁不让，接下来基本上是一系列顺理成章的战术决定，无须太强的商业领导力——所以我对将运营增长的努力和成功看作商业领导力的观点有所保留。如果面对一个很有吸引力的市场机会，但是你的力量相对弱小，这种情况就非常考验商业领袖的领导力。阿里巴巴蔡崇信的一段话透露了他对商业领导者核心特质的看法：懂"恐惧"的 CFO 帮你"活下去"，懂"贪婪"的 CFO 帮你"活得好"。通常的 CFO 偏谨慎，可商业机会，往往是有 30% 把握去做的时候，赢才能赢个大的。有 50% 把握，赢了也就是赢个小的。而有 80% 把握才去做，基本上进去就发现已然红海，不亏就是好事。是否有足够的战略决心和胆识将战略资源悉数集中投入其中？从分析的角度来看，这是一个不可能完成的任务，在外敌强我弱，在内组织能力并不具备，相关部门都不肯把资源从日常业务中抽离出来，组织动员困难重重，风险实在太大。何必做这种高难度、大挑战、看不见出路的事情呢？但是哪怕只有 30% 的把握，真正的商业领袖都不会轻易放弃这个领域。

20 世纪 90 年代初，面对数字交换机市场的华为就处于这样一个位置。当时中国没有数字交换机的生产能力,电话需求却几乎无可限量,进口交换机在中国形成了"七国八制"的混乱局面,国家急需解决通信网络统一、安全、高效的问题,数字交换机的市场空间无疑巨大。而当时的华为刚刚成立5年,只有200多人,资金成本高达20%至30%,人才匮乏。而对手却是全世界最发达国家最杰出的企业集团。要不要进入这个领域?如何以弱胜强?这才是真正的战略性决定。后来的故事大家耳熟能详。任正非做出了奋不顾身挺进这个市场的战略决定,而且遵循了以弱胜强的唯一方法:"制造压强+持之以恒"。现在互联网行业喜欢讲All In。All In和"压强",虽各有侧重但本质并无二致。All In表达了战略决心,"压强"强调战略资源要集中到位。沧海横流方显英雄本色,在重大挑战面前,商业领导者敢于力排众议或者致力于获得战略层的支持,用足够强的战略决心和战略资源集中力度投入其中,且用足够的时间长度显示自己的耐心、逐渐改变与对手的力量对比,最终用"笨"精神实现超越。这与其说是方法,不如说是原则。方法来自头脑,原则始于内心。想到方法不难,而难的是将其作为原则长期坚守。这不能不说是人格特质。而发展狭义商业领导力,并不是输入知识和技能的活动,而是帮助发展对象认识和调整自己人格特征的持续过程。

阿里巴巴创业团队在长城上的那张照片很著名,那时他们就有"让天下没有难做的生意"的想法,经历过种种艰难困苦之后,最终成就了阿里巴巴,彻底改变了中国甚至众多国家的商业形态。马云在达沃斯听鲍威尔讲领导力深受鼓舞,最终决定做支付宝,再大的风险都要做。

商业领导力从属于领导力这个更大的范畴。对领导力的定义林林总总,我特别愿意如此描述领导力:领导力有两个功能,第一是"可能性的象征,即用鲜活的事例让人们相信,他们所从事的事业是美好的且值得追求",第二是"功能性的作用,即带领大家去实现可能性"。关键词一:"可能性"。领导力必须是创造性的,而不是维持性的,开启追逐愿景之路。关键词二:"鲜活的事例"。一个一个成功,逐渐显现出希望,比任何宣传鼓动更有说服力。关键词三:"相信"。随着带领人们实现了一些原先没有的,甚至不可想象的事情之后,越来越多的人们越来越强烈地相信领导者,把他看成是一个更加美好的可能性的象征。关键词四:"功能性的作用"。领导力不仅体现在认准了在别人看来毫无希望的方向,还有异乎寻常的感召力和强烈的内在影响动机,能够让更多的人改变看法,把最初的不可能变为人人相信的愿景,然后追随他一起向那个方向前进。"有的人因为看见而相信,另一些人因为相信而看见。"企业家都是创造者。他们相信那是机会,因为他们看见了需求。他们也为之努力,从而让追随者相信。马云又说,"战略一旦确定后,就要找一个一刀子捅进去能见血的地方,闻到血腥味以后,团队自己就会往前拱。大家冲上去以后,那个地方就打透了"。有为的商业努力让他们得以制定行业标准,塑造市场格局,也书写了所谓的历史。

使命驱动

是什么让商业领袖们奋不顾身勇往直前?是超越个人荣

辱得失的使徒般的使命感。

　　人们常说,千军易得,一将难求。战略增长意义上的商业充满了复杂性、不确定性,对任何人都是巨大的挑战,说是对身心的摧残都不过分。但人们为什么要进入商业冒险,为什么要去肩负领导商业的重担呢？各有各的缘由,但恰恰是领导者从事商业活动背后的动机从根本上决定了商业的成败、事业的兴衰。再次强调,也正因为如此,对于商业领导者的培养,调整其动机和对自我身份的认知,是冠绝一切的重中之重。

　　人们从事商业冒险有三种动机:追求成功的成果,享受成功的过程,以及实现为他人创造价值的使命。多数企业家在创业之初受第一种动机驱动:缺钱的人要致富,生计无着的无业人员到处"跑单帮",穷怕了的农民成了乡镇企业家。这类企业家要的"结果"不光是钱。经济学家熊彼特说,很多企业家有一种梦想,要建立一个私人王国。对没有其他机会去获得社会名望的人,这是一个极大的诱惑。追求自我服务的结果,无论是财富还是名望,都走不远,很难在创业过程中享受持久的快乐,内心空虚倒是他们的常态。部分企业家受第二种动机的召唤,为了追求成功的过程而去创业。比如很多90后、00后,他们不缺钱,认为不值得为了改善生活而去做商业冒险,但他们觉得那个过程好玩,创业就是第一人称的真人游戏,打仗本身就很爽,打胜仗固然喜悦,打了败仗也是反向的刺激。他们走得更远,也更快乐。德国军事家克拉塞维茨说:"恐惧来自对身体的关注,而勇气则出自对精神生存的需要。"可以说,他们做商业出自对精神生存的需要:对梦想的执着,对胜利的热情,对创造的喜悦……即便如此,随着创业的成功,喜悦演化成了自满,而成功之后终将一次又一次遭遇重大挫败,从而产生关于终极意义的追问。企业家群体是抑郁症易感人群,张朝阳、任正非、王慧文、马斯克等等,可以列举一长串"患病"企业家名单。多数人在困顿中停止追求,或勉为其难,或退出江湖。但有一少部分人经过痛苦的蜕变,成为受第三种力量驱动的真正的商业领袖。

滴滴创始人程维推荐同事们读达利欧的《原则》一书。他热衷于讲述书中的一幅图,在图中,从冒险召唤开始,跨越门槛、试炼之路、深渊、脱胎换骨、终极恩惠、回报恩惠,构成了英雄冒险历程的循环。也许在最需要的时刻,这幅图回答了他的终极思考。

出于渴望财富和功名或者出于成长本身的需要,企业家投身商业冒险。或早或晚重大坎坷从天而降。回想突遭监管的滴滴和上市前夜的支付宝,一夜之间创始人的境遇有了天壤之别。舆论出现180度转向。胜利喜悦不见了踪影,天之骄子在深渊里独自饮泣。很多人被打垮,从此意兴阑珊,甚至就此退出江湖。另一些人却拜挫败所赐,在痛苦中反省从未认真思考过的基本问题。在找到超越自己欲望和野心的更宏大意义,放下小我的那一刻,他们爬出深渊,英雄诞生了。这些商业英雄重新定义自己和他人的关系,找到了与世界更好相处的方式,把为他人创造价值视为自己的终极意义。当他们抛弃本质上是自我服务的商业机会主义,真诚地思考社群的需要时,他们开始真正拥抱并融入社群,世界因而欣然接受他们的带领。被挫折锻造,在烈火中涅槃,是商业英雄所能得到的终极恩惠,从此他们行稳致远,并得以保持事业持续成功。

运营增长意义上的商业考虑三件事：质量、成本和交货周期。而擅长战略增长的商业领袖念念不忘的却是践行为所选定顾客创造价值的使命，他们带领团队不停地发现客户的需求，积累能力，然后去满足需求。阿里巴巴前董事长兼CEO张勇说，从事商业活动的人一定要弄清楚"你要做什么业务，你要服务什么客户，你要为他提供什么服务。他有没有发生变化，我原来给他提供什么服务，我今天要给他提供什么服务，未来他还需要什么服务"。

苹果CEO库克就是持续思考客户需求，受使命召唤而不是被商机牵引的一位商业领袖。库克做得好不好？局外人说库克做得不好，因为他始终没有推出一款像乔布斯的苹果手机那样能改变世界的硬件产品。然而，十年间，从3 490亿美元到今天3万亿美元市值，相当于新增了7.6个乔布斯时代的苹果公司。苹果从来不觉得自己是手机公司，苹果的使命清晰映照出了后来走过的路：为个人用户提供最佳计算体验（Provide Best Personal Computing Experiences）。注意，是"计算"而不是"计算机"。手机是计算机，手机只是为顾客提供计算解决方案中的一个环节。为此，库克治下的苹果进入了越来越多的领域，但都是在延续其更充分满足所选定顾客计算体验的努力。苹果不是在到处寻找扩充生意的机会，而是持续在履行其预定使命的路上行走，一天比一天接近这个永远在路上的使命。

帮助商业领导者超越自己，引导他们找寻使命感，既难又不难。难的原因无须赘述。说不难则是因为两个原因。第一，事实上他们一直在创造价值，他们本已经让某些人因为他们的创造而增进了福祉。我们要让他们，而不仅是员工们，让所有人多多看到我们给他们带来的正面改变。你可能会联想到"文化建设",具体而言就是提炼或者宣传公司的"使命"。没错。"使命"是"文化建设"的基础,但请特别审视你的使命是否反映了你的企业和客户及社会的关系,你可以参阅强生公司的使命,清晰写明为了谁、为其解决什么问题。上述苹果公司的使命也同样规定了为了谁、为其解决什么问题。抑或反映的是你们和竞争的关系。我们看到过太多类似于"成为全世界最好的公司""××年跨入××(排名、销量、市占率等等)""最××的科技公司"等等自夸和自我服务的"使命"。第二,所有商业领导人都必然会跌入达利欧所说的"绝望深渊",然后开始反思,或者早在通往深渊的路上就已经开始了深刻的反思。内在自带需求,培训和领导力发展同仁只要用警觉的目光关注需求出现的时刻,伺机做好陪伴和推动他们积极看待挫折,信任自己的韧性,最重要的是审视并重新定位自己的商业出发点。

在商业领导力培养过程中,引导动机和调整自我身份的认知是长期的过程,一两次培训不可能点石成金。然而,培训在其中扮演着重要角色。如果跳出知识和技能输入,指向人格塑造、态度改变,好的培训能够让学习者自我发现现状、认知和调整自我,并产生真诚的改变愿望,这将极大地帮助他和领导力发展专家一起设计,更有效地共同走过相对短的发展历程。此外,培训还能为学习发展部门、干部部门、学员的上级,建立观察、报告和筛选场景。培训虽无力单独承担商业领导力发展,却是商业领导力发展不可或缺的一个环节。

从帮助商业领导者树立使命的路径看,同仁们应格外关注和推动两个转变,避免在没有知觉的情况下,无形中阻碍发展对象在这两个方面的转变。其一是破茧而出，摆脱自我；其二是摆脱"合规性"束缚，成为"可能性"的象征。前者在人才发展领域早已是常识，在培训界也获得了越来越多的共识；而后者不仅鲜有关注，甚至常常起反作用。

我们都知道领导力不是组织所能够授予的，获得领导力不是被提拔的过程，更像一个选举的过程。政客们要从各个选区得到尽可能多的选票，不能丢失任何一个选区。领导者也是这样，要取悦三个选区以获得选票。

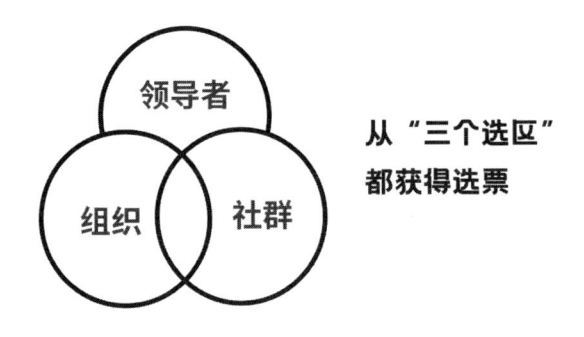

从"三个选区"都获得选票

第一个选区是领导者自己，做什么都要过得了自己这一关，人人都"渴望伟大"。第二个选区是组织，第三个是Community（社群、邻里社区、团体、圈子）。穿西装戴工牌的时候，你是组织链条中的一员。脱掉西装摘掉工牌，你投入到一个Community里。回到家，邻里是社群。顾客是社群，政府是社群，其他企业也是社群的一部分。需要特别讲一下这三个概念，尤其是Community。否则我们就难以理解"身份认知""企业公民""客户导向"等极端重要的商业概念。

要帮助学员认识自己的Ego（自我），然后放下自己的Ego。领导者最关注自己和组织，尤其自己这个选区的选票。当我们

2 如何培养商业领导力？

作为顾问或者培训讲师参加甲方的领导力项目时，客户总会和我们谈公司的使命、公司的领导原则、老板近期的讲话。组织希望培养出合乎组织需要的领导者。在培训现场，学员跟老师交流的话题要么是自己的位置，自己如何上升，要么是如何符合公司的需要（多数时候本质上还是如何实现自己的职业抱负），当然，前者更是私下里的热门话题。做培训的都熟知《团队协作的五大障碍》一书，其作者帕特里克·兰西奥尼（Patrick Lencioni）在他的另一本畅销书《CEO的五大诱惑》中说，毁掉CEO的一大诱惑就是在乎职业发展超过了带领公司取得成就。这是典型的关注一个选区的选票。日久见人心，老板们会诟病这人站位有问题，考虑自己太多。这类问题常常出现在"打工"的CEO身上，似乎不应该出现在公司董事长、老板身上，但其实老板们往往更甚。很多老板忍不住跟同行"别苗头"（暗中较劲）。过分重视从自己那个选区得到选票，根源其实是一直想摆脱过去经历的阴影。英文有句话叫作"把鞋子留在屋外"，其实最不应该带到屋子里来的是Ego（自我）。可自我总是悄无声息地溜进会场，来影响你的决策，影响你跟别人的讨论和沟通。每个人隐秘的故事所反映的是真实的身份，它使我们对组织、对社群的需要不再敏感。很多领导者缺乏安全感，渴望被认可，他一直在努力摆脱自己的过去，而不是带领大家走进未来。所以，领导力发展的一个重要功课就是帮助学员认识，然后放下自己的Ego。

帮助领导者摆脱"合规性"束缚，在"可能性"中洞悉机会，成为"可能性的象征"。从本性来说，一个领导者不仅关注自我，还会很自然地取悦"组织"以获得来自组织的"选票"。这个问题非常可怕，因为整个组织以及我们培训发展同仁们在不自觉中持续强化这种倾向。前面说过，领导力有两个功能。一个是可能性的象征，即通过鲜活的事例，使人们认识到他们相信的东西是美好的、值得追求；另一个是功能性的作用，带领人们把相信的东西做出来。其中，创造"可能性"是领导力的精髓。我们可以改变现状，我们可以突破现有流程，淘汰一直在做的产品，突破考核方法……有无限的可能性。我们必须把大型组织变革成生命力旺盛、更加灵活的组织；我们需要改变长久以来引以为豪的组织文化……从根本上说，领导力是变，是促变，是在组织内外实现变化。为此，领导者必须要有颠覆性的"玩法"，要敢于在主战场之外找到适合自己的新战场并在新战场立足，要能对组织的沉疴对症下药……这些都是急需领导力施展作为的领域。但是当一个组织拥有强大的文化，领导力的发展太多强调与组织保持一致，"合规性"很强，可能性就被掏空了。领导力发展势必被矮化成一系列管理手段培训。

还记得前文提到的售价每套1万美元的特斯拉之家吗？这或许又是一个将要被马斯克颠覆的行业？这种房子不会出现在地产公司吧？手机公司没有创造出iPhone，电动车不会发轫于燃油车巨头，零售公司不可能创造无店铺模式。为什么呢？原因当然有很多，但其中一个不容忽视却绝对被忽视的重要原因，是成功企业的领导者和管理者都以满足组织需要作为一切工作的出发点，把组织正在做的、一直在做的事情做得越来越好，把更快、成本更低、质量更好，作为自己成就感的来源。他们闻着身边风的气息，闻风而动。逐渐地，整个组织的目光从地平线移开了。而当年之所以能成功创办企业或者颠覆现有行业选手,恰恰是从一开始就只盯地平线,也就是客户尚未满足的需求,而不必为了获得组织的认可而去考虑合乎组织的需要。

从 2014 年 2 月 4 日到 2023 年 5 月,微软的市值从不足 3 000 亿美元攀升到 24 620 亿美元,净增了 7 个微软。CEO 萨提亚的杰出商业领导力功高至伟。10 年前,比尔·盖茨表示:"萨提亚拥有清晰的商业远见和把大家团结在一起的超强凝聚力。"远见以及带领大家的能力!盖茨没有看错,萨提亚绝对是把追求愿景看得高于获得组织认可的领导者。出任 CEO 后不久,微软宣布不再对智能手机和平板电脑收取 Windows 软件授权费用。萨提亚还为企业用户推出了管理员工移动设备的企业文件应用,无论他们使用的是微软设备还是竞争对手的设备,均可以接入这一服务。而此前,组织内无数领导和工程师都在为开发、售卖和维护小型设备的 Windows 软件而埋头苦干,为卖出更多微软的硬件,而想方设法把阻止从别人的硬件接入微软应用这件事做得越来越好。如果不是商业领导者提出新的可能性,宣布新的方向,整个组织怎么会改弦易辙?另一个事例更能看清楚取悦或者顺从组织从来不是萨提亚思考问题的出发点。在萨提亚还是鲍尔默的下属时,鲍尔默决意要收购诺基亚,希望通过收购诺基亚的硬件能力救活 Windows 手机操作系统。对此,华尔街不看好,董事会也反对。鲍尔默于是要求直接下属投票作为管理层对收购的意见向董事会施压。虽然私下多持不同意见,但高管们都为鲍尔默投了赞成票。而萨提亚投下了唯一的反对票。他的理由是:"在闭环的 iOS 和开源的安卓取得成功之后,我无论如何想象不出这个世界为什么还需要第三个系统。"看到吗？萨提亚更想得到的选票来自第三个选区：Community，即社区、客户、组织之外更大的世界。很快，事实证明收购诺基亚是一个代价昂贵的错误。

因为要追求第三个选区的选票，商业领导人愿意直面与组织的冲突。萨提亚曾谈到和直接上司鲍尔默的相处之道："你提出一个想法，他总会说'这是我听过最蠢的主意'。要对付他，你必须坚持不懈。"他在比尔·盖茨手下工作时就学会了对付暴君上司的办法："他们会对你大吼大叫，说你是疯子，指责你要毁掉公司。但你不要被这种戏剧性场面吓倒，只要一次次拿着数据去找他们证明你的观点，因为这一切很大程度上是为了考验你是否真的知道你自己在说什么。"

让领导者合乎组织的需要，和组织站在一起，看似理所当然，但存在巨大的暗区。它会让领导力发展的方向发生偏离，把领导者矮化成一个管理者和运营者。很多时候我觉得客户实际上在做一个又一个强化合规性和功能性的管理培训，而不是在做鼓励和帮助学习者开启可能性的领导力发展项目。当个人和组织高度一致的时候，"合规性"势必削弱可能性。敲黑板了！——培训和领导力发展人士请注意，这不是内容问题，而是目的问题；不是为企业增值多寡的问题，而是发展还是毁弃企业未来的问题。在领导力发展过程中传递企业的要求和老板的信息看似合理，却将组织的商业领导力湮灭于无形。有两个原因造成了培训者的无心之失。第一，对商业领导力的含义和作用存在认知偏差，卓越运营能力和管理能力被混淆为商业领导力。我们要培养不同于组织中其他管理干部的、能够创造可能性的领导者。第二，领导力发展的对象是人的发展而非做事能力的培养，对此认识不够透彻。培训者务必树立一个认识：领导力发展，尤其是商业领导力发展，是要转变学习者的信念和信仰，提升他们的认识层次。一个巨大的改变正是引导他们从听风转变为看地平线，即从重视组织需要转变为重视客户需求。

是的，商业领导者的发展既要摆脱个人的小我，也不能囿于"组织"和团队的所谓"大我"，而是要带领组织目视前方：投身社群，关注客户。要从第三个选区获得选票。发展人，既要推动发展对象通过抛弃和摆脱走出现在，也要牵引其走向未来。航船的前方横无际涯，客户需求延绵不绝。客户未满足的需求可以为商业领导者提供源源不断的可能性，但只有具备强烈的社会责任感、对他人身怀同理心的人才能看得到。为什么商业领袖们似乎总能未卜先知般地看到蓬勃的商机？因为他们投身社群之中，并对人抱有异乎寻常的同情。

强烈的社会责任感和对人的同情

著名导演克林特·伊斯特伍德（Clint Eastwood）说过这样一句话：眼望地平线，耳听身边风（Keep your eyes on horizon, and your nose to the wind）。在商业语境下，地平线寓意使命和远方的未来。使命的基础是满足所选定客户的需求，未来（愿景）是需求得到满足之后的状态。随着航船行进，新的地平线不断映入船长的眼帘，已经被满足的需求随即成为既往，新的难题呈现在眼前。无边无涯，永无止境。眼望地平线，是客户导向；耳听身边风，则是机会导向。既要高瞻远瞩盯紧客户的需求,随着船行提出新课题,还要始终留意身边的线索,包括抓住机会,利用手中的能力,赢得竞争。这两句话在一起就呈现了一个内在矛盾:应该见风使舵见机行事,还是乘风破浪直挂云帆济沧海?汪国真有诗云:"既然目标是地平线,留给世界的只能是背影。"多么豪迈与决绝。诗人负责坐而论道为社会输送情绪动力,当然比商业领袖更为洒脱。不过,诗人也为社会树立了理想的标杆,有时候正因为超然甚至能为现实矛盾提供解决出路。乔布斯、库克、任正非、马云、雷军这些商业领袖资源充沛,人才济济,组织能力远胜同业,恰恰是因为眼睛盯着客户的需求,不受眼下的能力所困,才走进了后来的良性循环。相反,机会导向、竞争导向的企业,听风听雨随风而动,始终难以建立强大的组织能力,不仅很快就被客户抛弃,而且很难走出资源约束。

一旦偏离客户导向的使命,就很容易迷失方向。而机会导向,是饮鸩止渴的毒药,让你永远失去远望地平线的视力。领导者的内心深处经常隐藏着诱使自己偏离客户导向从而失去领导力,并被社会疏远甚至抛弃的病毒,在合适的环境下极易发作。不夸张地说,领导力发展百分之百是为了促进发展对象"成长"。健康的肌体能够对抗甚至彻底清除体内的这种病毒。

没有什么比萨提亚的故事更能说明同理心对商业领导人的重要价值了。他的大儿子扎恩患有严重的脑瘫和视力障碍,几乎一生都在轮椅上度过。他还有一个患有学习障碍的女儿塔拉。家庭的遭遇,让萨提亚学会了同理心,并将"同理心"和"赋能他人"深深刻进了微软。萨提亚在很长时间里无法直面现实,他不停地问自己:为什么是我们?"任何语言都不足以描述那段艰难的时光。而我记忆最深刻的一点,是妻子在扎恩出生后的反应与我多么不同。她考虑的从来不是这件事对自己意味着什么,而是对扎恩意味着什么。她不问'为什么是我们',而是本能地站在扎恩的立场上感受他的痛苦。"

为帮助患有严重学习障碍的女儿塔拉学习,萨提亚找到一所专长于改善儿童学习障碍的学校,地点在温哥华。为此,在长达五年的时间里,夫妻俩不得不驾车奔波于西雅图和温哥华两地接送塔拉。

"成为一个有特殊需要孩子的父亲是我人生的转折点,塑造了今天的我。它对我思考问题、领导团队和与人相处的方式产生了深远的影响。"萨提亚认为"同理心不仅是你对家人、朋友和周围人的态度,也是企业存在和创新的前提"。只有具备了同理心,你才会倾听和理解他人的感受。那些"未被满足甚至未被阐明"的需求就是科技创新的动力。萨提亚还成功改变了微软人的做事态度。在竞争激烈的硅谷,萨提亚把同理心融入管理当中,将微软变成为了"他人",而非只为自己而存在的公司。萨提亚说:"在微软工作,不是为了自己变酷,而是要帮其他人变酷。"他领导公司始终践行微软的使命:"以赋能为使命,予力全球每一人、每一组织,成就不凡。"

投身社群。同理心本质上是自我身份认知的表现,反映了一个人与Community(社群)的关系。中国的经理人和企业领袖非常需要加强社群的概念,因为社群生活最能培育一个人与他人、与世界的"正常"健康关系。再一次,Community是一个很难翻译的概念,因为社群在我们的文化中很少见。社群指的是一群有着共同兴趣、价值观、目标或特征的人,他们经常互动和交流。社群可以是地理社区如一个街区，也可以是虚拟社群如一个社交媒体平台，或者是一个有着共同爱好的社群，如一群对某种特定的兴趣或活动有热情的人。社群的必要条件，还包括成员彼此支持，共享资源，并合作促进整个社群的福祉，个体在其中感受到归属和连接。

"社群"要具备以下要素：

- 人群组成：社群由一群人组成，他们汇聚在一起。
- 共同的兴趣、价值观、目标或特点：社群成员分享相似的兴趣、价值观、目标或特点，从而形成团结和凝聚力。
- 定期的互动和参与：社群成员定期互动和参与，无论是通过沟通、参与活动还是在项目上合作。
- 支持和资源共享：社群成员相互支持和帮助，共享资源，并提供归属感和支持。
- 为共同福祉而合作：社群成员合作和共同努力，促进社群整体的福祉和互惠。
- 归属感和连接感：社群培育社群成员的归属感和连接感，创造共同的身份感，以及一种身处于比个体更大的整体中的感觉。

公司通常不被认为是社群。多数公司不是以社群方式运作的。在交易性或等级制度的结构下，员工的参与程度有限，彼此之间社群互动的机会不多，缺少支持性和合作性的氛围。

西方社会历来有社群传统，最典型的社群包括邻里和教区。在教会里，人们不仅经常聚会，还加入各类具有更加紧密联系的小社群，一小群教友组成各类小组，例如学习小组、青年团契、妇女团契、音乐团队或者合唱团、社区服务团队等等。而长期以来，中国人几乎没有社群生活。多数中国的经理人在公司和家庭度过几乎所有清醒的时间。人们的社会联系大多具有交易性特点：为了某种目的，个别人，聚会频率低，谈不上归属感和连接感。半年或一年一次的同学聚会也不符合社群特征。近年来，年轻人渐渐有了越来越丰富且活跃的社群生活，比如网上的大翻译运动，维基社区，围绕产品、品牌或者明星形成的社区等。有过社群生活体验的读者对频繁的互动、平等参与、归属感和为社群的福祉而努力等社群特征应该有切身的感受。缺少社群纽带，限制了在欧美生活的中国人融入当地社会；而由于不参加社群生活，不为社区做贡献，又使他们饱受诟病。这实在是由于我们还走在缓慢形成社群意识的路上。

商业领导人投身社群，对于商业成功很有意义。与社群建立鱼水联系，不仅能敏锐地体察到人们面临的问题，获得创新的灵感，而且能够感同身受，对他人深怀同情，时刻提醒你为他人服务的使命。就如同船长始终盯着起伏的地平线。投身社群，设身处地，商业领导者就能开启不竭的创新之源。马斯克之所以能够形成全新的房子概念，不仅是他脑洞大，真正重要的是，它的活水源头不是来自组织，而是来自另外一个选区——社群。"微信之父"张小龙在IT行业，特别是在做产品的同学心目中简直是超级大神级的人物，他经常深夜花大量时间浸泡在社区论坛或专业讨论区。

向社群纵深走去，对于形成领导力十分重要。只有积极和健康的身份认知，才能赢得追随者，而社群活动基于彼此平等的关系,共享价值,一起为社群的福祉而努力,这种环境非常有助于形成健康的关系。在其中,领导者能够体会被带领者的需要,观察获得领导力的过程,逐渐摆正作为领导者的位置,甚至在其中发现自己的差距。我一直在观察上海某公园里的中老年健身社群,我很想知道这些每天定时聚在一起的"民间"锻炼社群是怎么形成并壮大起来的。公园里有不少团体,唱歌、太极拳、交谊舞、广场舞、健美操,彼此陌生……是什么人把他们组织起来的,是如何形成社群的?其中一个跳健身操的群体引起我最多的关注。群体中女性居多,另有三分之一左右的男士。年龄从40岁左右直到70岁上下。每天晚上七八点钟,只要不下雨,从不中断。每次来的人不尽相同,但稳定在四五十人。他们有统一的运动服和白色手套,不过也有一些人着"便装",不知是由于还没正式"入伙"而没有统一服装,还是另有原因。有四位女士每次都在,她们穿统一的运动服,戴白色手套,在队伍最前方领操。其中一位女士特别突出。其一是因为身材高大挺拔,不仅是四人中最出挑的,也是整个群体中最高者之一。其二,她的行为很特别。她总是穿着熨烫平整的运动服,配上白手套,显得十分干练且庄重。操练期间没见她说过哪怕一句话。多数时候她在队列前头领操,有时也会站到人群中部做示范。即使做示范的时候,她仍然是一声不吭。她的动作永远是一丝不苟,显得凛然神圣。既听不见指挥的声音,也没见教练的动作,仅仅是一声不吭、一丝不苟地带领。12节健身操结束了,大家彼此交流,也会有人围拢上来跟她说话。然后她收拾好并不轻巧的扩音设备,与几位伙伴一同骑车离去。社群里人人平等,没有权力、没有资源,凭什么带领别人?这位事实上的领导,其作为和成就既能让我们具象化地看到社群的特征,也让我们看到在社群环境里怎样施展领导力。在这里,领导者是群体实现目的的手段,绝不是目的本身。领导者必然只能是把 Ego 完全留在家里,心甘情愿为人群服务的人。

社群生活让领导者保持做人的本色,形成自己与世界最朴素然而却是最真实的关系,并且,净化商业的目的;如同萨提亚那样,带领自己的商业团队,从"为了自己"变成"为了他人"而存在。

商业领导力是这个时代最珍贵且稀缺的资源。美国福布斯专栏作家史蒂文·兰兹伯格说:"商业企业的经理人一般都具有无与伦比的天分,是无可替代的。而美国总统却做不到这一点。公司经理们之所以成功是因为他们具有独一无二的见解和能力,而政客们的成功大部分是因为他们具有那种尽量不得罪人的天性。"

商业领导力其实是"我是谁"这个问题的外化表现,而发展商业领导力,与其说是输入知识和技能的过程,倒不如说是帮助发展对象认识和调整自己本能的过程。商业领导力的培养难在"修人"——发展人、改变人。虽然困难,仍可为之。但前提是,培训从业人员对商业领导力的本质要有充分的理解,否则极易走错方向。

第四章

帮助组织建设创新能力

1 培养创新能力：误解何其多

不断创新求变，方能不被淘汰。各家公司都在寻找创意，并希望迅速付诸实施。然而，在组织上上下下建立创新能力，才是创新的汩汩源泉。高层领导和业务部门迫切希望培养创新能力，学习和发展部门当然要面对。如何做好创新能力的培养？选择什么样的课程？在回答这些问题之前，先要消除围绕创新的一些误解，理解什么是创新，方能理解创新能力。

新创新时代：从产品竞争到组织能力的竞争

说起创新，你的公司都做过哪些努力？请外脑、请大牛、领导讲话来强调创新之迫切，宣传贯彻创新文化之重要；参观被认为善于创新的企业；重金做培训；把意见箱变成金点子收集箱……无论是什么，通过这些活动，公司希望收获什么？

是想得到一个爆款还是多个爆款产品？是希望涌现出个别大神，还是希望培养出一群具有创新能力的人？是希望产出一两款爆款产品，还是希望打造一个持续创新的组织？

现在，很多公司在谈创新的时候已经不仅仅在谈产品的竞

◆ 重塑内容:复杂时代的培训之道

争,而是上升到从组织能力的竞争这一维度去思考问题了。张一鸣所在的字节跳动公司就是如此。这家公司的可怕之处不仅在于有爆款,真正让人感到敬畏的是他们能源源不断"生产"爆款;他们不仅有个别创新大神,而且有一群擅长创新的无名伙伴;不仅有几个好的产品,而且有能够持续创新的组织能力。

他们是怎么做到的呢?答案是设计思维。他们用设计思维来思考、来行动,设计思维是公认的唯一一套具有可操作性(actionable)的创新手段。

而培养创新能力,归根结底就是在组织内植入设计思维及其做法。注意,设计思维之所以受到追捧是因为它不仅是一套"思维",更重要的是它还把思维细化到了一整套具体的操作手法里。然而,与我们常说的"干货""工具"又有相当大的不同,它是一整套体现了统一思想方法的工具。这里关键词是"一整套"和"思想方法"。

在设计思维看来:

- 点子和创意不等同于创新;
- 创新不是一次性的事件,而是持续的努力;
- 好点子不是想出来的,创新是一种工程活动,不是灵光一现,绝非"苹果砸到头上";
- 创新者有一套特别的思维和行为方式,想创新首先要先学习那些拥有创新者的行为,当组织里的人们都拥有这套思想方法和行为之后,组织就有了源源不断的创新能力;
- 善于创新的牛人是可遇不可求的,而在创新文化中却可以持续涌现出创新人才;

● 如果所有人都用设计思维去思考和行动的话，这个组织就能够成为一个创新型组织，变成源源不断产生创新产品的沃土。

创新是一系列行为的产物

为什么有的人在创新上就是特别厉害？似乎创新可遇而不可求……创新是不是一门玄学？但是，设计思维把创新变成了可以重复，因而可以学习的一系列方法。创新是一系列行为的产物，比如：善于想象、感同身受、设身处地、迭代、协作、善于询问等等。你没看错，即便是想象力、感同身受、设身处地这样一些看似"道"的概念，设计思维也找到了可操作之"术"。由于有了一系列贯彻到具体行为的操作方法，善于创新者在以上列举的行为方面做得格外突出。行为比想象力更靠谱，因为行为是可描述、可重复的，也可培养……再一次，培训同仁们应该看到了新的赋能机会，找到了可靠的赋能内容——行为可以发生在很多人身上，而想象则随机得多。即便"×布斯"，也是通过一定量的积累，到了某个特定时刻才诞生一个天才的想法。同样，设身处地、感同身受等概念和道理也借助设计思维的方法和工具得到了落实。

首先，欲创新，就要培养感同身受的能力。

如前文所述，感同身受应该是一种能力。当不止步于概念和意识层面，成为一套行为能力的时候，感同身受的巨大价值得以彰显，这又反过来促进人们真正树立为人服务、对人感同身受，并且致力于为用户创造价值的信念。

想象一下，如果你接到一个项目，要给 3 岁的孩子设计一款牙刷，你会把它设计成一种什么样的牙刷呢？你可能会想到尺寸要小、刷毛要柔软、设计要卡通。请问，这些设计要求是你想象出来的吗？的确，来自你的大脑，似乎是想象出来的。其实不然。这些要点并非凭空想象，而是基于大家对孩子的了解。你的头脑里首先出现的是孩子的画面，以及你对孩子需要的理解。如果你对孩子需要的理解程度与多数人类同，那么你能"想象"出来的儿童牙刷一定是大路货。普通儿童牙刷只能卖到 1 美元左右，而有专利的某种儿童牙刷可以卖到 50 美元上下。这款 50 美元的牙刷被设计成了不是更小，而是更大……它有一个短粗的塑胶把手，把手上均匀分布着一些隆起，这个短粗把手是为了让孩子用整个小手掌抓握而设计的。成人用手指操控牙刷，而小孩子由于手指的精细动作还没有充分发育，总是用整个小手去抓东西——不知你注意到没有？创新给这款产品带来了异乎寻常的商业价值。这款牙刷的设计者比大路货设计者拥有更强大的想象力吗？不是的。在卓越产品的背后，是更卓越的感同身受能力。

小孩子并没有说自己想要什么样的牙刷，然而我们都见过小孩子用整个小手去握妈妈的一个手指头，笨拙模样着实可爱。相比之下，设计出把柄短粗、便于抓握的牙刷的设计者无非对小孩子有着比常人更深入的理解。所幸的是，这是一种完全可以"行为化"的能力。是什么样的行为让这些设计师具有迥异于常人的感同身受能力的呢？如果我们能够把这些行为提炼出来，感同身受就超越意识层面而成为行为技能了，培训和发展部门因而就可以帮组织赋能了。

"民族志"研究最早把感同身受转化为一系列行为纪律。注意,请体会一下"纪律"这个词。著名社会人类学家马林诺夫斯基为了写民族志去学习当地土著人的语言,和他们共同生活在一起,了解他们的生活。他还创立了民族志的格式。后来这些都成了人类学家做民族志的行为纪律。民族志学者的一系列行为纪律构成了设计思维中一组被称为人类学研究的关键技能,包括大家耳熟能详的用户研究(User Study)。如今,大批人类学家成了炙手可热的顾问,依靠他们的人类学研究纪律帮助很多组织进行创新。

顺便点破一个这里面值得玩味的现象。花大价钱聘请人类学顾问团队的故事往往发生在"很类似"的情形下:类似的公司(有钱的大公司,"阔过"),有过类似的经历("狂过"。守着金牛产品不愁吃喝,养大批人马若有其事地做着换汤不换药的产品开发,罕有突破),走进了类似的局面("不惜代价"。几经挣扎,发现自家产品江河日下已难以逆转,对内部的市场研究方法、产品开发流程产生了根本性的动摇。终于下决心雇请人类学顾问),类似的结局(多数无济于事——太晚了)。这其中的洞见是,到了聘请人类学研究团队或者开始建立自己的人类学研究能力前后,高层对产品开发的期望发生了根本性的转变,只不过这个转变来得太晚了。过去,产品和市场调研团队频繁进出董事会会议室,为了迎合高层的需要,市场调研团队和产品开发团队忙于向领导汇报新产品和围绕产品的新策划,他们期待演示结束的瞬间会议室爆发欢声笑语。终于有一天,领导们意识到这不对劲儿。难道不应该从对用户的深入研究开始吗?他们开始质问对用户的需要有了什么新的发现,而不愿再看到虽然是新的但无关痛痒的产品或策划创意。至此,他们正视现状,沉下来了。这个现象说明,如果一直愿意并践行用户导向,坚持做深做透感同身受,让自己成为最理解用户、最能把握使用者脉搏的公司,杰出创意就会源源不断。这就是富于创新,所谓有创新"基因"的组织的所作所为——扎实、持续做到那些曾经阔绰的公司直到弥留之际才意识到的事情。正如马林诺夫斯基坚持民族志研究方法甚至撰写格式必须是一种"纪律"一样,深入的用户研究行为也必须成为意欲持续创新的企业组织的纪律。

下面,举几个例子说明如今被设计思维广泛采用的、发源于人类学研究的用户研究方式,以便读者理解人类学方法如何用在创新过程,进而理解设计思维方法、益处和具体做法。一种方法叫作面谈采访,顾名思义,就是对产品使用者进行采访。同样是采访用户,有没有经过人类学训练,采访的质量会有天壤之别。这听起来恐怕令人心生狐疑:我们做培训的,在管理培训、软性技能培训中不也鼓励管理者采用询问来澄清信息、影响别人吗?你看,我们鼓励询问者用开放式问题而非封闭式问题,还要求询问者注视着对方的眼睛,并以微笑鼓励对方畅所欲言。但人类学研究者在提问的时候却会采用与此不同的做法,比如采访者一定要做到面无表情,目的是尽最大可能不影响被访者,让他得以循着自己的思路说出真实的信息,避免他揣摩采访者的意图……

但即使高质量操作面谈采访,人类学家还远不满足由此得到的数据,需要另一种叫作"自说自话"的方法来加持了。给被访者一些基础的几何图形和连接件,让对方做一个他想要的东西。其间,摄像机全程记录。物件并不充足,"充足"反而隐含了诱导。被访者因为没有他想要的部件而产生的停顿会被摄像机捕捉下来。同样,进展顺利时,他流露的表情也会被摄像机记录……循着摄像机的线索,采访者随后会有针对性地询问被访者当时的想法:为什么犹豫,又为什么而兴奋?这种方法比面谈采访更加真实,更富有启示性,因而更容易获得有价值的信息。

进一步地,人类学家还关心采访发生在哪里——是他的真实使用现场,还是请来装备单向玻璃,可以对被试对象不加干扰地进行观察的专用实验室?他们进一步思考,如何让被试对象显露出更多细节,产生更多可供深入探寻的行为线索?于是,又有了一系列其他相关工具和方法,在此不一一列举和展开。读到这里,相信你有些感觉了,理解了他们为什么能把设身处地、感同身受的常识和"道"做到位了。不过,在此,我更希望你对为组织赋创新之能而兴致盎然,并且对如何从一个新角度展开赋能而心有所悟。

面谈采访也好,自说自话也好,以及其他我没有细说的方法,这些人类学研究的手段都在帮助我们把用户研究做得更好。通过以上两个例子,你应该能感受到人类学研究是如何把"感同身受"落实到具体行为中的了。还有很多其他做法,在此不一一列举。如果说设计出 1 美元的牙刷是基于对用户一般性的了解和观察,那么售价 50 美元的牙刷则是基于用人类学的方法在严格的纪律下做出的研究,是深入体察用户需求而形成的产品。

至此,我们梳理一下几个概念的关系:创新的一个重要来源是感同身受。感同身受普遍被认为是一种综合能力和难以描述的意识,但当我们把它变成用户研究方法的时候,能力和意识就变成了具体的行为。如果一个组织里的所有人都采用用户研究方式去做出行为的时候,当人人将此视为理所当然的时候,这就变成了一个公司的文化。现在你能悟出来培训发展部应该如何帮助组织培养创新能力,以及如何把创新文化具体化、行动化了吧?

心理学家威廉·詹姆斯说:"播种行为收获习惯,播种习惯收获性格。"当个人掌握并熟练运用设计思维方法时,他将收获真正的设身处地的意识。播种个人行为收获个人习惯,播种群体行为收获群体习惯,播种群体习惯收获组织性格。当一个组织的成员普遍拥有设计思维技能以及在此基础上获得的相关意识,这种群体性格就称为"创新型组织"。

当一个企业的领导者提出要去创新,我们对标的已经不再是能产生出一个创新产品的公司了,而是那些能够源源不断地产生出创新产品的公司。它们是真正落实设计思维的公司,在这样的团队里,所有人都认为设计思维是不言自明的,是不容置疑的纪律。

曾经,为了创新,我们让大老板出来鼓动,请大咖来演讲,我们引进培训,我们还把意见箱改成征集创新建议箱,举办创新大赛……但这些远远不足以推进企业的创新。在创新的压力面前,一些企业做出上述反应性、轰轰烈烈举措的背后,恰恰表明它们对创新的理解错误地停留在一个一次性事件,更说明它们还没有塑造新人、养成新型工作方式从而建设创新型组织的思想准备。创新不是一个一次性的应急措施,而是企业的

"健身"程序。创新不应该是一个事件,而是思考方式、沟通方式以及日常做事的方式,通过设计思维相关的行为训练,大批量的人的训练和督促,变成纪律、变成习惯,我们就真的能形成创新文化和创新型组织。

对于培训者,这些论断听起来有些沉重。如同在很多培训主题领域一样,帮助组织提高创新能力,此时此刻,面对这个对当今企业至关重要的能力项,培训者需要认真思索:我们究竟应该继续担当一次性运动的吹鼓手、粉饰太平的油漆工,还是应该成为帮助塑造某项组织能力的得力推动者?不要以为是老板的见识和格局决定了组织对你的要求,相反,会不会是因为你忽视了自己帮助包括老板在内的组织成员澄清认识,进而扩大格局的责任呢?毕竟,这是一个充满了误解的全新领域,这是一个一切认知都需要刷新的时代。

2 交互和视觉化：新的生存技能

除了设身处地、感同身受的能力以外，员工们还需要做什么转变，具备什么能力？另一个极端重要的能力是交互能力。

在谷歌公司的员工餐厅，有一个出乎意料、违背常识的设计：公司刻意让员工在吃饭的时候排上一会儿队，每拿一道菜都要排队4分钟左右。4分钟不长也不短，大家正好利用这个时间跟周围的人聊聊天，做一些交流。在谷歌，这叫作"交互4分钟"。

4分钟意味着什么？对一个10万人的公司来说，10万个4分钟约等于6 666小时，而谷歌员工的人均中位数年薪是247 000美元，美国人均年工时数是1 790小时，"浪费"4分钟，谷歌要损失近1亿美元。如果把这些时间省下来，谷歌的天才们能多做多少事情，何必要让他们花4分钟时间排队呢？

善于创新的人，对交互都有执念

所有善于创新的人对交互都有一种执念。苹果公司的新总部大楼可以容纳14 000人，却只有一个食堂，因为乔布斯希望员工们在吃饭时多多走动。整个办公楼的设计突出了让员

2 交互和视觉化：新的生存技能

工多走动、多邂逅、多沟通。此外，乔布斯当年在建皮克斯大厦的时候曾强烈要求整个大厦里只设一个洗手间，希望增加大家彼此见面打招呼的机会，没准能刺激出一些灵感。

为什么交互如此重要？通常头脑风暴的过程都不是一个人想出来的，而是靠两人或多人的互相激发。我有一个想法，你有一个想法，交换一下，就有了两个想法。这个过程就是交互。

可以拿电脑产业的发展来做类比。早年间整个电脑产业都朝着"做更大更强的电脑"这个方向发展。直到有一天，一位美籍华人王嘉廉（Charles Wang）提出，Computing is Networking, Networking is Computing（算力就是联网力，联网力即算力）。从那时起，人们开始意识到个人电脑也许会非常有用。以前，即使比尔·盖茨都想象不出个人电脑有什么用处，但当人们认识到联网力即算力以后，个人电脑因为联网而变得无比强大。

想象一下，如果人脑也能这样彼此连接、交互，那么一群普通大脑连接起来，它的算力会不会超过一个"最强大脑"。因此，教育变革和组织变革都在努力将人们更有效地联系起来。

触摸屏是 iPhone 非常了不起的首创之一。关于"触摸屏是谁的主意"，有个并非虚构的段子。2005 年，苹果正在做 Pad 项目。微软当时也在做 Pad 项目，即后来的 Surface。当时乔布斯去参加一个好朋友 50 岁大寿晚会，比尔·盖茨也在场。寿星是比尔·盖茨麾下一位重要的工程师，他和乔布斯聊起他们正在做的项目打算采用手写笔。比尔·盖茨听到两人的谈话，非常担心乔布斯盗用这个主意，对那个工程师很不开心。

乔布斯回到公司后立即开会，但出乎意料，他在会议上断言那支笔是一个败笔，乔布斯向研发团队强调绝对不能用手写笔，而且要找出替代笔的办法。团队发现有一家小公司 Finger Touch 在开发触摸技术，还不太成熟，但乔布斯当机立断决心把这家公司买下来，于是就有了后来的 iPhone 触摸屏。

这样说来，触摸屏到底是谁的主意呢？与比尔·盖茨担心的正相反，乔布斯恰恰聚焦于"不要手写笔"，但如果没有和那位工程师的对话，乔布斯也不会意识到必须抛弃传统屏另起炉灶，进而想到触摸屏这个主意。这么说，触摸屏的创意又与比尔·盖茨以及微软关系密切。这是很典型的交互产物：一个一千人多次交互后成就的全新想法，既跟每个人相关，又无法追溯回任何一个人。所以，如果我们能够从每个人的话中听到有意义的成分，从对立意见中得到启示，就能够更好地做交互和共创了。这是在交互训练中非常重要的学习要点。

提高交互能力，完善以交互为核心的团队过程，已经成为对团队进行干预的新靶点（详见第五章第五节）。在新时代，团队的价值在于团队的脑力而不是人多体力大、执行力强。而成功团队依靠不同寻常的交互质量而焕发出远大于个体总和的脑力增益。无论是从外部提供输入的团队建设培训，还是团队领导对自己团队所做的持续辅导，都应围绕提高成员的交互能力而展开。

视觉化：交互共创的核心能力

正如水电煤、通信是经济和生活的基础设施一样，视觉化是交互的基础设施。传统认知上人们并不重视视觉化，而是习惯于闭着眼睛，在脑中从错综复杂的信息里捋出一条思路。这个苦思冥想的过程是没有交互的。所以，当我们提倡交互时，视觉化成了对所有人的挑战。

为什么一定要视觉化？因为视觉化是远比自然语言更有效的一种表达手段，它更能够更加有效地连接彼此。在通信行业的发展过程中，从2G到5G，所有"G"的更迭，目的都是为了让信息的传播速度更快、传播容量更大，促进计算机在各种地理位置上都能快速响应、快速交互。同样，人和人之间如果要产生更好的交互，也需要有比自然语言更强大的交互手段。

自然语言善于陈述已经发生的事实，表达已经确定的思想成果。但是，在创新过程中我们要探索的却是朦胧的未知世界、捕捉飘忽的意念，这时仅仅靠自然语言力所不逮。表达思想的手段是探索者的生存手艺，未来的探索者必须擅长表达思想。我们常见的视觉化工具如示意图、故事板、概念海报也都是通过多元的方式呈现信息，从而刺激彼此的思想产生碰撞。

曾经，能写会算就是知识青年，在交互时代，能言善辩很可能还是文盲，只有掌握了"视觉化表达"才算脱盲。

共创的意义：提高集体智商，远胜于最强大脑

有的公司努力寻找"最强大脑"，花重金挖来获得过国家级奖项的创新人才；另外一些组织则希望一群人在一起，共创"1＋1＞2"。

作为领导者，你会把你的员工培养成"最强大脑"，还是让你的组织成为一个更加具有交互和协同作用的团队？作为培训专家，你身处哪一种组织之中，领受哪一种赋能任务？你能否影响组织重视集体智商，把培训资源倾注在交互能力的建设上？

作为员工，你会把时间用在自己想、想透了再表达出来去争取别人认同，还是尝试把想法用一个更友好的界面表现出来，让别人更容易明白？进一步，如果你习惯于设法让别人尽早参与到构建想法的过程中来，你一定是最适合新时代生存的人才。

这背后其实反映了一个人、一个组织的信念。在创建"自主品牌"的热潮中，我服务过的某汽车公司，煞费功夫请来了名校毕业的顶尖创意人才，还有另外几个汽车行业国产品牌客户从国外重金吸引来"高级"人才，却发现作了"无用功"。不是公司的文化土壤不适合他们，而是一开始就设想错了。创新不是由哪个大咖做出来的，创新是大家协同交互出来的，比起偏信大咖，组织文化更应该鼓励集体交互。而培训则应该通过培养大家的新认知，帮助大家掌握交互手段、设计思维方法，从而促进有利于创新的新型组织文化的形成。

思想交互：从改变"独立"思考、反思"批判性"思维开始

当然，视觉化并不是目的。创新是涌现出来的，是在人们的交互沟通中，在扩展彼此的想法时融合起来的。敏捷项目管理大师吉姆·海史密斯（Jim HighSmith）说："创新并不会因为一些确定性的流程而得到保证,创新是突发流程的结果,在这个流程中,具有创造性想法的个人相互交流,引发某些新颖的、与众不同的东西的产生。演示、原型、模拟和模型是相互交流的催化剂。"

交互意味着既要沟通,又要互动。思想的交互,仅有视觉化是不够的。交互能否实现,除了视觉化的表现手段,还取决于我们能否改变自己所谓"独立"思考的习惯,是否能够反思我们对"批判性"思维的大肆宣传。只有改变了"独立"思考和"批判性"思维惯性,才有可能超越视觉化,真正做到交互。

大家是否思考过,思想和表达的关系是什么?积累思想终成一家之言,可以著书立说,这等同于"思想是为了表达"。反过来,做模型不是为了求得认同,而是为了促进彼此的想法碰撞,让彼此添砖加瓦,这就叫作"表达是为了思想"。二者有巨大的不同。

我们一直认为"思"和"想"是个人的功课,表达意味着思考的结束。大家在想问题的时候往往希望不被干扰,独立去想,然后再上会讨论。如果遭到反对则会感到窘迫甚至焦虑,害怕不受欢迎。所以长期以来,我们努力训练自己的大脑变成最强大脑,确保自己想的东西是正确的、有创造性的。谈到创新,我们首先会希望找到那些能够"想"出创新点子的人。但创新无法凭借一己之力,我们需要促进彼此交流。创新是一个过程,一个从点子出发,逐渐讨论、交互、做模型、得反馈,之后慢慢找准方向、精准定义问题,再慢慢找到解决方案的过程。"金点子"意见箱的存在恰恰是在逃避形成创新型组织的这一过程。

视觉化不是为了美观,而是为了便于别人理解反馈。视觉化让一群人从在一起自言自语,转变成共"想"和共创。通过更好的交互,我们对问题的理解随之越来越深入,从而带来更深刻的洞察,也因此产生更高质量、更有价值的创造。在互动和共创中一起完成思考,才能在交互中产生意料之外的惊喜。

谷歌执行董事长、联席 CEO 埃里克·施密特在《重新定义公司》一书里写到谷歌的创意精英们有一个特点叫心态开放,他们可以自由地与他人合作。在评判构思和结论时,他们看中的是优点和价值,而非出处。乔布斯没有采纳 Surface 的那支手写笔,甚至对其强烈排斥,但是很明显,那支笔让他产生了学习,对他的思考活动作出了贡献。恰恰是被乔布斯否定的那支笔,让他对"用户需要的是什么"这个思考产生了飞跃。我们也应当学习一种新的思维方式:无论是谁说的话,都能不再以批判的单一维度去对待;无论赞成还是反对,都认真寻找其中的价值和启发。从"独立"思考到群体思考、从"批判性"思维到互动涌现式思维,这是我们培训者要在掌握视觉化表达技能以外,帮助人们做出的另一重大转变。

推动人们洞察真相,辨别真伪,这是"批判性"思维的优势。但是,创新不是为了寻找真相,而是为了捕捉意念去创造更好的未来。互动涌现和"批判性思维"是对立的两个方面。"批判性"思维是过去、现在所谓聪明人的标签,但互动涌现将是未来智者的特征。在交流的过程中,这些人能够彼此触发,让心流畅快地流淌;能够添砖加瓦,从模糊到清晰,渐趋明朗;从束手无策到有了朦胧构想,融合出新进而阔步前进。

转换说服策略，改变人们的思考习惯和思维惯性

交互是一切创新行为的节点，视觉化是交互的基础设施。而通过长期教育和训练，人们已经形成独自思想，待完善后再呈现或发表的习惯。加之长期以来人们学习的出发点更多是探索天地万物的真相，不是为创造而学，因而"批判性思维（或称审慎思维）"和演绎推理主宰了知识分子的思维方式。然而，它们却有可能在不经意间成为阻碍有效交互的障碍。交互对创新能力的培养如此重要，问题是：培训人如何才能化解人们的底层构建，从而有效地促进交互？任正非说，改变习惯要从"形式化"走向"行事化"。这不啻为一剂良方。先僵化模仿，再慢慢内化为习惯。先从动作训练开始，再在行动中逐渐动摇原有的思考习惯。看起来是"本末倒置"，然而作为培训策略，"舍本逐末"却让我们得以回避抗拒，在尝试使用新方法的进程中让人们看到新进展，然后在对进展背后的原因进行思索当中，人们逐渐意识到圭臬有其局限，思维方式和人们之间的合作方式都存在新的可能性。破旧立新？不然，试试立新"融"旧吧。"融"意指习惯的坚冰渐趋瓦解。

LUMA Institute 是美国一家专门致力于帮助组织形成创新习惯的学习机构。它把设计师们用的方法抽象出来，变成一整套架构——英为®（LUMA：Looking, Understanding, Making, Advancing）。这个架构由 36 个具体的行为工具构成，比如前面提到的民族志方法中的"面谈采访""边做边想"等。所有工具在运用过程中都突出交互的作用，高质量的交互是发挥这些

看似简单行为价值的底层支撑。除了做好交互之外,创新者需要灵活敏捷地以多次迭代的方式围绕"体察用户(Looking)"、"理解数据(Understanding)"、"产生方案(Making)"的线索向前"推进(Advancing)"。英为®的所有36个工具都被设计成有利于在视觉化的环境中推进群体思考。当然,其目的是为了促进团队成员之间的高质量交互。再一次,只有通过视觉化,信息才能有效传递;只有借助视觉化,人们才能捕捉到彼此意念的微光。

例如,英为®系统中有个工具叫牛眼图,它是一个"理解数据(Understanding)"的手段,通过区分重要、必要和边缘事项,帮助整理数据,确定数据的重要程度,并选定值得处理或者重视的数据。这个工作是怎么做的呢?老师请学员在墙上画三个圈(像不像牛眼睛?——因此而得名),一张张小纸条代表你的所有元素(可以是待处理的数据,或是留待挑选的想法或方案)。任何一位同学先上来贴他手里的第一张纸条:这张纸条是什么?贴在哪里?为什么?其他成员的脑子里自然产生了问题:为什么贴在这里?为什么不贴在那里?他对这个元素是这么理解的……我对这个元素的理解为什么和他有所不同?我手里的元素与他这张纸条上相同吗?我手里的元素与之相比,是不是更应该贴在这里?如此这般,第一位成员继续针对下一张纸条自言自语。然后,轮到下一个成员。随着进程的继续,周围边观察边思考的其他成员脑子里的问题更多了。但不用着急,随着更多成员发表自己的想法,大家发现有些问题越来越令人困惑,而另一些问题已经渐渐明朗。在聆听、对比、融合之中,加上最低程度的讨论,大家对问题的核心已经越来越清楚,并逐渐形成共识。大家的情绪经历多次起伏。一开始的兴奋和期待,很快被困惑和惶恐替代,然而不知从什么时候开始,仿佛清风透进大脑,最后剩下轻松、兴奋和如释重负。无论是发言者还是旁边的聆听者,无论是听还是说,每个人头脑里的想法都经历了越来越充分的酝酿和发酵,问题得到重新理解,而各个要素之间的关系也得到了重构。

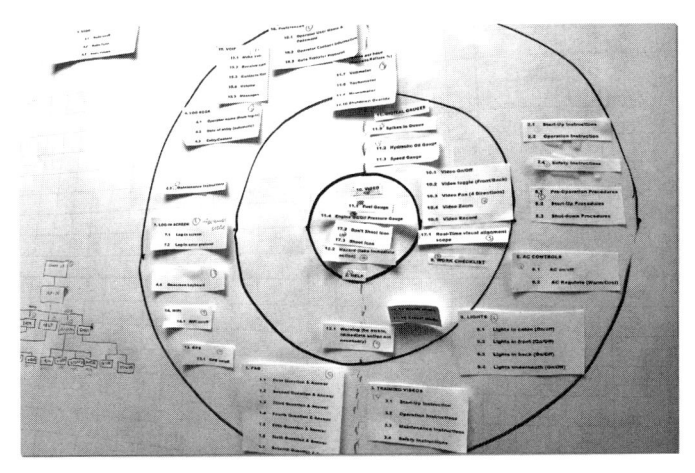

牛眼图

要想达到以上效果,讲解工具毫不困难,难在帮助学员在进行过程中管理情绪,并寻找和把握合适的时机,运用情绪动力推动学员反思和转变。贴纸条、解释、聆听的过程迫使每个人倾听他人的视角。直面牛眼图这个直观的全局,促进大家在听他人观点时自己做思考对比。随着大家情绪的起伏,对问题的理解和对核心的判断逐渐形成共识,培训老师又要发挥关键的作用了:推动学员回顾这个过程中情绪发生的起伏变化,反思情绪为什么会起起伏伏,找出导致如此满意结果的成功因素,最后总结自己在情绪控制、交互习惯、思想方式上的特点以及细微变化。在使用格式化的行为工具,僵化模仿的过程中,培训者要牢记自己的目的是促进学员树立有利于创新的思考习惯,形成与别人高质量交互的方式,从而保障创新能力提高。随着一个又一个工具的学习,希望有越来越多的学员不再把思考看成一个人的事情,越来越喜欢通过相互之间的交互让思考快速交替上升,在迭代中逐渐捋出头绪,这个头绪既不是你的,也不是我的,而是新的。

在 LUMA 英为® 这套系统里共有 36 个工具,都是为了在视觉化环境中促进群体思考。课堂上讲师会给到一些表格或思维工具,但是仍然需要花大量时间来训练、教化以及让同学们认识到自己的思维方式以及与别人交互的方式要改变,从而逐渐让整个组织认识到如何才能真正培养起组织的创新文化。国内外越来越多的客户会花大价钱训练 LUMA 系统,是因为他们不再幻想依靠请来大牛就可以一劳永逸,而是开始思考如何培养整个组织的全新工作文化。

在接触、学习、教授这套方法的过程中,我深切意识到立新"融"旧的说服策略要比破旧立新更有助于改变人们的思想习惯。学员们在操作第一个行为工具的时候,立即感受到这个工具对收集信息、理解需要,重新定义以便抓住问题的本质,探索和发现设计方案,都能带来超乎想象的增值,这些价值原本就存在于数据中,存在于成员的头脑里,却在过去的群体工作方式中被忽视、被丢弃了。随着创新小组继续使用其他行为工具深化分析问题,这样的对比一再出现,不由得让学员思索这些并不复杂的方法到底力量何在。宽容，聆听，暂且放下申辩，不由自主地赞赏，不知不觉就越来越深入地进入别人的想法里，然后发现那个想法已经演进成完全无法归属于任何一位成员的了，交互的威力不言自明……人们一次又一次地表现出发自内心无法掩饰的兴奋……作为培训师和教练，此刻我内心产生的是与之不同的满足感。不是因为他们推进了对问题的理解，也不是因为他们产生了创新成果，甚至不是因为他们掌握了方法和工具，而恰恰是因为他们已经拥抱了团队工作的新方式，他们的思维方式已经悄然产生了有利于创新的变化。这些经历让我相信，虽然底层早已固化的工作习惯和思维方式才是阻碍人们有效交互、最终限制其创新潜力的真正障碍，但人们具有转变的潜力。从培训干预策略来说，面对来自习惯和思维方式的挑战，破旧立新无异于引火烧身。而从行为工具入手，看似舍本逐末，然而可以起到立新"融"旧之效。润物细无声，终究本末尽收。

3 重新定义问题：懂概念还要会方法

爱因斯坦说："如果我有一个小时来解决一个问题，我会拿出55分钟来思考，5分钟来找出解决方案。""思考"之后"找解决方案"，时间分配上如此悬殊。思考什么？定义问题！先定义问题再考虑解决方案。定义问题，就是明确在一个困难场景中，要解决的问题是什么。只有抓对了问题，才能有效地解决问题，而且解决起来事半功倍。所以，爱因斯坦这个55：5的比例，凸显了定义问题在问题解决过程中的核心地位。

有一个说法："懒惰不是问题，愚蠢也不是问题，而愚蠢加上勤奋才是真正的问题。"这与爱因斯坦的话异曲同工：在错误的道路上跑得越快，所造成的损害越大，而慢一点甚至不作为，却不至于带来更大的损害。

在VUCA环境下，复杂和模糊的问题越来越多，定义问题的能力变得愈加重要。

什么是"定义问题"

"解决市中心小区停车难"和"求解 $x+30=x^2$"是性质完

全不同的问题。数学方程是目标界定清晰的问题,没有人会对答案提出异议,对问题的意图更是不言自明。大多数人更加愿意去解答这类界定清晰、意图明确的问题。如果你对本书"商业领导力"章节关于"复杂性"的论述还有记忆的话,这是典型的"繁杂性"问题。人们知道问题存在唯一答案,即便需要花费时间才能把一团乱麻整理清楚,自有其乐趣所在。在教育过程中,人们接受的训练集中在解决这类繁杂性问题上,因而常常意识不到需要重新定义问题。

"解决市中心小区停车难"是"复杂性"问题。看起来要解决的"问题"也很明确,其实不然。这个陈述仅仅描述了一个令人不满的"现状"而已。解决问题的目的或者意图是什么?是要减少小区的车辆,还是要提高小区停车空间的利用率,以便在有限的面积停下更多的车,抑或增加停车面积?可见,不同目的和意图决定了解决问题的着力方向。我在上海中心区一个面积不大的小区居住了将近十年,这个小区在方寸之地上见缝插针建了4栋33层的高楼,人口密度可想而知。小区建于20世纪90年代,地下只有一层停车库,早已不敷使用,地面也停满了车。居民对停车难的意见很大。物业管理公司想了各种办法,比如试图通过提高停车费来抑制居民购车想法,居民齐刷刷反对。那就建立体车库增加车位吧?居民还是不愿意出钱。最后的解决方案出乎我的意料。据我观察,最后物业管理公司是这么解决问题的:因为地处闹市区,白天不乏外部车辆想进小区临时停车,而上班期间也有不少小区居民把车开出去了,物业管理公司便鼓励保安放行外部车辆进小区,而且增加了临时停车费率,用增加的收入雇了几个小伙子负责代停车。全天小区的车子都停得满满当当。白天,代停车的小伙子们一一询问外来车辆预计停留多久,然后按照他们的规划,引导来得早一些的车辆停进最合适的车位,等车位停满了,再指挥晚到的外来车辆停靠在车位外面的空地甚至通道上。不用担心停在车位里的车主回来取车的时候车子被堵住,因为停在车位以外的车主都要把钥匙交给这几位小伙子。每天早晚他们的作用发挥得更加淋漓尽致。傍晚,外来车辆还占着车位没走,有些业主的车子已经回来了,要让回来早的小区业主有地方停车,怎么办?停在车位以外,交钥匙,由他们负责腾挪。到了晚上,小区包括路上各个角落仍然都用来停车,当然夜晚主要是业主的车。早上更是蔚为壮观,他们负责帮助走得早的业主把被堵在里面的车腾挪出来。这样一来,空地被最大限度用足了,更加令人难以置信的是,物业公司和小区居民都没有额外多花钱,问题就解决了。可见,解决一个问题可以有很多方向。就这个问题而言,最后采用的是围绕"如何最大限度利用已有面积"而形成的方案;起初的方向则是"如何减少车辆"或者"如何增加停车面积"。"停车难"是一个困境,并不能简单地冠之以"如何",让问题成为"如何解决停车难"。因为这样并没有多大意义。相比之下,"如何最大限度利用已有面积""如何减少车辆""如何增加停车面积"却明确指出了进一步思考的焦点。从一个困境或者现状,希望进入另一个状态,新旧状态之间的差距为人们提供了解决问题的紧迫感或者动力,但只有找到正确的"抓手",才能聚焦人们的精力和智慧,形成有意义的解决方案。

　　什么是重新定义问题?你在下象棋的时候会有意识地围

绕实现某一特定的目的而思考，比如："如果我能吃掉对方的车就好了，我如何才能吃掉对方的车呢？"于是，赢得这盘棋的胜利是你希望创造的新状态，希望达到的愿景，为此，你定义了要解决"我如何才能吃掉对方的车"的问题。

把一个困境、希望改变的现状或者希望实现的愿景，改写成有意义的"我们如何能……"的过程，就是定义问题的过程。

定义问题的过程是把科研、诊断和制药产业与医疗体系联系起来的关键，也因为这个过程，大批曾经闻之色变的疾病，逐渐成为可防可治可控的健康问题。学术界对疾病机理的每一个新发现，都潜在地为制药行业重新定义疾病治疗提供新的"靶点"。1921年，加拿大科学家弗雷德里克·班廷（Frederick Banting）和查尔斯·贝斯特（Charles Best）在研究胰脏分泌物质时，发现胰岛素可以促进葡萄糖的摄取和利用，促进蛋白质和脂肪的合成，并抑制肝糖原的合成和糖异生作用，从而降低血糖水平。于是，解决糖尿病这个令人不安的状态，转变成了"我们如何能够增加糖尿病患者体内胰岛素"这样一个明确的问题。虽然这个问题当时并没有有效的解决方案，但已经为人类解决糖尿病提供了明确的思路，在隧道的那一头，出现了战胜糖尿病的光亮。弗雷德里克·班廷和查尔斯·贝斯特因此获得了1923年的诺贝尔生理学或医学奖。此后，人工胰岛素的研究经历了多年的努力和不懈探索。20世纪50年代，科学家们开始尝试通过化学合成或基因工程技术制造类似自然胰岛素的合成胰岛素。1965年，世界上第一个人工合成的蛋白质在中国诞生。此后，研究人员通过不断试验和探索，逐渐提高了合成胰岛素的纯度、稳定性和生物活性，以确保其能够有效模拟自然胰岛素的生物功能。此外,科学家们还不断改进胰岛素的给药途径和剂型,比如注射、胰岛素泵等,以提高胰岛素的稳定性和吸收效率。随着生物技术和基因工程技术的进步,科学家们还开始尝试利用重组 DNA 技术来生产人类胰岛素,从而实现更精准、高效的胰岛素制备过程。人工胰岛素研究还在不断发展,包括尝试利用智能技术和机器学习算法来精确调控胰岛素的释放,以实现更加个性化、精准的胰岛素治疗。正是因为糖尿病问题被明确定义为"我们如何能够增加糖尿病患者体内胰岛素",这一系列持续不断的进步才能大踏步出现。与此对比,"如何让患者提高胰岛素的利用效率"则是对同样问题的另一个定义,围绕这个新的焦点,又产生了大批治疗方法和药物。重新定义问题,为创新开辟了新天地。

火箭发射离不开爆炸性燃料,燃料必须被点燃,但要以可操控的方式进行。众多大脑具有丰富的智慧和想象力,就像火箭燃料。当一个问题被明确定义之后,纷乱的爆炸便被指向了正确的方向。

此后,又有新的"靶点"被陆续发现,糖尿病问题又获得一系列新的定义,每一个新定义都产生了一系列相关的药物和治疗方法——一个又一个"受控的爆炸":(1)如何能刺激胰岛 β 细胞分泌胰岛素,并提高外周组织对胰岛素的敏感性?很明显,这个定义与前面增加胰岛素的定义有继承关系,由此产生了磺酰脲类药物;(2)如何抑制肝糖原的产生,减少肝脏释放的葡萄糖,增加肌肉对葡萄糖的摄入和利用?这个定义就不太一样了,能不能减少人体产生不必要的内源性葡萄糖呢?由此产生了双胍类药物;(3)如何抑制肠道中 α-葡萄糖苷酶的活性,减缓碳水化合物的消化吸收,从而降低餐后血糖水平？这个定义是定义2的延展,即如何减少外援性葡萄糖,由此产生了α-葡萄糖苷酶抑制剂(如阿卡波糖);(4)如何增加细胞对胰岛素的敏感性,促进胰岛素的作用？定义4再次围绕胰岛素和葡萄糖的关系展开,即提高胰岛素的效率,由此产生了胰岛素增敏剂;(5)如何抑制肾小管中的糖尿病和钠葡萄糖共转运蛋白2(SGLT-2),减少肾脏对葡萄糖的重吸收,增加尿液中葡萄糖的排泄？这是在发现糖脂激酶(SGLT-2)抑制剂的机理之后提出的新定义;(6)如何一方面刺激胰岛β细胞分泌胰岛素,同时抑制胰高血糖素(GLP-1)的分泌,从而降低餐后血糖？这是定义1和定义2的组合,胰高血糖素样肽-1(GLP-1)受体激动剂恰好具有这两个方面的能力。

先定义问题：爱因斯坦错了吗？

问题定义最终一定呈现为某种"我们如何能……"的句式,但定义问题绝非在原始问题前面套上"我们如何能……"那么简单。把胰岛素与糖尿病联系起来是刺破黑暗的灯塔之光,但是在弗雷德里克·班廷和查尔斯·贝斯特发现胰岛素可以促进葡萄糖的摄取和利用之前,写出"我们如何能够增加糖尿病患者体内胰岛素"这个定义显然是难以想象的。于是很自然地出现了一个问题：先有对问题的准确定义,然后在定义之光指引下寻找解决之道,还是先有了解决手段,然后定义才渐趋明朗呢？如果是后者,定义问题似乎没有那么重要了。毕竟,只有发现了某类物质、某种手段具有解决某种问题的潜力之后,才有可能做出有意义的定义。换言之，在手段发现之后，即使不经过显性化的定义过程，人们还是会把这类物质或者手段用于相关问题的解决。难道不是吗？

这个疑问很有洞察力。早在1995年我进入培训行业的时候，培训界已经有"定义问题"相关的培训内容。在条理化、步骤化、系统化解决问题的课程中，定义问题（或称"界定目标"）是最为关键的第一步。尽管反复强调，但在现实中人们总是跳过定义问题这一步，直接去寻找解决方案。为什么会这样？过去，我一直认为，根源在于学习者抗拒改变的惰性，说明我们的教学过程应该进一步改善——如同所有其他新技能的学习一样，人们很难纠正自己长久以来的习惯，因而更有必要改进课堂内的学习过程，强化课后跟进，从而促动学员改变行为习惯。培训界同仁们普遍这么解释培训的"失败"。毕竟爱因斯坦也明确说了他总是先定义问题再寻找解决方案的。难道他会错吗？

然而，现在我却认为问题的核心是培训的内容存在问题。如果不能圆满回应上述疑问，如果没有进一步的帮助，要求学员在解决问题时首先做到"定义问题"或者"界定目标"，就是一个正确但不可能完成的任务，与明确定义问题相关的教学内容无异于"正确的废话"。

首先，要求学员先完成问题定义，然后再去寻找解决方案，这个线性顺序不对。加里·克莱因在《直觉定律》一书中把准确定义问题之后的解决问题过程称为"定向式创造力"。他认为"定向式创造力"理念包含三个部分：（1）目标，以及我们对目标的了解；（2）关键点，用于设计实现目标的方法；（3）目标与关键点之间的联系。在上述事例中,"治疗糖尿病"是"目标";"胰岛素可以促进葡萄糖的摄取和利用"是"关键点";"增加糖尿病患者体内胰岛素"则把目标与关键点之间的联系建立起来了。他认为"这三个部分之间并不存在先后顺序。某些时候,对目标的探索有助于发现解决方案。某些时候,我们会审视一项新科技或者其他类型的机会即关键点,并且发现我们可以应用它们去解决问题。创造性可以循着上述两个方向发展"。只要正视并不存在线性过程,我们可以完全理解为什么学习者总是跳过定义问题阶段,直奔解决方案,因为培训试图改变学员原本正确的思维习惯。

当然,即便不再是解决问题的第一步,定义问题对于解决问题仍然至关重要。不仅因为定义问题聚焦了人们解决问题的努力,极大加速了问题的解决,而且,"关键点"和形成"目标与关键点之间的联系"这二者是一个相互促进、逐渐明朗的过程。前者,在胰岛素和糖尿病的事例中表现得很突出。关于后者,在克莱因的书里有这样一个例子可以形象地说明问题。

当我在家中撰写本节文稿时,妻子问我是否可以帮她烹制晚餐。她马上要去上班了,但是她希望我下午一点的时候从冰箱中拿出冻鸡肉,这样鸡肉才能完全解冻。我能否胜任这个简单的任务呢?

我含糊其辞地表示自己愿意效劳,却没有转头看妻子。她知道,我正处于全神贯注的状态,倘若相信我的承诺,实在风险过大。她如何才能提醒我准时取出鸡肉呢?她如何能够打破笼罩在我左右的"作家防护罩"呢?

答案是她根本不试图这样做。下午过半,我走下楼梯,看到了厨房灶台上的一包鸡肉。我的妻子将玻璃碗倒扣在了鸡肉上。她构建出了微气候,防止鸡肉解冻过快。她将目标从"确保丈夫记住取鸡肉"重新界定成为"在恰当的时间点解冻鸡肉",而且,还为这一难度大大降低的问题找到了解决方案。

请你想想这位妻子的思考过程。她原本对问题的定义是"确保丈夫记住取出鸡肉"。看到丈夫沉浸在写作之中,听到丈夫含混的承诺,她意识到丈夫不太靠谱,这个定义的可实现性不高。环顾四周,她看到了另一个"手段"(也就是克莱因所说的"关键点"),这个关键点瞬间在她头脑里激发出了一个新定义:"我如何能够让鸡肉在恰当的时间点解冻?"当时,在她眼中出现的有可能正是她后来用的那只玻璃碗,也可能是另一只碗。甚至根本不是碗,而是她在低头的时候,偶然看到了被遗弃在垃圾桶里做早餐时剩下的食材,现在已经过分解冻了……无论是什么,那个东西一定足以激发她形成新的定义了。而一旦这个定义在她头脑中明确下来,她大概就直奔橱柜去取出最合适的那只玻璃碗了。

寻找解决问题的"关键点"和"定义问题"之间是一个相互促进的迭代过程,而不是瀑布下坠那样的线性过程。

我回想相关的教学过程:培训师从逻辑上演绎出欲解决问题必先定义问题,学员们丝滑接受。培训师所举的例子也很有说服力。轮到学员做练习的时候,画风大变。有的学员在原始问题前面套上"如何……"就停住了。一些"认真"的学员在老师提供的案例里面找到了解决原始问题的关键点,并用"我们如何能……"的格式写下具体和明确的内容。练习之后，两类学员都疑惑了。前面一类学员抱怨：看不出写下符合句式要求的"问题定义"有什么意义。后面一类学员的困惑则是，在老师给的案例里解决问题所需要的知识和信息都有，但是在真实环境中我们并不具备那个关键知识，所以不可能写出合乎要求的问题定义，而当我们获得那个关键知识，问题已经或者差不多解决了。在缺乏关键知识（"关键点"）的条件下，强制要求定义问题就成了毫无意义的形式。基于这些抱怨和疑惑，我们已经可以认定，一旦走出教室，学员不太会去运用相关知识。

我想，当时如果我放弃了把定义问题视作解决问题过程的优先步骤，认可关键知识（也就是克莱因说的"关键点"）对于定义问题的必要性，并告诉学员关键知识和问题定义之间存在一个相互迭代的过程，那么应该可以消除学员头脑中的部分阻力，让他们接受定义问题在解决实际问题中的位置了。如果进一步，我们还能够训练学员学会迭代，帮他们消除存在于思维习惯和工作环境的阻碍迭代的障碍，那么，学员会不会在解决现实问题的过程中，更加主动、更加显性化地定义问题？后面我将具体说明在解决问题过程中如何运用迭代来定义问题——一个内容升级。

迭代之外，另外一个升级的内容有助于消除学习者运用"定义问题"的阻力：通过群体的"交互"和"涌现"来获得越来越深入的关键知识。关于"交互"和"涌现"的含义，请见本书第五章第五节。

容我简略展开解释。人类治疗糖尿病的进步，既是一个迭代前行的过程，也是一个群体涌现的过程。观察时间跨度，我们很容易看出不同专业、具备不同知识的人们前仆后继的纵向继承关系,像接力赛一样,一棒接一棒向后传递知识、享用前一棒的发现。甚至后一棒也给前一棒提供反馈,使前一棒产生新的想法,影响其研究方向。像这样前后之间相互刺激、推动,让思想在前后棒之间双向自由流淌,"1+1也因此大于2",在系统内就出现了难以追溯回任何一个个体的新思想、新发现,这就是涌现,也就是大于2的那个增益。在大的时间跨度上的前仆后继主要是纵向传承关系,更像接力赛。而在短的时间维度上,群体在一起解决问题时,横向之间的涌现更加明显,更像篮球赛。这就是为什么科学家不满足于阅读其他作者发表的文献,时常需要参加群体研讨聚会。此刻我想起了因爱因斯坦和玻尔的几次论争而闻名的索尔维会议。索尔维会议是20世纪初由比利时实业家欧内斯特·索尔维创立的物理、化学领域的讨论会,每3年举行一届,吸引了众多大家参加,从早餐到深夜,随需、随性、随时展开不限时长的讨论。在这样的短时间聚集中,具有不同知识的人们在一起,不仅相互传递知识,更重要的是产生了"1+1>2"的新知,相比纵向传承和反馈,在单位时间里产生了更多新知。我称之为"涌现密度"更高。

由于处于相对短的时间框架内,现实商业、管理、运营过程中的问题解决,需要在更大程度上发挥群体的作用。通过群体交流,弥补个体知识的缺失,并借助群体涌现所产生的新知来填补群体知识的缺失。

插上迭代和涌现的翅膀,"定义问题"就能起飞。也只有深入到迭代和涌现这种知识层次,"定义问题"才能摆脱"正确的废话"之名。

3 重新定义问题：懂概念还要会方法

对培训者的好消息是，由于这些能力已经被提炼成具化的行为，如今这些能力是可训练的。我们有了远比 20 世纪 90 年代更好的帮助学习者的干预手段。

对定义问题进行行为训练

前文谈到过的"设计思维"和 LUMA 系统，LUMA 系统给出了一系列定义问题的方法。无论哪个方法，在设计思维手段背后无不体现迭代和涌现的精神。

我将详细介绍其中两个方法："抽象梯"和"遣词造句"。

还记得克莱因妻子化冻鸡肉的例子吧？我尝试把她的思维过程图解出来：

把冰箱里的冻鸡肉拿出来解冻，晚饭要用……不行，到时候都坏了→<u>那么，要解决问题</u>：如何能在下午一点左右从冰箱里拿出来？（初始定义）→让在家的老公一点钟拿出来……他很可能忘记→<u>那么，要解决问题</u>：如何保证他一点钟拿出来？（第二次定义）→<u>那么，怎么办</u>：给他上个闹钟，或者一点钟打电话回来提醒他……都不可行……→<u>为什么要保证他按时拿出来</u>？→做晚饭时要有刚刚化冻好的鸡肉→<u>那么，要解决问题</u>：如何不靠老公，但能保证做晚饭时鸡肉刚刚好化冻？（第三次定义）→<u>那么，怎么办</u>：我现在就拿出来……太早了→<u>那么，怎么办</u>：没办法……→<u>那么，要解决问题</u>：如何延缓解冻？（第四次定义）→<u>那么，怎么办</u>：找个东西把鸡肉罩起来！

请注意加线部分。一系列设问构成了我们人类的思考过程。加线部分有三类问题。第一类,What to solve(要解决什么问题);第二类,How to solve(如何做);第三类,Why to solve(为什么要做)。无论是How/"怎么办"还是Why/"为什么"的问题,在得到回答后总是跟进了一个What/"那么,要解决什么问题",或者"那么,要解决的是什么问题"。对What问题的回答就是对问题的定义。而How和Why都有相同的作用,都是推动我们思考,以便得到问题定义的一个中间过程,只不过二者从不同角度来推动思考的进行。

在克莱因妻子的事例中,这些问题是自问自答。当多人在一起解决问题时,如果各说各话,不仅容易乱套,更无法获得信息和知识的叠加从而产生涌现。所以,当多个人在一起的时候,需要有人来负责向大家提问,每个时刻大家都围绕同一个问题进行回应,各个成员的回应都应该被记录并使之为大家可见,目的是让大家能够听到并持续看到别人的回答,以便互通信息、摊开所有视角,激发彼此的思考。这样一个"促动者"或者"主持人"(Facilitator)是群体定义问题过程的拥有者、负责人,就如同在英美司法环境中的法官,都是程序的所有者。陪审团很像群体定义问题过程中的参与者:拥有不同的背景知识和信息,对问题有不同的理解,当然拥有各自的智慧。主持人通过提出适当的问题推动群体思考并有节奏地把群体向前推进,直到大家对问题的定义感到满意。如果问题和提问程序能够做到显性化并为群体所熟知,那么群体便能最大限度地利用主持人,发挥程序的潜力,甚至还能弥补和纠正主持人的错漏。因为即使所问的问题已经程序化和显性化,提问、主持和推进

3 重新定义问题:懂概念还要会方法 ◆

仍然存在大量难以言表的细节,任何一个细节都可能严重影响提问、主持、推进的质量。乐队既需要指挥,也还需要乐谱。

前文提到过美国的一家专门用设计思维方法从事创新教育的公司 LUMA Institute。这家公司提炼了设计师用于创新的工作方法,根据迭代和涌现的原则,把这些方法编撰成 LUMA 系统。设计师的设计和思考过程因此显性化和程序化了。

首先,训练主持人掌握显性化和程序化的"套路"。主持人按照 LUMA 系统提供的"套路"和提问原则对大家发问。大家循着主持人的提问进行思考并回答。每个人对问题的回应不尽相同,而不同的答案反映的是不一样的观察、认识和思路,当然也反映了不一样的知识背景。丰富的答案提供了多样的素材,这个过程就像燃料被加注到火箭里,事实和知识得以汇聚与交互,新的认知和解决方案不断涌现,经过多次迭代,最终产生高质量的群体智慧。

英为®LUMA工具系统

体察 Looking — 一系列观察使用者经验的方法

客体研究 ETHNOGRAPHIC RESEARCH
- 面谈采访 Interviewing
- 现场调研 Contextual Inquiry
- 设身处地 Walk-a-Mile Immersion
- 潜伏观察 Fly-on-the-Wall Observation

参与性研究 PARTICIPATORY
- 需求雷达 What's-on-your-Radar?
- 特性交易 Buy-a-Feature
- 边做边想 Build-your-Own
- 设计日志 Journaling

评估性研究 EVALUATIVE RESEARCH
- "喃想"测试 Think Aloud Testing
- 经验审计 Heuristic Review
- 七嘴八舌 Critique
- 系统量表 System Usability Scale

领悟 Understanding — 一系列分析洞识与机会的方法

人与系统 PEOPLE & SYSTEMS
- 图解利益相关方 Stakeholder Mapping
- 角色人物 Persona Profiles
- 体验图 Experience Diagramming
- 概念图 Concept Mapping

模式与优先 PATTERNS & PRIORITIES
- 相关归集 Affinity Clustering
- 牛眼图 Bull's-eye Diagramming
- 重要性/困难度矩阵 Importance/Difficulty Matrix
- 直接投票 Visualize-the-Vote

架构问题 PROBLEM FRAMING
- 问题树 Problem Tree Analysis
- 造词造句 Statement Starters
- 抽象梯 Abstraction Laddering
- 花/苞/刺 Rose, Bud, Thorn

创造 Making — 一系列构思未来可能性的方法

概念化 CONCEPT IDEATION
- 速写草图 Thumbnail Sketching
- 创意矩阵 Creative Matrix
- 循环互检 Round Robin
- 换维创意 Alternative Worlds

建模与原型 MODELING & PROTOTYPING
- 故事板 Storyboarding
- 示意图 Schematic Diagramming
- 初始原型 Rough & Ready Prototyping
- 外观建模 Appearance Modeling

设计原理 DESIGN RATIONALE
- 概念海报 Concept Posters
- 视频场景 Video Scenarios
- 封面故事 Cover Story Mock-ups
- 快速索引 Quick Reference Guides

255

下面我们尝试用 LUMA 系统 36 个工具中的抽象梯和遣词造句来解决一个实际问题。简而言之,抽象梯就是克莱因妻子的思考过程。从当前问题出发,分别向上或向下"爬梯子"。向上爬梯子的时候问:"为什么……"和"那么,你要解决的问题是……";"下梯子"的时候问"如何能……"和"那么,你要解决的问题是……"。遣词造句则是用"我们如何能……"这样一个句式,推动解决问题的参与者写出他们认为要解决的问题是什么。这就是问题定义了。

我们看一下这个方法在实际工作中的应用。某制造企业客户做的"精益生产"培训效果不佳,培训部面对来自上级和相关部门的质疑,急于改善培训效果。在压力之下,他们匆忙做了不少尝试,收效不大。起初,在研讨这个问题的会议上,除了抱怨,大家还热切地提出各种建议。因为各持不同建议(不同建议的背后其实反映了各自潜意识中对问题的不同定义),每次开会总会经历一番争吵,然后根据少数服从多数的原则决定获胜方案。但是实施下来发现没有效果,于是上述过程重来一遍,只不过一次比一次抱怨更多,建议却越来越少。多次往复无果,大家就厌倦了内部会议。在这种情况下,我被请去"用老师的好方法带领我们大家做一次创新讨论"。

我发现,大多数组织在遇到难题的时候,往往跳过问题分析,不经过定义问题阶段,直奔解决方案展开讨论,在争吵中敲定一个方案便动手实施。其结果要么"蒙对了",要么"蒙圈了"。若是后者,不仅问题长期迁延,相关人势必越来越沮丧,直到大家对解决问题失去信心。这个客户也不例外。经过调研,我发现他们在问题定义阶段做得非常草率,针对培训效果

3 重新定义问题:懂概念还要会方法

不好这个"状况",要解决的问题究竟是什么,大家从来没有统一过看法。

于是在一个星期五的下午,我带着20个利益相关方(培训团队、生产总监、工段长代表、计划经理以及往期学员代表)用"抽象梯"和"遣词造句"方法针对"培训效果不好"开展定义问题讨论。下面我"问",与会人员"答"。

向上爬梯子:

问:我们为什么要让培训有效?

答:(甲)因为我们要减少不必要的重复操作。(乙)因为……(丙)因为……

说明:以下只列出针对甲的回答进行进一步提问。针对乙、丙、丁等的回答,比照针对甲的回答同样处理。

问:那么你要解决的问题是什么呢?

答:如果要想减少不必要的重复操作,我们就应该在培训过程中找到,立即清除并消除重复操作。

说明:这个回答不一定来自甲,乙、丙、丁等都可以也有可能做出回答。这既可能是各个个体之间补齐信息、知识、展开多面向视角的过程,也是"涌现"的过程。

讨论继续……

至此,要解决的问题已经不再是培训没有效果了,而是"如何能在培训过程中找到并消除重复操作"。

向下爬梯子:

◆ 重塑内容:复杂时代的培训之道

问:如何让培训有效?

答:(甲)增强学习者的内在意愿。(乙)……(丙)……

说明:以下只列出针对甲的回答进行进一步提问。针对乙、丙、丁等的回答,比照针对甲的回答同样处理。

问:那么你要解决的问题是什么呢?

答:我们现在真正要解决的问题是让学员决定学习的时机和内容。如果是他们主动参与的,后续参加培训会更有动力。

说明:<u>这个回答以及后面的回答不一定来自甲、乙、丙、丁等都可以也有可能做出回答。这既可能是各个个体之间补齐信息、知识、展开多面向视角的过程,也是"涌现"的过程。</u>

问:如何让学习者参与决定学习的时机和内容?

答:先把符合培训资格的同学圈出来,询问他们的意见,由他们决定想不想上培训,如果愿意就要支付5%的学费。既符合资格又愿意付费的同学一定非常重视,会和组织者一起共同促进培训效果。

问:那么在你看来,要解决的问题是什么呢?

答:让员工自己出钱不太容易……不过要是他们出钱了,培训没达到期望,后面就难办了……真正需要解决的是如何确保打响由学习者部分付费的第一炮。

讨论继续……

至此,要解决的问题已经不再是培训没有效果了,而是"如何确保打响由学习者部分付费的第一炮"。

经过两个小时的讨论,总共形成了4个获得最多共识的定义,而上面列举的两个最后得到了大家几乎一致赞同。接下来分组围绕这两个定义构建解决方案。"易爆的火箭燃料在受控条件下推动火箭起飞了"!

在这次会议后,为了做到"在培训过程中找到并消除重复操作",这家公司把原本一次性的集中培训变成短时间轻量化的多次聚集,还拍摄了很多小专题视频,放在网上供学员课后学习。每次下课前布置应用练习,学员在下次上课之前要到现场解决实际问题,然后带着应用结果或者问题来上下一次课。由于有些内容还没有学到,在解决问题遇到困难的时候,同学们可以在网上参考视频课进行自学。上课时,根据同学们提交的作业,老师根据大家在作业中暴露出的问题,安排这节课的讲课内容。这样一来,不仅做到了在培训期间就找到并消除大批重复、浪费,而且即使自己要出5%的培训费,学员也纷纷抢着来上课——如果解决了现实问题,公司和部门会提供一定数量的奖励。

爱因斯坦还说过另一句著名的话:"停留在出现问题的思维水平上,是不可能解决出现的问题的。"出现问题看到的是现象,但我们要解决的不是这个现象,而是它的根源或者也可能是这个现象将导致的后果,无论如何,都不是停留在出现问题的层面上可以解决的。再说一遍,要么去解决它的根源,要么去解决这个问题所引起的后果。所以需要重新定义问题。重新定义问题还为我们打开了解决问题的空间。懂得这个道理不难,过去经历过相关培训的学员在实际工作中几乎从来不自觉地先定义问题再寻找解决方案,是因为培训并没有回应学员与此相关的顾虑和疑虑。升级内容,回应这些疑惑,并提供有效的方法,定义问题才成为解决问题的利器。

启示和结论

以下,我试图从对培训同仁可能有所启示的角度做一下总结。

第一,长期存在的内容有可能出错。如果迷信自己所教的内容,解决问题的努力就会一再碰壁。如果个别培训效果不好,我们可能将其归因于培训者或者培训方式存在问题;如果某个主题的培训长期效果不彰,我们很容易对成年人的可塑性和学习意愿感到沮丧。但我们往往不会从内容上找原因。身处当今知识断裂的时代,在很多主题领域,重新审视内容有可能让培训效果得到改善。

第二,什么是正确的内容?在专业上,内容当然必须反映被学术界证实的最新最佳实践。为此,培训者切忌浅尝辄止,必须深入思考问题,持续学习,与时俱进。

第三,我想强调评价培训内容正确与否的另一个被培训者普遍忽视的角度:是否反映了学员在理解和使用正确内容时的真正阻力,是否着眼于帮助学员克服理解和使用正确内容的障碍。比如,在定义问题这个主题上,尽管从专业上看,爱因斯坦的那句话示意的是先定义问题再解决问题,从原则上谈不上错误,但现实中学员并不能如此运用。经过分析,我们明白了,对新的解决手段一无所知的人们不太可能看出解决问题的新焦点,在隐含着新机会焦点的解决手段初现端倪之后,那双慧眼(尤其是群体智慧)才仿佛受到了神启。又经过迭代推进,当这个启示明确化以后,问题得以正确定义。那么,如果我们的培训只是讲述正确的内容，什么是定义问题，如何定义问题，如同培训界长期做的那样，学员和培训者都会日益沮丧——直到我们在培训内容层面认可手段和定义互为影响，虽有曲折但终究向前；直到我们为他们提供了抽象梯和遣词造句之类具体化的手段，促进这个曲折前行的过程走得更加顺畅自如；直到我们运用视觉化和交互化的手段，帮助群体中那双慧眼更加敏锐地在手段和定义之间快捷自如地跳跃。这就是我所说的另一个评价培训内容正确与否的标准。

第四，培训为人服务。培训者应该是学员的仆人，而不是知识的代言人。我们不是来这里控制学员，居高临下要求他们接受正确的知识。我们的责任是谦逊地服务他们走完学习之路。服务者接纳存在的合理性，而这种心态是理解学员头脑中存在疑惑和障碍的前提，从而让我们审视自己提供的内容，并努力通过学习认识新知，更新内容。

第五章

管人、管事、管团队

1 管人:"情境领导"不够了

如何有效地帮助管理人员提高管理能力？关于这个题目我差不多思考了 30 年。在很多年里,我试图通过改善培训方式来改善管理培训的效果,后来我认识到,那些长期以来被培训界认为理所当然的"管理"内容,才是制约培训产生效果的瓶颈。在培训界,对于某个课题"应该"包含哪些内容,甲方的学习发展部门和乙方培训公司往往有高度共识:"时间管理"永远离不开四个象限,"授权"肯定是讲授权的好处、为什么不授权,授权谈话的步骤……我越来越相信质疑这些固定格式才是改善培训效果的开始。

说到管理人员的"管理"能力,大多数公司认可管理应包含管人和理事两个方面。"员工管理""人员管理"等课题在培训目录上高居榜首。这个主题下的培训通常包括技能和策略两类内容。前者常见沟通和影响技能、辅导和教练技能,后者则以"情境领导"为其中的突出代表。这些课题有两个突出特点:管个人,管静态的个人。管个人是相对于管团队而言的。每个个体在职业习惯、工作态度、工作技巧、与人相处、在群体中有效地发挥作用等方面都存在被辅导、被要求、被纠偏的需要。

这是从个体角度进行干预的视角。然而,从群体互动的视角来看待个体的问题,并从群体互动的视角来进行干预,能获得更大的干预空间,也更容易见效。比如,很明显,父母管教独生子女和在多子女环境下管教每个子女,不仅难度大不相同,管教的课题和目标也非常不同。"静态"是相对于"动态"而言的。随着年龄、体力、成熟度、与组织互动的改变,每个员工都处于持续的变化之中,管理者既要掌握个体的运用和管理之道,有能力应对处在不同成熟阶段的个体员工,还要能跳出个体看个体。"不识庐山真面目,只缘身在此山中",毕竟作为管理者,你手里不是只有他一张牌可打,还可以吐故纳新,调整手里的牌。前文简要阐述了在常规"人员管理"培训内容之外,这个主题领域值得格外重视却又被普遍忽视的两个课题:人才规划和团队建设。这两个课题日益重要,一是因为组织越来越缺乏改变个体的耐心甚至信心,宁愿诉诸人员调整。而要调整,管理者就要站在整个团队视角考虑接替计划,在工作分配、培训和发展机会分配等方面提前实施,这就进入人才规划的范畴了。二是协同、配合和互动日益成为常规的工作方式,管理者干预员工的目的必然更多地指向个体如何在群体中发挥作用,帮助群体成功。

跳出个体看群体,为管理者有效干预个体提供了新的可能性。人员管理培训的内容应该更多转向人才规划和团队建设。

每个中基层经理都有一大堆苦水要倒。各位学习发展专业人士,务必不要从管理者倾倒的"苦水"中简单、直接地发现需要帮助改善的外在问题,而应该从中洞察这些管理者本身在认识深度上存在的内在局限:"我太难了,每个员工都得小心翼翼地对待……班车、食堂不合适,话说轻说重了,朋友辞职了,部门工作重点变化了,流程变了,有些活儿不爱干……任何一项都可能让他辞职不干","能干的就那么两个,说什么也不能让他走呀","能干的人很难找,工资没有吸引力","人头冻结,只出不进,人走了就没人干活了"。

　　细品这些话,学习发展专业人士不难看出其中既有员工管理问题,也有人才规划问题;既可以从员工管理角度用力,也可以从人才规划和团队建设角度下手。虽然多数中基层经理只看得到员工管理问题,但是话语中还是能反映出他们对人才规划和团队建设的朴素感觉。如果学习发展专业同行能捅破这层窗户纸,他们便能茅塞顿开,豁然开朗,通过提高认识水平带动管理水平飞跃。

- 员工管理:能干的员工辞职、员工不满、员工能力不足。
- 人才规划/团队建设:成长中的员工亟待发展、提高对人才的吸引力。

　　爱因斯坦说:"停留在出现问题的思维水平上,是不可能解决出现的问题的。"如果中基层经理只能看到"那个"能干的员工,孤立和静态地看待问题,他受限的思维就会纠结于留人、激励人,因而困守愁城。相反,如果他站到人才规划的角度,他将有可能挖掘"不能干的人的潜力",在留住用好"那个"员工的同时,有目的地布局团队的人才发展。他还可以设法提高部门或者团队对人才的吸引力,以便打通人才流入的通道,让流失得以弥补。可见,扩大员工管理培训的范畴能真正帮

◆ 重塑内容:复杂时代的培训之道

助中基层经理。

在人才规划和团队建设方面,我观察到中层经理普遍需要增加以下一些认识和能力。

人才规划

| 业务和市场的输入:战略、优先任务、市场环境、业务的成熟和成长状况、预算和限制 | 员工队伍数据:人口构成、绩效潜力、动向和动态、代际变迁、市场的人才可获得性 |

人才需求(Talent Demand)
· 哪些岗位对实现业务战略很关键?
· 需要多少人?什么时候需要?
· 哪些人、何时会发生变动或者出现业绩下降?

人才供给(Talent Supply)
· 未来人够吗?
· 未来有合适的能力吗?
· 如何获得未来所需要的能力?
· 哪些人、何时可以接班?

"规划"意味着预见自己想要的未来,从现在开始动手创造那样一个未来。管理者通过他人实现所期望的结果,要有人用,要留住能干的人,还要激励这样的人,这近乎他们的本能。所以,以上这些人员管理要实现的目标对他们不言而喻。但人才规划却隔了一层,并不是管理者普遍的认识。所谓人无远虑必有近忧。学习发展专业人士要引导他们多看几步棋。

人才规划始于两个变量,管理者对此要保持警觉。一个是业务和市场的变化,另一个是员工队伍的变化。业务和市场的变化不可避免会给管理环境带来冲击。这些变化包括,公司的战略以及优先任务发生变化,市场环境发生变化,业务成熟和成长……有些业务行将成熟老化,另一些业务的复杂性和难度却会大大增加,现有的业务如果不能及时切换到挑战更大的新业务,你的部门就可能面临削减甚至淘汰,你还可能遭受预算紧缩和其他限制。以上任何变化都可能对人员管理提出挑战,或者提供机会。在业务和市场变化中,员工可能被迫接受不熟悉、不喜欢的工作,身边出现陌生的同事,熟悉的朋友离开,工作需要的资源发生变化,甚至公司的架构、流程制度和管理文化为了匹配新的业务策略、适应新的市场环境而发生大幅度转向。这些变化给员工带来有形或无形的冲击。所以,管理者切不可因为眼前员工人尽其才、各得其所而埋头于业务,对业务和市场的改变疏于研判以至于失去未雨绸缪的机会窗口。

另一方面,即使业务和市场不发生变化,员工也会变化。即便员工不离职,但人总是处于时刻变化之中的生命体,员工的年龄、身体、精力、家庭负担等人口因素持续演化;各个人的绩效能力和潜力在演进;个人动向正在酝酿于无形;员工和员工之间,员工与领导、与公司之间的相互关系在动态调整;代际在变迁,有些人的发展愿望无法被满足,而另一些人却已经抱残守缺。在员工队伍方向上还有一个至关重要的变化值得关注:市场的人才可获得性在变化。人才可获得性涉及两个要素,即某些人才市场的供求关系变化以及你所在公司或者部门对相关人才吸引力的改变。有些人才逐渐过剩,出现成本下降的空间,而另一些工种却日趋紧俏,致使你所在的组织成为这类人才的洼地,流失率很快就要攀升。你所在的组织对人才的吸引力也在演变甚至转化,曾经趋之若鹜的公司或已无人问津,当然也可能发生相反的变化——祝贺你。

这两个变量中有些因素看上去一夜之间出现突变,但事实上所有因素都经历了长期酝酿。俗话说人无远虑必有近忧,成功的管理者深谙这些变化意味着对自己未来管理工作带来挑战,因而未雨绸缪,人才规划意识有利于指导他们避免被变化绊倒或者主动用好变化带来的机遇。而一旦变化发生,他们便能着手行动或者能够从更广阔的视角寻找解决方案。

建立管理层级和管理幅度的概念,掌握管理多层次团队的一般性技能

几乎所有公司都很注意一线经理的第一次角色转变,即从管事到管人的转型。甚至一说到角色转变,培训的甲方和乙方都默认这次转变。时间长了,学习和发展部门只注意这次角色转变,却普遍忽视从一线经理继续进步之后持续发生的角色转变。对于新任中层经理而言,非常重要的是从一线经理向二线的转变,也就是从管单层团队向管多层团队的转变。处理不好这个转变,后果远比第一次转变不利更加严重。这不仅长期耽误他的职业转型,让他形成挫败感,还会阻碍其下属发挥作用,造成骨干流失。他习惯直接指挥一线,却没有人帮他理解、制造和利用群体动态。比如通过合并或者分化麾下的团队来调整管理幅度,通过调兵遣将来实现特定对象的能力发展和激励。当然,如果他在二线经理的位置上"存活"的时间足够长,他也能从实践教训中摸索出这些门道。只是很多损失,包括人才损失和业务损失,已经不可挽回。

让我们用事例来说明问题。请你思考下面的案例。

A是一位一线经理。原本有下属B,已进公司5年。8个月前新同事C加入。6个月后经A同意,C通过试用期。

最近,B在各个方面出现了退步,数据错、拖拉等屡次出现。为了不影响交付,A只好自己弥补。B几次开会都迟到超过10分钟。午饭后,A想找B,却多次发现B在上班半小时后还没有回到工位。其他部门同事也反馈了C的负面情况:提交的数据不一致,项目计划不周,不易合作……

两位下属都有问题,部门业绩没起色。A来找你(假如你是A的上级、部门负责人)。进一步了解情况后,你发现:早在试用期内,A已观察到C不太合格,但因手头工作时间紧、压力大,以及考虑到C的年资,A就放过了。试用期后,A也发现C工作不到位,技能有差距。

此刻A正在你面前,沮丧地期待着你。你打算怎么做?

请停下来,思考你打算怎么做……然后,请继续向下阅读。

不论你持何种答案,请反思一下你的做法:你在帮A解决问题,还是在解决A身上存在的问题,从而让他能够自己去解决问题,甚至消除类似问题?另外,在这个案例设定里,你领导一个两层团队,你领导第一层,A领导第二层。你的做法,对这个多层团队会造成什么后果?

我用类似案例考问过很多管理者。绝大多数经理都在帮助A出谋划策。比如,"要分析B变化的原因,指点应该如何处理C",等等。大家都是很好的教练,我们都在用自己的经验帮A出主意,帮A解决他部门出现的问题。不过,你的焦点放在A的下属身上,却没有放在A身上。无论你用问的方式推动他自己去思考,还是以直接分享你的经验的方式,你都是在帮A解决问题。那么,什么是解决A身上存在的问题呢？我们把焦点挪到A身上。请问各位读者,A怎么了？转移焦点之后才能看到新问题。对于B工作效率下降,A有没有及时采取措施？C的绩效表现不佳,A有没有采取措施？C在试用期表现不合格,A是如何处理的？这几个信息共同指向A不敢直面艰难的人际冲突。作为二线经理,你需要考虑A是不是这个岗位的合适人选,是否需要培养或者物色接替人选,而从此刻开始应该密切考察A的改进计划。

多数二线管理者的眼光都聚焦在一线经理应该考虑的问题上。在回应上述案例时,帮助一线经理解决问题是大批二线甚至三线经理的本能。难怪组织效能不高,因为管理层级被突破了。本就有两个层级,二线经理却一竿子插到底,无形中压缩了管理层级并扩大了自己的管理幅度,迫使A在茫然中寻找自己合适的站位。

有时确实应该压缩管理层级、扩大管理幅度,有时却应该正好相反,然而这不是我此刻讨论的重点。我真正关注的问题是,培训和发展职能有没有帮助管理者积极思考这些能够极大突破绩效的角度,为什么这些已经步入二线经理行列的所谓经理的经理,长期持续地在他们习惯的"人员管理"的层面寻求解决绩效问题的办法。学习和发展专业同行要尽快帮助管理者,从人员管理上升到团队建设和组织设计层次来思考绩效问题。

团队建设、组织设计和人才规划

团队建设不是"团建"。秉烛夜话、裸心会、野外拓展，抑或农家乐等都不在我所说的团队建设之列。这里团队建设特指构建和完善团队的"骨架"，包括团队架构、团队流程（Team Process）、团队规范（尤其是核心规范，也称为任务规范，参见本书第三章第三节）、人才结构。长期以来，这些内容是组织发展专业人士以及公司高层的"专利"。在现在的业务环境下，分权和决策下沉是成功组织的重要特征。在过去，50多岁、职业履历丰富完整的职场老手才开始涉及决策内容。如今，30岁出头、初出茅庐的愣头青就要承担那些重大责任，他们磕磕绊绊、摔倒了再爬起来。他们边做边学，甚至不知道自己不知道，在错误中扩展自己的知识边界。构建组织能力和组织建设方面的知识，是他们普遍缺失且会对业务、业绩产生重大影响的能力项。

最后，分享三个年轻人的故事。其中有两位因为缺乏组织能力建设而受挫，而在最后一位身上，我们很明显可以看出他未来应该有很大的上升机会。

故事一，创业项目负责人。小王带了四位"高P"，从中国最大的互联网公司出走。原本的设想是做垂直电商。跌跌撞撞，历时五年，经过若干"迭代"，却做成了"社交电商"。此时，这五位股东兼高管开撕，又是一个"能共患难，不能共富贵"的故事。其实在四五年"患难"时期，小王就已经叫苦不迭。因为第一版业务想法不成功，公司需要反复摸索出路。在说服动员几个一起出来创业的高管尝试各种迭代的过程中,小王渐渐意识到,在大公司做得好的人不见得适合做创业伙伴,这些有成功经验的人更愿意沿袭过去的做法,他开始为选错伙伴而懊恼。小王逐渐动了换掉几位高管的念头。然而最终只能作罢,因为小王发现更大的难题是公司骨干青黄不接。经常有更年轻的骨干离职,虽然很惋惜,但小王并没有太在意,认为每个人都有各自的原因。次数多了,小王终于明白过来,年轻骨干离职的真正原因要么是不适应这几位高管的管理风格,要么是看不到上升空间。

在社交电商业务走上正轨后,我见到小王,原本预计一个小时的见面变成了一次促膝长谈。在谈到那几位高管时,刚开始小王仅仅把这一切归结为创业伙伴没有选好,彼此搭配也有问题。其实他只看到了故事的前半部分,仍然没有看到全部。不过,当说到团队建设、人才梯队建设时,小王目光如炬,一拍大腿说道:"'建设'两个字最关键。这些知识要是早点知道该多好!我走了太多弯路。"

小王够聪明,他准确悟出了故事后半段最核心的信息:"建设"。其实在早期,创业者并没有太多挑选创业伙伴的空间,第一批伙伴合适与否在很大程度上看"命"。这是故事的前半场。但是无论伙伴合适与否,你都必须早早培养梯队,让缺憾不至于长期延续,或者另一方面,让幸运不至于中断。梯队能否培养出来,主要靠历练,培训的作用有限。在一个人的职业发展道路上,培训只做出10%的贡献,而摸索和闯荡贡献了70%的成长,另外20%则来自见识。作为创业公司,在设计组织架构、层级、汇报线的时候,尤其要关注有利于第二层管理者、第二梯队年轻人的选拔、历练和成长。为什么呢？因为创业公司并没有很好的吸引高水平现成人才的条件，只能从招得到的人才中不拘一格选拔。此外，由于没有完善的培训体系，且在任的业务管理者往往不具备带教能力，更没有意愿也没有时间去带人，于是，大胆起用年轻人就成了选拔和历练第二梯队的最主要办法。小王在前半场不够幸运，没有遇到适合创业的伙伴，当然这也是由于他相对缺乏人力资源知识。后半场的窘迫则缘自没有提前对团队建设和人才规划布局。

故事二，一位基层主管。处理跟人有关的挑战对基层管理者来说是家常便饭。大部分公司会给新任基层管理者提供"人员管理""情境领导"一类针对个体员工进行管理的培训。这类培训往往从静态、孤立的视角看待员工个体此刻的表现，提供解决个体员工眼下具体问题所需要的技巧。这个故事贴切地解释了这些技巧对解决现实管理挑战所存在的局限。

这位销售主管刚刚被提拔做小区销售经理。他的提拔意味着某位和他一起进公司的同龄同事在未来几年看不到晋升机会，于是这位同事表现出了消极对抗。由于其他更年轻同事的业务能力还存在差距，这相当于给新上任的小区销售经理一个下马威。按照"人员管理"或"情境领导"教的方法，新任经理对"老"同事采用了一系列"多支持""少辅导"的措施。让"老"同事带年轻同事，他推托。遇事征求"老"同事的意见，他给你软钉子碰。

在学习了"团队发展"和"人才规划"后，这位新任经理恍然大悟。他完全转变了思路。这位新任经理要求自己内心里"忽略"这位"老"同事，虽然在日常行为上仍然对"老"同事表现出足够的尊重。新任经理转而选拔一位更新、更积极的同事由自己亲自培养,虽然希望"老"同事能留下来,但也已经做好了"老"同事离职的准备。一个月过去了,结果这位"老"同事主动要求带一位年轻同事一起做项目。"老"同事带的人和新任经理亲自带的年轻人你追我赶,局面渐渐打开了,新任经理自然喜不自禁。以前,放手、支持和鼓励等措施在"老"同事眼里那是讨好,是哄骗,而现在,同样的措施却被看成尊重和开明。那位"老"同事为什么会发生转变?新任经理手里有后备队可以培养,"老"同事不再不可或缺,他自己不得不做出选择;人家给了他足够的尊重,始终给他保留了回旋的余地,有面子、被尊重、有台阶可下。

得知这样的应用事例后,做培训的同事格外兴奋。不仅因为某个具体的培训起到了作用,更因为他们感到从这件事情中得到了很大的启发。常规存在的培训内容,不论多么著名,不管有多少公司在用,不一定是合适的。而跳出一直在做的"正确"的内容,从更广大的视角分析问题,重新构建内容,培训就能因为适合的内容而发挥很大作用。

对我的启示则是,培训始终要站在人才发展的立场上思考问题。比如,帮助学员扩大看问题的视野,从看问题在当下的表现,到看问题的来龙去脉;从看个体到看环境中的其他因素与个体的互动影响;很明显,对比较年轻的学员比如这位新任经理来说,扩大视野对其成长十分重要,对资深管理者甚至企业的领袖也是如此。培训让人长"胖",填充更多知识到肚子里面。而人才发展意味着让人长"高",过去看不见的东西长高就看见了。而看见了,人就会想方设法调用内在资源去解决问题,甚至自己主动、有目的地去获取相关的知识技能。看见危险自然会设法躲开,看见机会哪有不去抓取的道理?

故事三,大型组织中的中层领导。我即将分享一个大型公司"中基层"管理者的事例,当决策下沉后,中基层管理者需要像"高管"一样思考问题,才能让自己的团队立于不败之地。

某公司搞"去肥增肌",根据人效计算,各个部门领受了裁员任务。大型设备部门销售总监发愁了。按照绩效原则,显然应该"优化"那些尚不能产生业绩的年轻人,但这样做虽然短期人效上升了,但长期来看却产生很多问题。为什么呢?由于金额高,购买决策要上升到客户的最高决策层,大型设备的销售对客户经理的要求非常高,只有极少数经验丰富的销售代表和技术专家才能胜任大型设备的销售和技术支持工作。这些人在市场上非常紧缺,是所有公司的猎头对象,保留和招聘的挑战巨大。本来适当保留一些员额冗余,是希望在公司内部在职培养年轻人,既可以应对人员流失,也为扩大业务提供人才。但是长期以来,很少有年轻同事能在内部成长,有业绩的基本上还是从公司外重金挖来的。现在公司有利润压力,即使不想"优化"这些理论上的"后备队",这位销售总监觉得自己也拿不出有力的数据来支持"后备队"的存在。如果裁撤了"后备队",人效虽然在短期内增加了,但未来人才管理难度和人力资源成本势必增大。进退两难,怎么办?分析以后,这位总监发现,把"后备队"放在大设备业务团队,期望他们逐渐接手大设备的想法是错误的,因为他们根本就没有锻炼机会,反而让年轻同事长期坐冷板凳,不仅吃闲饭形成无效成本,而且他们也荒废了自己的年华。"后备队"的理念没有问题,问题的症结在于如何为他们找到适当的锻炼机会和成长路径。

最终,这位总监提出了一个两全其美的解决办法:保留这些年轻人,但是把他们从大型设备业务中剥离出来。同时,建议公司设立小设备业务部门,虽然小设备业务利润很低,但不至于亏损。把这些年轻人安排到小设备部门,他们就有了更多下场历练的机会。这相当于在公司成立了一所自负盈亏的"学校",其中的人才在需要的时候再输送回利润更高的大设备部门。

"去肥增肌"的压力迫使这位总监重新思考长期在做的事情,从而得以发现并优化其中的不合理之处。他做到了不仅被迫对今天的成本压力做出反应,还为明天的业绩做好布局。而这是因为他能够从团队建设和人才规划的视角思考管理问题。

亲爱的培训同仁,建议您合上本书,拿出笔写一写在阅读本章节时您做的思考。

2 发展性教练：让管理者与"鹰"齐飞

请看下面某大型设备公司区域售后经理老王分享的这个故事。故事的主角小张是公司新招聘的售后工程师，老王是他的上级。

十几年前，在招聘新售后工程师时，一名清华大学机械工程系的应届毕业生让我惊喜。

第三面有个环节：要求15分钟熟悉一个真实的客户报修情况，包括一线刚刚接到的故障报修信息、远程数据和客户使用场景信息，然后作为售后工程师，给客户设备科的对接人回电话。小张不但把故障原因和处理方法讲得清清楚楚，而且他还建议客户做进一步检查，确保找到问题的根源。客户非常满意。像发现了稀世珍宝一样，我毫不犹豫地录用了他。

小张上岗后的一天，我带他去这家客户做定期拜访。先去见设备管理员，对方见是通过电话的那位工程师来了，特别高兴，说上次小张建议额外去查查另一个部位，果然那里有个配件不稳定。不过那个配件要一万多美元，设备科长一直不同意买新的，而是让修。小张说："没事，我在其他报废机器上给你找一个来。"客户听了都要高兴得快跳起来,我心里却不是滋味。

快到中午时,我们见到了客户的设备科长。设备科长历数这两年设备出现的问题,还没等我解释,小张先说了:"科长,我研究过这些报修记录,都不是太大的毛病,说明设备还行。请放心,我会常来做例行检查,也会保证响应速度。"科长表示感谢,接着缓缓地说:"你们公司最近推出的新设备怎么样,听说功能强大很多?我在考虑要不要一劳永逸解决问题……当初为了把现在这套设备买下来,我的前任把配件库存的预算给砍了,现在好了,每次都要打报告买配件,麻烦不断……再说了,费劲把配件库存建起来,还不如直接更新设备呢,你们说对吧?"

我听出设备科长是希望我们出面动员他们公司领导采购新设备。没想到小张抢着说:"科长,我觉得配件库存真要建,新设备倒不必要,现在的设备是旧一点,但不至于出大事故,能省下几千万呢。"

我偷偷看了一眼科长,他脸上明显阴沉下来了。

从餐厅出来告别科长之后,我一直思考着如何与小张谈谈今天的事。

想象你是这位区域售后经理,请你考虑一下如何与小张谈话。请暂时放下书,考虑几分钟。

你可能邀请小张找个咖啡厅坐下来,在轻松愉快的气氛中,你面带微笑对他说:"不出所料,你今天整个拜访几乎无懈可击。你很容易和客户建立关系,你看他们都喜欢你,专业知识起了重要作用,说明你学得很快而且做了充分准备……和设备管理员的关系更好了吧?你帮了他一个大忙,不仅省了一万美元,还省了好多报批手续,不过咱们公司是不是就少了一万美元收入?而且,今后谁还买配件呢?他下次再找你要配件,你弄不到的话,关系不就坏了吗?和客户处得再好,毕竟还有甲方乙方这一层关系,这个分寸你再揣摩一下?科长那边有点复杂。售后的一个重要工作是为设备销售创造条件,毕竟客户更信任咱们这些技术人员。他其实并不是在抱怨咱们的设备,他也不想建配件库存。其实他恰恰想让我们去说现在设备不行了,而且没必要建配件库存,不如直接上新设备。你说设备没问题,这不是唱反调吗?总的来说,作为新人,你远远超出了我的期望……"

这是经典的"三明治"反馈法。

在"教练"培训课一开始,我用这个故事同样询问学员。不同的是,在学员稍做准备之后,我就请他们两两进行角色扮演对练。长期以来,我得到了大量数据。好消息是,绝大多数进入我课堂的学员都主动采用"三明治"反馈法提供反馈,而且大体上合格。即便以前没有学过这个方法,只要有管理经验,基本上可以做到无师自通。

然而坏消息是,鲜有学员意识到在这个事例中,提供"反馈"并不合适,即便采用了精心准备的足够"专业"的反馈。这正是我撰写本章的原因。

事实上,在长期、大样本的观察中,我发现无论上述反馈在语言、语气上做得多么精致,几乎都会激起对方的对抗,多数对抗比较温和,比如,"这里的道道真多啊"(请揣摩一下背后的潜台词),"哦,好的""知道了",少数甚至不欢而散。

大家都看到了小张存在的问题,也看到了这些问题对工作的影响,大家当然是站在公司的利益和工作的需要来审视小张所存在的问题。不过大家看不到小张的需要,并且没有意识到特别需要关注他的需要。

这个故事有真实背景。十几年前,在老王和小张这次谈话后不久,小张就辞职了。老王百思不得其解,直到过了10年两人再次相见才知道真相。小张成绩很好,原本要出国深造,但最终没有成行,于是他就留下来找工作了。他对这家特别人性化、科研实力强大的国际性大公司很有好感,起初也觉得售后工程师的工作适合自己。但是第一次拜访客户回来,经理跟他的谈话让他对工作产生了重大疑惑,他意识到搞关系、做销售是这个工作的主要内容,专业能力要求并没有他想象的那么重要,特别是经理的想法让他觉得与自己的做人准则有冲突。在谈话中,对面那个善于察言观色,说起话来左右逢源的经理在他面前树立了一个难以企及的榜样,不过这也是一个他不太情愿效仿的榜样。

读到这里,你会不会产生一种不愉快的感觉?你会不会对以下想法产生共鸣:这人太矫情了;他不适合这个工作,离开更好;经理选错人了,这个工作就不应该聘用学历太高的人。

如果你这么想的话,我似乎在你身上再一次察觉到了我在课堂上无数次察觉到的那种挫折感,这种感受来自学员们与管理高潜员工相关的大量挫折:眼高手低,看不惯却又说不得,最后也留不住……经历几次教训之后,很多管理者痛定思痛,会得出这样的结论:不要招太优秀的人,要招合适的人。其至有些管理者认为:"什么是优秀?能力与所担负的工作匹配程度高才叫优秀!"还不忘记补上一句:"不少在本职岗位上表现优秀的员工虽然学历不高,但踏踏实实,经验足,解决问题能力强,这才是优秀!"

确实,小张有不少问题,旁观者轻而易举可以看到他身上的毛病。进一步深挖,问题其实出在小张头脑中秉持的信念,有什么样的信念就会产生什么样的行为。小张认为"专业公司应该靠专业来做生意"——难道不是吗?"我认同这家公司就是因为它的专业性,而不像某些公司那样……";他相信"专业技术比人际能力更重要,而且更'道德'";在职业上他的信念是"实事求是,有一说一"。

由于存在这些信念,老王所做的反馈,反而让小张失去了对经理和对这份工作的尊重。他表面平静,内心却可能翻江倒海。老王越是小心翼翼,越可能让他心生不悦。因为无论多么百转千回,经理无非是有技巧地"操弄"他接受那些改变。小张内心的信念不仅阻碍他在当下接受反馈,而且势必将限定他未来的发展。很遗憾,老王没有机会发现小张的内在阻力,也失去了施加影响的机会。我问老王,10年后发现了事情原委的时候,是一种什么样的心情。他说,"我当时愣了好一会儿。不是因为失去了一个好苗子,而是在那一刻我才看到自己长期存在的能力短板,也认识到了在带团队上反复出现问题的根子出在这块短板。要是早十年发现这个短板,会省多少力气啊。"小张这类员工暂时不会产生现实的绩效价值,而且还不好用。但是,如果在初级岗位上无法招聘和留住有潜力的人,会造成什么问题?未来团队将缺少管理骨干,更加可惜的是,管理者回避了打怪升级的历练。这对管理者的管理生涯会带来长久的影响，在未来的管理生涯他将一次又一次遭遇团队的结构性问题，表现在人才出现断层、管理幅度扩大，直至因为团队的制约而失去业务主动权。在实际工作中回避"高潜"员工，管理培训又往往以针对普通员工的内容为主，于是在跟"高潜"员工打交道时，管理者难免产生挫折感。

高潜管理是一门技术活，"教练（Coaching）"是其中最重要的一门手艺。除了高潜员工之外，教练技术对高绩效员工和高管同样适用。教练是带领和支持别人完成自我觉醒与自我发现的一个过程，教练过程培养独立思考、创造力和解决问题的能力，从而实现个人及组织的成功。

还是回到老王和小张的事例，说明我的观点。我和你一样，绝对同意小张的那些行为必须改变，我也认为小张的那些信念站不住脚。虽说改变了信念，行为改变就会顺理成章，但我并不是说要先改变信念再改变行为。那么，老王错在哪里呢？节奏错了！

掌控节奏

可以说，善于掌控节奏是一位经理有望发展出教练能力的重要先决条件。一言以蔽之，掌控节奏就是要以被教练者的节奏为准。具体而言，谈话发起、结束、时长、内容、目标和深度，这些都交由被教练者也就是员工，而不是由管理者来决定。

带着三四岁的孩子在最后几分钟赶火车，你一定会一边看着前进的方向，一边看着一同跑的孩子，根据孩子的承受能力来调整步速。你甚至会侧身朝向孩子,以便更及时掌握他的进度。但是管理者通常十分习惯按照自己的节奏掌握进度。那么前述事例中的经理,是按照谁的节奏来推进谈话的呢?在本节开头我请你停下阅读,给出的谈话建议又是根据谁的节奏来推进的呢?

如果老王按照小张的节奏组织谈话,应该是这样的:

- "要不要找个地方坐一下?"而不是"我有一些反馈想跟你谈一下";
- "怎么样,今天过得开心吗?"而不是"总的来说,你今天做得很棒";
- "咱们从哪儿开始"而不是"我有一些反馈想跟你谈一下";
- "我注意到你帮设备管理员解决了大问题,不过会不会提高了他对你的期望"而不是"你帮他省了一万美元,咱们公司就少了一万美元生意"。

我们暗暗希望这样的时刻到来:"经理,我有一个困惑","您觉得我当时这么做好不好"。

因为被教练者前来"求教",是最好的"教练时机"之一。

同样,如果他这么问,"经理,您给我说说,提点建议吧",你也不要急不可耐,而是问"嗯……你感觉到什么了吗……"因为我们希望他更加渴求,这样的"教练时机"就又成熟了一些。我们也希望更加精准地把握他的需要,于是我们的回应将更加吻合他的节奏。

读到这里,大家应该看出来了,我们说的教练不是那种手把手教的师傅,也不是魔鬼般反复训练的体校教练。教练的原词 Coach 的本意是:将重要人物从他们所在之处带往他们想到之处的交通工具。遥远年代的私家马车。教练是那个车夫,往哪里去要听从主人的吩咐。是慢一点尽量避免颠簸,还是不顾一切火速赶路,当然还是得听主人的。甚至半道掉头,车夫也绝无二话。经理和高潜员工谈话也莫过如此。他想谈,好呀;他不想谈的,那先不触及;他想谈多久,奉陪。那么,如果我们想谈的他却不想谈呢?这说明时机还没到。就像赶火车时孩子奔跑的速度不够快,而你已经抱不动他了,那也只好先误了这班车吧。好在高潜高绩效员工存在的问题大多数都很重要,但不紧迫。今天不解决没有问题,明天不解决也不会怎么样。当然,如果一直不解决,一定会产生重大影响。

试想,如果老王当初能够这样做的话,会给他自己、小张还有那家国际性公司带来什么样的不同结局?

然而,管理者普遍不善于与鹰齐飞,因为相较于"管理",鹰更需要"陪伴"。有句话说"鹰有时比鸡飞得低,但鸡永远飞不了鹰那么高"。高潜员工就像暂时低飞的鹰,虽然有足够的潜力可供开发,但毕竟羽翼未丰,不辨菽麦,业绩表现尚不及有经验的普通员工。这个时候,业绩导向的经理们急不可耐地扑上去试图帮助高潜员工尽快做出成绩。不幸的是,管手管脚的"微观管理"却经常起到为丛驱"鹰"的效果,导致仰望蓝天志向高远的高潜员工提前离去。

有鉴于此,从事培训和发展专业的同仁们急需为管理人员赋能一套适合"双高"员工的管理办法。为此,培训和发展专业同仁需要突破已有的认知框架,更新相关领域的培训内容。

放下"反馈"

在本节开头案例中,我写到大多数学员能够熟练运用"三明治"反馈套路,不少学员还能在运用套路中展现出不错的沟通和影响技巧。在近30年的培训生涯中,在不同公司、不同培训项目中,我也反复看到"反馈"概念深入人心,在管理正规化的大中型企业,反馈已经成为基本的人员管理手段,管理者甚至形成了"反馈本能"。在教练技术培训课堂上,我总会安排类似本章开篇的事例让学员做角色扮演,几乎所有学员都本能地采用反馈格式,对"下属"的绩效问题或者行为缺陷提出要求。很少有学员能够透过现象看到零散的行为背后人所存在的问题。但是针对高潜和高绩效等"双高"员工的管理,强大的反馈本能反而有害。

反馈可以被视为平行于教练技术的一种管理手段,也可以作为教练技术所需要的一项重要技能,但绝对不是教练本身。反馈与教练在底层逻辑上有本质不同。无论技巧多么娴熟,反馈终究是单向的,有目的的,而且是自上而下的。通过反馈,管理者试图巩固希望下属保持下去的正面行为,或者消除不希望看到的行为。管理者决定了反馈谈话的"节奏",包括反馈的内容和过程,要做什么或者不要做什么、应该做到什么程度,什么时候开始和结束反馈谈话等。而开展教练活动,一项必备的前提就是把节奏的决定权交给被教练者。所以,过分强大的反馈意识,很容易限制学习者形成教练能力。围绕反馈所做的培训对管理者产生了深入影响,这当然值得培训同仁欣慰,不过与此同时,我们也看到消除反馈培训对管理者的影响,将是一项必要但很有难度的工作。

从绩效教练走向发展教练

从功能上说,有两大类教练:绩效教练和发展教练。绩效教练,顾名思义,目的是改善绩效表现,对象是人的行为。师徒关系(Mentoring)和体育界的工作更接近绩效教练。这是培训发展行业大家比较熟悉的主题领域。发展教练则着眼于人,通过改变信念、思考方式、心智模式,最终帮助被教练的这个人获得成功。当一个人的工作或者生活发生重大角色转型,比如技术专家走上管理岗位,基层主管晋升为中层经理,"单身狗"新成家等转型。发展教练是领导力发展、高潜和高绩效员工管理的最重要手段,没有之一,但是发展教练的意义和技术要点还没有被培训界和企业界充分认识。

例如,本节开篇事例中的小张正在从学生转变为企业人。各位读者容易看到小张的找配件建议、回应异议等,都是"绩效表现"问题。显然,在这些零散的绩效表现问题背后,隐藏着一个整体待发展的人。试想,采用绩效教练手段,改变了回应异议的做法,会不会治标不治本,这里按下葫芦那里又起来了瓢?因为小张在与人打交道方面有自己的一套行为模式,改变个别习惯不足以改变整套行为模式。而模式背后那些信念顽强地抵触绩效教练所试图施加的影响,使他不能顺畅地接受不同的做法,让教练的努力事倍功半。这就是为什么人在发生转型时,需要发展教练的帮助。在开篇事例中,如果老王能够意识到小张正处在一个转型阶段,就会从整体上来看这个人,不会那么纠结于改进他的行为缺陷。

转型中的高潜人才需要"人生导师",但绩效教练却把管理者矮化成了"技术师傅"。在"师傅"犀利的眼睛里,只有合格与不合格的"鸡",不存在未来之"鹰"这回事。因此,我们需要帮助管理者意识到自己存在强大的绩效意识,以及强大的绩效意识正在阻碍他们有效地促进"双高"员工转变角色。帮助"双高"员工实现转型,获得个人成功,是保留和用好这些宝贵人才的关键。姑且放下绩效缺陷吧,在刚出校门的年轻人身上看到那些问题再平常不过了。然后,放松心情,睁开双眼,敞开你的好奇心去发现他,去探索他的观念体系……自然而然地你就交出了节奏控制权,开始担当发展教练,帮助他完成转型。伴"鹰"齐飞,建立人才梯队,提升团队整体能力天花板,持续产出高业绩。

从技巧到策略

培训往往太细,盯住了细处,就容易忽视大局。一段话怎么说,用什么语气说,往往是培训老师擅长并喜欢钻研的培训内容,这方面内容越来越多、越来越细致。在教练技术训练中,这种倾向同样非常明显。教练技术培训大体上有两类内容:套路(过程)和技术。不同培训课程提供了大同小异的过程,以及近乎相同的技术要点。技术性内容无非是沟通和影响技术在教练语境下的应用。经过反复训练,多数学员应该能掌握套路，但技术的掌握程度差异很大。每个学员运用技术的娴熟程度，本质上反映了他在进入培训课堂前已有的沟通能力。然而，由于技术的高下，严重影响套路的使用效果，受制于原有沟通能力的限制，很多学员在理解和记住套路之后，在综合运用的时候仍然相当笨拙。难以想象回到现实中，他们有多大可能会去运用所学的套路。培训老师和培训甲方因此备感受挫。

因为投入更多时间进行训练，把技术内容掰开揉碎，试图把技术技巧在更微观层面构建成步骤和要点，更细致入微了。用盖房子做个类比。框架相当于套路，砖块相当于技术技巧，本来希望提供框架和砖块之后，学员围绕框架自己垒砖建房。结果发现学员拿不动砖块，于是老师研制出了大批更小的构件试图易于学员操作。但结果并不理想。过多的微观细节在学员听起来，更像是退堂鼓。失去了耐心和信心的学员转而要求老师进行演示，而老师明白自己必须证明所教方法的效力，于是课堂成了老师表演的舞台，本该是学习主体的学员在课堂上成了消极的观众。

这种做法本末倒置，拣了芝麻丢了西瓜。如何解决呢？培训老师恰恰应该避免进入细节，跳出来看到更广大的空间，干预更有价值的变量。套路、技巧等技术水平固然影响教练效果，而内容（针对什么而谈）、立场（观点和目标）、时机等策略选择却在更大程度上影响教练效果。就拿时机来说，在合适的时机，没有技巧的谈话也能声声入耳。反之，在不合适的时机，更多的技巧反倒引起对方的怀疑和抵触。时机比技巧更重要。在合适的时机进行谈话，使用技巧的必要性就会大大降低。

什么时候是合适的教练时机？当出现以下情况时——

2 发展性教练：让管理者与"鹰"齐飞

- 有人向你请教时；
- 有人向你咨询建议时；
- 有人被某事困扰时；
- 有人提出难题或顾虑时；
- 有人停滞时；
- 当有人犯错时；
- 当有新的机会时。

总之，当有人愿意以开放的心态学习时，教练时机就出现了。简而言之，就是"哭"的时候和"笑"的时候。什么是"哭"的时候？当员工犯错或受挫、受困时，迫切想知道为什么，如何解决问题。此时教练的出现就是雪中送炭，而且此时员工的内心高度开放，大脑高速运转。什么是"笑"的时候？当员工承担挑战并获得一些成功的时候，教练通过推动他复盘，去提炼经验，让员工超越事件本身，形成举一反三的能力，帮助员工获取持续的成功。

于是，我们可以站在更宽广的视角思考教练内容，那就是研究如何能让高潜员工更快地"哭"出来或"笑"起来。尽早委派任务，更多授权，让员工有压力、有挑战，在这个不断挑战的过程中就更容易"哭"或"笑"。还有，当看到幼稚可笑的举动、令人不满的绩效表现，发展教练还要忍住并敢于承担绩效后果，让子弹飞一会儿，直到他"哭"着来找你，在那一天他遇到了困惑和挫折，百思不解……好时机来了，你终于发自内心地"笑"了，因为你与这只"鹰"伴飞已久，终于等到了他的底层信念发生动摇的时候了。

在伴"鹰"同飞的时候,除了等待,还需要做什么,还能做什么？如何减少对业绩的影响？什么样的策略能够恰如其分地制造让他们"哭"和"笑"的机会？当他们来找你时,应该传递什么信息,如何定位你的信息？这些正是教练培训需要更新的内容——跳出微观技术细节,广阔天地,大有作为。

管理者普遍缺乏发展性教练能力,这不仅导致高潜员工和高绩效员工过早离职,从长期来看更造成公司骨干队伍后继乏人。培训和发展部门必须把发展性教练能力作为管理者,特别是中高层管理者的基本领导能力予以重视。毫不过分地说,对于中高层管理者,发展性教练技能就是管理技能。

3 角色转变：二线经理也要再定位

你听到过这种疑问吗？

"我从一线经理提升到二线经理后，感觉很难摆正位置……管细了，下级经理抱怨你越级。放手一些呢，就掌握不到下面的情况，上级会不会觉得要你干啥？"

说起二线经理和一线经理，在有些公司是总监和经理的关系，在另一些公司是经理和主管的关系，或者是大区经理和小区经理的关系。如果没有找准自己的定位，二线经理的处境会比较尴尬。特别是，如果一线经理能力强、下面的团队成熟，二线经理心里更会发慌，觉得自己的作用微乎其微，唯恐自己没有价值。比如，摸不到员工的脉搏，对员工辅导、赋能等活动触及不到细微的层面，对业务的指导也怕做不到位。

培训同仁们，应该怎么帮助这样的管理者，应该提供什么培训呢？

人才发展就是提升人的高度以便扩展视野

先别忙着回应。从一线走向二线是一个跳跃,这是一个典型的人才发展场景。我一直认为,从培训转向人才发展是提升培训专业价值的关键,这个转变可以提高几乎所有领域培训的效果。人才发展提升人的高度,从而让人们看到原来难以企及的广阔视野,在此基础上,技能才能发挥应有的作用,即便不具备技能,耳聪目明的人肯定比视而不见的人更容易理解新知。在本节,我将通过分析二线经理转型的培训需求,直观地解释什么是"扩展视野"及其价值。

企业市场价值 Market Value		
权益 Equity	无形资产 Intangible Assets	
	形象价值 Image Capital	专技价值 Knowhow Capital
		研发价值 R&D Value (属于企业)	才干价值 Competency Value (属于个人)

竞越"探戈(Tango)"核心框架:市值模型直观地帮助管理者扩展视野

竞越经典培训"探戈(Tango)"课的核心框架,不仅可以用来指导公司特别是知识人才密集型公司分析经营和管理活动,也可以完美指导二线及以上管理者的定位。市值模型为所有经营和管理行为指明了目的和出发点,即帮助组织提高(市场)

价值,简单地说,就是帮助公司提高长期股价,而不仅仅是帮助公司提高利润。培训和人才发展专业同仁,可以用这个模型帮助学员扩展视野。

首先,模型最左边的"所有者权益"其实就是大家熟知的绩效。要提高"所有者权益",就要最大限度增加盈利。回想一下,作为管理者的学员,他们满脑袋想的问题是不是都与净利润有关?比如人效、控制成本、创收、加快完工周期、工价或者小时营收、利润率、占有率等等,大家平常追求的"绩效"近乎100%属于市值模型中最左边的提升利润(所有者权益)。然而,市值模型突然向右边扩展了:除此之外,还要创造无形资产。有形资产(所有者权益)加上无形资产才是市值。无形资产包括两个部分。其一是客户的信心和市场的口碑(形象价值),其二是公司的专业能力(专技价值)。为了提升市值,管理者既要创造净利润,还要为公司(或者自己的部门,甚至团队)增强形象价值和提高专业能力。具体做起来远比我现在呈现的要复杂许多,比如有形资产和无形资产之间充满了矛盾甚至对立,优秀的二线经理必须掌握统一二者的大量技巧和能力。不过在此之前,他们首先需要树立无形资产的概念,理解自己要比在以前仅仅操心有形资产的时候多做哪些事情。

这是不是一个非常直观的视野扩大的经历?

那么,如何利用市值模型指导二线经理华丽转身?在市值模型指导下,二线经理要比以前多做哪些事情来确认自己的新定位?

展现不满足于日常交付的进取心，让部门因我而不同

一言以蔽之，一线用好已有的资源保证完成任务，二线通过"基础建设"提升部门价值。要想做好二线经理，就要牢牢抓住提升部门"市值"这个核心目标，带领部门进入这样一个良性循环："部门市值高—便于吸引优秀人才和重点项目—通过优秀人才做好有影响力的项目，获得部门名声且积累部门的专业特长—员工和客户双双满意—进一步拉升部门价值"。从市值模型来看，既可以通过提升业绩（有形资产或者说所有者权益）也可以通过建设无形资产来实现部门价值的提升。但是，高层领导评判二线经理是否做到了成功转型，在很大程度上看他有没有自觉关注并善于做好无形资产建设。这有两方面原因：第一，离开无形资产的积累，业绩增长将极为有限；第二，充分使用组织已有的无形资产去获取尽可能高的业绩，这本质上是一线干部的特长，也是二线经理格外需要注意加以摆脱的惯性。关键是建设无形资产。所以，一线干部的核心职责是保证自己团队的日常交付不出问题，再优秀一点，还能做到多快好省，并让客户满意。但二线经理要思考如何让部门因我而不同，在自己离任前，部门交付的绩效要远高于自己到任的时候。"要想富，先修路"，经济腾飞基建先行。更好的交付绩效不会因期盼而来，一定是部门基建投资的结果。

为此，二线经理要开始发挥设计师的作用，理解、承接并指引部门去实现上级对部门的定位，通过形成部门的核心竞争力（部门的专技）和在内外部的影响力（部门的形象），以提升部门

的独特价值（部门的市值）。

部门的形象好，也就是内部影响力高，口碑好，老板就愿意给部门更多重要的项目，员工因而有机会承担更多的挑战，对员工而言，这无异于开辟了更多升职加薪的机会。老板也愿意信任这个部门经理，赋予部门更大的自主空间，这等同于加持了部门经理的影响力和权威。

再说专技，同样地，部门在某些领域具备强大的专技，也就是队伍能力强、部门在某领域有技能储备，这样的部门就能争取到更多资源做进一步投入，项目多，人才密度越来越大，兵越做越强，马越跑越壮，绩效自然会好起来。部门便逐渐有了进一步创造更大部门价值的条件……

进入这样一个良性循环，足以证明这位二线经理的成功。

排兵布阵，团队建设

有了提升部门"市值"这个核心出发点，我们进一步通过市值模型来说明二线经理要承担的其他职责。市值模型最右边的"专技"由两部分构成，即才干价值和研发价值。才干价值就是在人身上的专技总和，人越多、具备越多能产生客户价值的技能，这一项的价值就越高。研发价值是凝结在系统、制度、流程、规则、文件、产品、工具和模板、案例等载体上的结构化知识。系统、制度、流程等越合用，专技价值就越高。

排兵布阵，团队建设，这显然是着眼于提高"专技"中的"才干价值"。

一线经理带一层团队，二线经理则是经理的经理，领导多

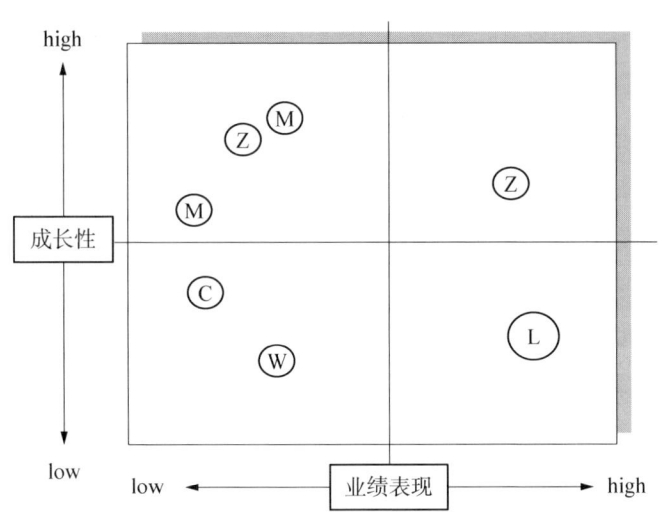

L想学习吗？如何才能让L想学习？

[图：纵轴为"成长性"（low到high），横轴为"业绩表现"（low到high）的四象限图。左上象限有Z、M、M；右上象限有Z；左下象限有C、W；右下象限有L。]

层团队。因此，二线经理要做好组织建设，也就是真正意义上的"团队建设"。

我们一起来看一个在竞越"探戈（Tango）"培训上出现的例子，从中理解真正意义上的团队建设。姑且称其为"青黄不接的团队"。上面有员工L，能力强、绩效好，但抱负低、成长性有限。L之下有员工Z，潜力高但当前的能力还有比较大的提升空间。Z后面还有好几个差距更大的同事。面临新形势新任务，部门亟需新技能，并用新的方法达到新的更大的要求。但是，L这样的"高手"倾向于采用多年积累下来的经验，领导感到很难要求他做出新改变。此时，有一个巧妙的办法，就是把Z提高起来，让L看到新人、新方法有效，并且在"后浪"的压力下，不得不百尺竿头更进一步。

通常，管理者会苦口婆心地对L加以培养和劝导，这是在

3 角色转变：二线经理也要再定位

管理个体。但是，当你站在整个团队视角去看的时候，你会发现通过对 Z 的培养，能促动 L 突破目前的局限。我们希望二线经理善于通过人和人之间的互动、示范与激励效应，使整个团队更加活跃。

作为多层团队的领导者，二线经理更多遇到的"L"其实是他的下一层干部，要靠其出业绩的关键基层干部不合用该怎么办。这个案例的处理方式既为二线经理提供了有用的指导，同时也说明了二线经理与一线经理在工作任务上的一项重要职责：做好对骨干、中坚和未来中坚力量等重点人才的激励和培养。

所以，我希望培训同仁从以上事例中看到二线经理在组织建设上的新责任：

- 拉动团队为新的业务形态、新的技术要求做好准备。多少行业被颠覆，新的任务层出不穷，新的技术令人眼花缭乱，所有公司都在剧烈变革，每个部门都在改进，每个员工也面临来自组织和客户的更高要求。管理者，尤其是到了二线以后，动员整个队伍变革图新，打造一支适应新技术新业务的强大队伍可谓日常工作。把以上例子放大尺度，L 也好 Z 也好，就扩大为员工队伍中的不同阶层了，二线经理要与一线主管一起，推动每个阶层为新业务新技术做好准备。

- 做好接班计划，建设"活水"生态系统。如果 L 离职，会给业务带来什么问题？即便他不离职，但是他不能及时改变和提升自己，在更高的要求面前，团队的专技就相对下降了。放大到更大的部门尺度看，那可能意味着整个部门的崩塌。所以,提升 Z 这个层级,既能激活 L 所在层级,加速 Z 层级的进步,让部门整个生态保持健康,更能让业务受益。

● 成为人力资源建设("才干建设")负责人。工作中的挑战最能推动人才成长,派谁去做哪个项目,实际上很大程度决定了部门内人才能力的分布,二线经理应该指导一线经理从打造最适合未来业务需要的队伍出发,把工作挑战视为一种宝贵"资源"加以妥善利用。然而,工作中的挑战资源掌握在一线经理手中。他们几乎100%从最有利于交付眼前的项目出发来安排人手。通常,越是挑战越安排能人。能人越用越能,下面同事的差距就越来越大。这与前述案例中的做法正好相反。所以需要有人制约一线经理的这个本能倾向,这凸显了二线经理的作用。承担才干建设的二线经理要从自己对部门规划的需要出发,指导和督促一线经理通过排兵布阵来实现自己的意图。

二线经理可以参考市值模型思考自己的部门规划意图。市值模型的每一项都和部门建设有关,并指导管理者通过日常排兵布阵加以落实。先看左边的"权益"项目,在乎这一项的管理人员把人充分用起来,全派到项目上,尤其是成熟能干的人。重视"形象"的管理者,在排兵布阵的时候,有意识地超过需要高配人力资源,不惜放弃成本效益方面的考量,来打造个别重点示范项目,让市场影响力("形象")提高。而重视"专技"的管理者,会思考团队的技术能力是否一直跟得上公司的业务需要。由于要回应这个问题,在排兵布阵时,他会安排一部分人力去探索新技术、提炼方法、形成团队的新知。重视"专技"的管理者还会思考,团队成员的能力是不是一直跟得上业务的需要。所以在排兵布阵的时候,他会有意识地配合接班计划、未来的人才储备。

二线经理应该是资源建设者。要从超前一点的未来业务需要出发,站在整个团队的面向考虑团队建设。由此,培训和组织发展职能要意识到,在当今业务挑战下,及时帮助二线经理做好转型,比帮助一线经理转变角色更加重要。因为我们帮一线经理从做事转向管人,是针对个体有限地提高绩效,而帮助二线经理从管人到排兵布阵,则有助于提升整个部门的能力与业务挑战的吻合度,并且保证公司的可持续发展。

形成技术优势,做好技术储备,建好制度和流程

这又是一个二线经理应该做到但鲜有新任二线经理有此意识的领域,因而它也是培训可以大有可为的领域。比如一些科技公司在赛马机制下,一个部门现在工作量饱满、业务需求火热,交付很好,财务表现也让人无可挑剔,但是过一段时间,如果市场出现新技术并赢得客户的追捧,一旦这个部门没有技术储备,那么很容易会被竞争对手,或者公司内部有相关技术储备的部门所替代。现今技术发展如此之快,这种情况用不了两三年就可能会出现。在市值模型中,通过研发活动,做技术储备、形成技术优势,表现在"专技价值"部分的"研发价值"的增加。

不要狭隘地理解"研发",很多看上去不那么"高大上"的事情其实都是研发。无论是什么层级、什么部门的员工,人人都做过一定程度的"研发"。比如,复盘、总结经验、写PPT等,只要是把隐性的知识显性化,就都是研发活动。除了能创造对外的产品或服务这类研发活动之外,我们还需要帮助二线经理足够重视对内的研发活动。比如,所有完善流程、制度,建立更好的体系,开发工具模板,撰写实用案例等都是研发活动,都能提高部门的"研发价值",并产生新的生产力。

关注研发价值,拥有独特的知识和技术,建立更好的体系流程和制度,做好工具建设,就是为部门打造更灿烂的未来。

总之,在市值模型的指导下,二线经理大胆授权一线经理去抓权益(有形资产),让自己腾出手来打造团队的无形资产(形象和专技),建立无形资产和有形资产之间的良性互动,这就是二线经理清晰有别于一线经理的定位。

市值模型,从左到右,视野扩大、全局尽显。随着全局的展现,新任二线经理与一线经理的区别渐趋明朗。我们没有教授具体的技能,但在全局大图面前,任何人都更容易丈量自己目前所处的位置与目的地之间的距离,更容易找到通往目的地的路径。

站在人才发展视角,重新回应新任二线经理的转型需求,培训的做法也会发生重大而有效的转型。希望这也是一次培训者视野放大的经历。

4 问题分析和决策培训：想说爱你不容易

最后，我还想分享一个培训内容亟需更新换代的事例。需要更新内容的主题领域有很多，为什么选择这个领域呢？原因之一，这个主题领域太重要了。问题分析与决策对管理者和领导者来说可谓最关键的能力领域。此外，亟待更新的培训内容在这个领域处于绝对支配地位。

对管理者和领导者来说，很少有其他能力项目比问题分析和决策能力更重要。1978年诺贝尔经济学奖得主赫伯特·西蒙（Herbert A. Simon）说："决策贯穿管理全过程，管理就是决策"，"组织是一个由偏好、信息、利益或知识不同的个人和群体之间协调行动的系统"。几乎所有个人贡献者在被提升为管理者的前后都会接受问题分析和决策的培训。然而，这个主题领域的相关培训内容却严重滞后，表现在基本假设和内容框架过于简单化。相关培训对现实工作并没有产生太大影响，在真实问题解决过程中，大家仍然用最天然的方法去解决问题，凭直觉和有限的思考做出决策。接下来，我将向大家论证这个断言。

邀请你做一个尝试。请先停止阅读，并拿出一张纸。请把这张纸的长边分成三份，注意，不要撕开，有轻微折痕，一张纸

◆ 重塑内容：复杂时代的培训之道

分成三个区域就可以了。

第一步：请在纸的最上面区域写下一个你最关心、最想解决的问题。工作的、家庭的，都可以。

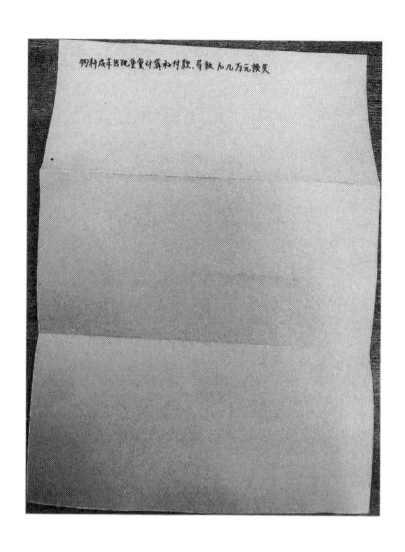

304

再次提醒：请务必在完成上述步骤之后才继续向下阅读！

不知你是否意识到，当你落笔时，你其实完成了一个决策：你选择了这个问题，同时放弃了其他问题。这是一个极为重要的决策，因为真正重要的问题如果在雷达屏幕上消失了，接下来的分析和决策都没有意义。

自我检视：你做的是一个正确的决策吗？你多大程度确信写下来的是你最需要解决的问题？

如果你和大多数人一样的话，我认为你无法做出有把握的答复。为什么？因为你没做过分析，至少没有经过认真分析，基本上凭直觉就写下了这个问题。直觉可能是对的，但也可能错了。

由于时间、精力、资源都是有限的，处理任何一个问题都意味着放弃或者推迟解决其他问题。因此，问题分析和决策培训都很重视这第一个决策：选定什么问题加以关注。

培训的逻辑是通过训练学习者正确的过程以保证实现正确的目的。比如，刚才的实验证明了人们存在 Fight or Flight（"是战是跑"）的惯性，在问题局面里经常思考不足，匆忙下手，因而抓错问题。为确保分清轻重缓急，抓对优先事项，问题分析和决策培训要求学员这么做：首先要完整罗列问题局面里面的事项，包括相关领域的所有问题，或者这段时间内需要处理的所有问题，然后你才有可能在横向对比中确定优先事项。而不能像刚才那样任由直觉起作用，也不能不加比较地单独论证某个选项，"不怕不识货，就怕货比货"嘛。比如，你刚才在纸上写的或许是刚刚被伴侣催促过的事情，也有可能是你比较愿意处理却未必重要的事情，抑或者是一件最糟心然而现在完全没有条件加以处理的事情……总之,由于某个原因,这件事情占据了你的注意力,而那个最应该处理的问题却被遗忘在脑海中的某个角落了。

那么,请问你熟悉上面这些概念或者曾经被培训过上述概念吗?如果答案是"YES",请允许我继续追问:"你刚才是按照以上要求做的吗?""平常在处理真实工作生活问题时,你曾经遵循以上步骤做过吗?"

下面请再回到你手边上的那张纸,为了继续操作,你可以保留前面写的那个问题,如有需要,也可以划掉前面写的那个问题,重新写一个你认为最需要引起你关注的问题。还是用这张纸的第一部分。

现在,准备用这张纸第二部分来写。

第二步:确定你目前最关心的问题后,围绕你的这个问题,思考都有哪些事项需要解决或者需要引起你的关注。请写在纸的第二部分。然后,请在其中圈出一两个你认为最应该引起重视、加以解决的事项。

在你做完第二步之前,请务必停止阅读下文。

每个原始问题都应该被看成是一个由于变化所引发的新"情境"或者新"状况",比如某个关键员工离职了,这个变化给工作环境带来了一系列改变,你需要"修补、再造、消除"这个环境中的某些事项。比如:这个员工具有独特的技能,他的离开让工作受到了影响,寻找替代者的进展很慢。也有一些正面迹象出现,比如离职员工下面更年轻的员工跃跃欲试,而大老板在思考一个问题,这个岗位的员工已经离职两三次了,每次重新招聘的难度又很大,是不是公司在相关业务上并没有竞争

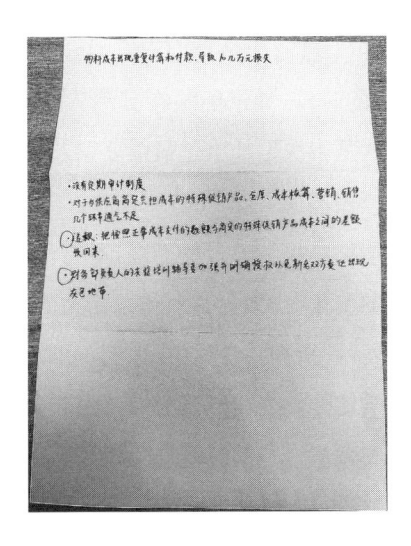

力……这些都是需要引起关注的事项。

可见,一个变化会引起多方面的改变。出现的变化本身(员工离职)可能需要解决,也很有可能更需要解决的是这个变化带来的问题,或者导致这个变化的原因。这个变化也许带来了积极的机会,比如重新考虑这个业务的定位,或者重新考虑与这个岗位相关的工作流程,等等。根据前文第一步的描述,如果用第一感觉抓到一个事项去处理,比如"尽快找到替代者",这是作为一名经理很自然的选项,他花费了很多时间等待或者想方设法突破岗位薪酬标准、推动人力资源部门积极招人,最后发现他可能荒废了时间、浪费了资源。所以,培训告诉我们遇到事情不妨先后退半步,不要急忙跳进去让本能驱使你去处理最急迫或者最痛苦的问题。

另一方面,每个人都有独特的视角,在同一个变化中看到的事项就有所不同。比如离职者和他的经理、经理及其老板以及在职的下属、客户，在这个情境中肯定看到了不一样的图景。当出现一个变化的时候，如果能站在其他人的视角，就能看到一幅更大的图景，从中决定什么是最需要引起重视和加以解决的事项，所做选择当然就更加合理。

有鉴于此，培训要求学习者停下来，不要匆忙做决定，而是罗列（与你面临的变化有关的）各个利益相关方，然后咨询各个利益相关方在步骤一所列的变化中，他们看到了哪些需要引起关注的事项，并听取他们之所以认为需要引起关注的理由。

自我检视，在做第二步的时候：

1. 你是否对第二步的要求感到困惑——第一步出现的问题不就是第二步的答案吗？为什么要多此一举？

2. 你是否尝试了用利益相关方的视角罗列他们关心的事项？

现在，准备用你手边那张纸的第三部分来写。

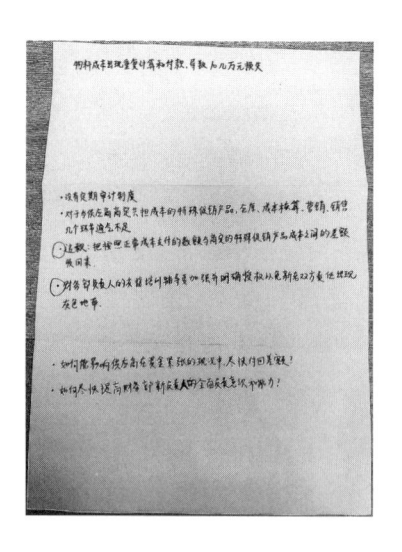

第三步:围绕你在第二步圈出来的最需要解决的事项进行思考,"解决了什么问题,这个问题就可以迎刃而解"或者"在这个问题中,你真正关心的是什么问题"。然后,在你的回答前面加上"如何能……",并将"如何能……"整句话写在纸的第三部分。

不必担心,不需要你找到了这个问题的解决办法你才能写下这个造句。当你写下"如何能……"的时候,不代表你真的能,更不需要你已经有了方案。"如何能……"省略号后面写下的是问题而不是方案。恰恰是因为要找出解决方案,我们才需要通过写下"如何能……"来明确应该为什么而寻找方案。这是"定义问题"。

比如,下面都是围绕"一位重要的团队成员离职"而定义的待解决的问题:

- "我们如何能尽快找到继任者?"
- "我们如何能够不因这个员工离职而影响工作?"
- "我们如何能够帮助下面更年轻的员工承担起空缺的岗位,并形成人才梯队?"
- "我们如何重新定义工作流,以便消除这个岗位?"
- ……

以上每一个(以及更多没有罗列出来的)陈述都反映了面对"一位重要的团队成员离职"这样一个挑战状况,不同的人对真正要解决什么问题而做出的不同研判。不管怎么说,要解决的肯定不是员工离职本身,而是由于离职这个变化打破了原有的稳态,出现了新的状况需要引起重视。在继续投入精力和资源之前,我们需要决定到底要解决什么问题,调整资源投放的焦点。

解释清楚了第三步,现在请你用"我们如何能……"的句式定义你关心的事项——写在纸上第三部分。

再一次,定义问题又是一个至关重要的决策里程碑。消防队员来到火灾现场,要解决的问题不一定是"如何救火——扑灭火灾",而可能是"如何尽可能减少生命和/或财产损失",甚至是"如何减少队友的牺牲"。医生诊病可能把治愈疾病当成要解决的问题,也可能把减少并发症作为解决问题的目标。可见解决问题过程中,定义问题本身是一个异常关键的决策。

如何提高定义问题的正确率呢?培训所传授的方法是这样的:

(1)罗列利益相关方。

(2)与尽可能广泛的利益相关方对话,目的是在对话中看到各个视角,把他们的视角提炼成当前局面下需要考虑的因素。这些因素潜在地都是决定问题定义的选择标准。

(3)在各个选择标准中,通过横向对比筛选少量的最佳标准。

(4)对照在(3)中选定的最佳标准来决定当前的问题定义。

自我检视:你在做第三步的时候,在多大程度上达到了以上所列的"科学"决策的要求?

让我们来回顾一下以上整个过程。最开始,我请你写下你当前最需要解决的问题。在这个步骤中,人们通常任由情绪的支配，当前最困扰自己的事情很容易跳出脑际，出现在你眼前。而培训要求人们通过理性的审视和相互对比，摆脱情绪的干扰，跳脱短期视角，抓取重要问题。第二步请你重新架构问题，把出现的问题看成一个变化，我们并不是要"解决"变化本身，变化改变了情境，让环境出现了状况，我们需要"修补、再造、消除"新环境中的某些事项。所以，我们需要审视变化了的情境的全貌，从而更准确抓取重要问题里面的关键事项。在这个过程中人们很容易自以为是，忽视他人的视角。第三步，借助"我们如何能……"工具，对关键事项进行精确的定义，推动人们在关键事项的基础上做进一步思考，以便想透问题，找准资源投放的方向。这个步骤做好了，就更容易找到解决问题的方案，资源回报也会大大提高。

到这里，你会发现大多数问题分析和决策的培训希望帮助你：

（1）建立一个系统思考问题的框架；

（2）对抗直觉，形成理性思考的习惯。

系统和理性思考首先是分阶段的，以每个"阶段"的高质量分析来保证整体的高质量决策。无论是两阶段模型、三阶段模型还是四阶段模型甚至八阶段模型，其发端都是兰德公司的凯普纳（Charles H. Kepner）与特莱格尔（Benjamin B. Tregoe）1965年合作出版的《理性经理人》（*The Rational Manager: A Systematic Approach to Problem Solving and Decision-Making*）。在这本书中，他们提出了问题解决过程中的系统性、普遍性方法。在不同阶段会涉及的利益相关方、相关事项、选择标准、问题定义（以及本书尚未提及的方案选项）等要素都必须通过全面罗列、同类对比来进行研判。比如在做方案决策时,决策者应该全面比较不同选项的优劣。阶段性、罗列、全面、对比成了"科学"决策过程的特征,而大多数人在决策时并不比较多个选项的优劣,而是依据自身经验,谋划行动方案的习惯就被矮化为"不科学的本能"。

相信与此同时你也发现:即使你认同"科学决策"的逻辑和方法,你参加过(也许不止一次)类似的培训,但刚才的经历再一次表明你并没有按照培训的要求去操作。

你不必为此感到羞愧。但如果你是企业的培训或者人才发展负责人,那么恐怕有必要产生强烈的紧迫感:因为这不是个别现象,也不是一个偶然性问题。大量研究表明,人类在构思并且比较不同选项时,擅长运用非系统性的策略,而非分析式策略。

美国政府在20世纪七八十年代曾经花费数百万美元,用以探讨"人们如何进行决策"。美国陆军根据这些项目的研究成果,设计了非常昂贵的决策辅助系统,帮助作战人员。不幸的是,绝大多数系统的效果令人失望,没有人真正使用它们。经过十年之久的研究和巨额花销,相关工作质量仍然停滞不前。部队颁布了"如何做出决策"的相关条令,可惜官兵们通常都将其束之高阁。相反,研究发现没有人能够举出哪怕一个自己在现实中曾经做过比较决策的例子[1]。面对问题情境,他们调用头脑中的经验库存,而首先映入脑海的方案通常可行,因此决策者不会再费力构思出多个方案,以便从中进行选择。

---

[1] 加里·克莱因. 如何做出正确决策[M]. 北京:中国青年出版社,2016.

加里·克莱因采访了156个决策事例，发现"比较性评价"策略只出现过18次，而其中有半数事例的决策当事人专业经验尚浅。1991年莫热对23个由3名合格飞行员组成的机组进行研究，她发现在波音727模拟器中进行全任务仿真飞行时，"绝大多数机组成员不待掌握全局情况，即会做出行动决策。他们会依据少量的关键信息，做出识别性甚至是反射性的决策；随后，再花费时间和精力，通过持续性的情境调查，来验证该决策的正确性。若之后的情境改变幅度重大，足以导致决策的逆转，那么决策者就会构思出第二种方案，并予以实施。基本上，不会有任何时间浪费于不同选项之间的比较。事实上，对于所有组员而言，绝大部分决策时间都将用于情境评估，而非构思备选项"。

帕斯库尔与亨德森对英国陆军15名经验丰富的军官或士官进行研究。他们要求研究参与者进行模拟演练，这些演练不仅控制严谨，在功能上也极具现实性。所有的研究过程都要进行录音录像，参与者也要随着情境的展开，随时口头报告自己将要采取的措施。他们总结道："在分析过所有情境下参与者的回答后，我们发现，参与者所使用自然主义策略最多（87%）……显然占据着主导地位……这一点对于经验丰富的军事指挥官而言尤为如此。"所谓自然主义策略是说决策者每次仅会构思并评价一种行动方案，而不会将其与其他方案进行优缺点的比较。通过在脑海中模拟行动方案的实施情况，决策者可以及时发现其疏漏所在并予以避免，借此进一步优化行动方案。

总而言之，众多实地研究发现，经验丰富的个体在实际情境下进行决策的过程中,的确倾向于运用自身经验,在不对多个选项进行对比的前提下,迅速反应并做出合理的决策。

赫伯特·西蒙提出的决策满意原则对这种现象做出了解释:决策者找到令自己满意的方案就确定下来,不去寻找最优方案也不再对其他方案进行探讨。尽管人们习惯于使用最大化原则作为选择标准,但在面对信息不足、存在不确定性的情况时,西蒙认为求最优解的成本太高,使用满意原则进行决策是更好的方法。人们做决策的第一步是搜索有用信息,第二步是依据满意原则寻找满意解。决策者会根据自己的满意标准去衡量方案,如果达到或超过满意标准,该方案就是满意方案,就选择此方案。西蒙举了个例子:一堆草堆中掉了许多针,裁缝如果以最大化原则找一根缝衣针,就需把所有的针都找到再加以比较,选择最尖的那根;如果依满意原则的话,只需找到一根可以缝衣服的针就够了。可见,满意原则下的选择策略更加可行,更具效率。

由于人的观念、智慧、认知力、知识、技能、精力、时间等是有限的,人们不可能把所有问题都考虑到,进而找到最佳的目标和最佳的方法,追求极大化,甚至连最优化的可能都没有。有人认为可以是在特定条件下的最优,实际上,由于信息、认知、机遇、思考能力、未知的变化甚至一念之差,他并不知道是不是当时的最优,其选择也不可能是已有条件下的最优。他可能对自己的偏好曲线都不知道,决策的依据是他当时的满意度。只要对决策的目标和执行的手段基本满意,他就会做出决定,开始行动。从这一模式中引申出来的结论是,除了能力之外,决策者的见识、期望值在决策的过程中能起到十分重要的作用。

我恰好是把凯普纳的 Thinkworks ©解决问题和决策体系引进到中国的那个人，长期以来我在中国积极推广理性决策。你可以想见，西蒙的决策满意原则如同一束照射在我眼前的强光，相当刺眼。不过它并没有让我眩晕，而是让我顿悟，因为它来得正是时候。它不仅确认了我长期的观察，而且解释了人们难以使用理性解决问题和决策培训内容背后的必然原因。学术界在理性解决问题和决策领域的持续发展过程则提醒我要对教科书中教授的正规决策方法持怀疑态度，甚至对很多其他领域的培训内容也应持此态度，只要没有反映真知，就只会存在于书本上、课堂里，从一开始就注定没有人会真正去应用它们。更为重要的是，这让我转移了在提高培训有效性上投入努力的方向。过去我和绝大多数同仁的看法一样，在改变培训方式比如改进课堂活动、学习案例的呈现方式，应用各种新技术手段传播知识上做了长期不懈的努力，开始重视对内容的检讨和更新。

另一方面，全世界众多国家和组织的学员确实持续存在对理性解决问题和决策训练的旺盛需求，这反映了其存在的合理性。答案不是抹杀理性解决问题和决策培训的存在价值，而是为其找到合适的对象和场景，并摆正对其的期望，避免过分宽泛地应用。停止将其视为"科学"决策方法，才有可能认可人们普遍使用的自然、经验决策方式，从而为两种分析决策方式找到各自适合的应用场景。

理性解决问题和决策策略有其合理之处，适合以下场景：

- 更加严谨，不会疏漏任何因素，其决策结果更加可信可靠（也就是说，每次分析的结果都能够保持恒定）。
- 经验不足的个体可以借助分析式方法进行决策。理性对比和分析，可以让新手认识到自己不了解哪些事物。理性分析和决策培训可以协助新手做出不错的决策。不过这种策略无法帮助新手做出优质决策，对经验丰富的决策者更是鲜有裨益。好消息是，在当今这个多变的时代，对绝大多数任务而言，我们都是新手。在缺乏当前情境的专业知识时，为了列举出多种行动选项，我们必须使用这些正规方法。此外，我们既可以运用自身经验来解决问题，也可以用这些正规方法对首先映入脑海的少数行动选项进行更加深入理性的分析对比。
- 当情境的计算复杂度更高，或者决策并不是任何人皆可胜任时，如分析投资回报率以选择最佳战略，这种决策必须基于深厚的专业基础与实践历练。
- 使用分析方法可以考虑到所有相关的因素，是可以应用到任何情境中的综合性策略，尤其有利于处理利益相关方纷繁交错的复杂情境。
- 最适合用于团队解决问题和决策，汇集每个人的信息和知识，依照每个人对于环境和不同选项优缺点的认识，对最终决策进行调整。
- 非常有利于促进众人形成共识。当决策过程必须考虑到"解决冲突"这一因素时，各利益相关方的视角各有不同，必须使用普遍适用的分析方法，才能同时衡量所有重要的因素。
- 决策者以此方法为自己的选择指明理由。高层通常要求决策者提供证据，以证明决策者也曾经考虑过其他选项。

4 问题分析和决策培训：想说爱你不容易

● 理性比较的最重要意义在于寻找最佳选项,因为通过自然策略找出的第一个可行方案并不一定是最优选项。

在下列情境下,人们更加倾向于使用自然策略来解决问题和做出决策:

● 当时间极其有限时。每次只能评价一个选项,直到找出满意方案为止,原因在于列举出所有选项并在各评价维度上进行分析所花费的时间过多。

● 当个体在该领域经验比较丰富时。借助经验,人们可以更加有信心地去评估眼前情境,尽快地识别出最合理的行动方案。

● 当事物条件更加多变时。一旦情境更改,之前费心费力所做的分析即将完全无用。

● 当目标极其不明确时。由于目标模糊,很难设定出适用于所有选项的评价标准。

根据以上分析,大家可以看到经验是使用自然决策和理性决策的决定性变量。

理性分析决策仍然有其存在价值,运用经验做好自然决策的内容也应该进入培训殿堂。

在这个古老而又崭新的领域,我认为应该包括以下内容:

第一,教导学习者如何像专家那样进行思考。在面对问题时,有经验的专家是如何有效进行分析的？是否存在普遍适用的思考链路？这个领域的研究越来越多,但尚未形成结构化的知识,更没有形成培训课件。不过已经存在足够的内容可以补充到理性分析问题和决策培训中，至少可以帮助学习者更客观地识别理性解决问题和决策内容的运用场景，以及重视专业经验的积累，磨砺自己的自然决策直觉。

第二，如何像专家那样进行学习则是更为重要的培训主题。既然高效决策的关键就是要累积经验，那么培训需要帮助学习者更快吸收和形成经验，建立自己的经验"库存"。深入实践只是必要条件，仅仅累积经验并不能提升决策的专业程度，还必须在实践中用心学习。要在实践之前制定目标并对照结果，反思旧经验，获得新领悟。要重视现实反馈，并从错误中吸取教训。

5 团队干预的新靶点

不知道你注意了没有,办公环境一直在演化中,空间布局、办公设备,甚至桌椅板凳都显露出工作组织方式的变化。现今普遍的样式是公共空间很大,而个人办公空间缩小,公司内散布各式各样的"工作站",便于三两聚集,庭院、屋顶便于一起散步……所有这些都指向促进交流随处发生。通信手段也朝着便于快速组会、交流的方向演进。独自工作减少,交流成了日常。交流的时候,评估和决策(看谁的想法和方案好)花费的时间减少,而商讨和分析解决问题的时间增加。交流对象也发生了变化,过去都是领导出面召集组内同事开会,而现在,善于主动召集跨组"拉通"的员工备受推崇。

从这些场景演变中可以看到,我们的确处在一个快速、多变、不确定、模糊和复杂的时代。我们处理的要么是新问题,要么是在新场景下的老问题。经验不足以应对难题,共创已成常态。如果我们的员工能够随时发起会议,如果方案是来自大家碰撞,而不是来自先前某个人的经验,那就意味着你将能够用共创的常态来去应对 VUCA 的变态。然而,要想让共创发挥应有的成效,我们需要掌握一种能力,这就是形成群体智慧的能力。群体智慧是从共创中淘金的手段。

群体智慧重新定义了团队的产出。围绕团队所做的培训因此甚至要推倒重来。

什么是群体智慧？维基百科有这样一个定义：群体智慧是一种共享的团队智能。它有可能比个体智能更好，也可能不如个体的总和。团队的群体智商决定了团队的业绩结果。决策的正确率越高，说明组织越有智慧。无论在以小组为单位的沙盘模拟培训中，还是实际业务经营中，决策是否对，都是群体智商涌现的结果，而非一个人的脑力活动。是的，即使错误的决策同样反映了群体智商水平。

知其然且知其所以然，培训发展人士必须深入理解产生群体智慧的机制，才能为干预群体智慧设计正确的培训内容和方式。

群体智慧需要两个要件，一是多样化、不同知识背景的人，二是有利于产生涌现的交互方式。一定要有具备多样化知识的人。不具备相关的知识，交互再好也是徒劳。

然而，在众人相互对抗、竞争、融合、妥协中，多样化的知识既可能产生新的知识，也可能不仅没有产生新知，还会荒废已有的知识。因此，相互的交互方式、交互质量是影响群体智慧高低的另一个关键。

本节重点谈交互如何促成群体智慧。前文说过群体智慧是一种所谓"涌现性财富"，什么是涌现？"当一个系统出现了某一特征，而该种特征不能追溯回系统里的任何一个组成元素时，这种特征叫涌现特征。"比如，几个朋友在一起聊天，你一句我一句，我的一句又进一步刺激了你的想法，如此往复……最后在各个头脑里几乎同时形成了一个类似的想法,其想法之好、之一致,此刻大家很想击掌、欢呼甚至拥抱。那个瞬间大家因为涌现而欣喜庆贺。最后形成的那个看法、认识、主意归功于谁?既不是你的,也不是我的,既是你的也是我的,归根结底却是新的——无法追溯回系统的任何一个组成要素。

理解了什么是涌现,也就理解了作为涌现性财富的群体智慧。新时代,团队的力量不再仅仅体现在众志成城的凝聚力、贯彻决策的执行力,更体现在团队之智,需要团队的智慧去分析和解决复杂问题,应对全新挑战。

应对 VUCA,要依靠群体共创来解决问题。这听起来丝滑入耳,不会引起任何异议。不过,现实相当"骨感",在共创中产生正向的涌现相当不易。管理者也好,人力资源和培训专业也好,将会一次又一次惊讶地发现,发挥团队集体的脑力与利用团队的体力所需要的管理手段和团队组织方式竟有如此大的差别。至今还被我们奉为圭臬的团队哲学、团队规范和干预团队的努力,其中有不少恰恰压抑了团队产生群体智慧。这是展现在培训面前一个崭新的干预领域。

我们都有和群体一起共事的经验,我猜不愉快的经验远比愉快的多。为了完成一项任务,你组织了一个跨部门团队,或者召集几个人一起来做。你怀着美好的愿望,你相信团队的力量,你也想体验一下共享领导力。不过,在开了几次会以后,你越来越失望,继而绝望。渐渐地,不知不觉中你产生了一个念头:这件事还是我自己干算了。小组还在,聚会越来越少。你已经在私下悄悄准备保底方案,免得最后竹篮打水。大家有共鸣吗?其实,你无须为此感到羞愧,因为这种感受很普遍。一些顶尖的群体行为专家已经得出研究结论:群体的智慧程度受限于群体处理信息的过程,未经刻意训练的群体对信息的处理过程几乎百分之百存在无效耗损,也就是连"1+1=2"的状态都达不到,更鲜有群体涌现。

群体过程损耗表现在三个方面。第一,个体的努力程度因为处于群体之中而下降。第二,成员的才能被闲置浪费。第三,群体对任务策略的决策劣于优秀个体的决策。前两个损耗你大概可以望文生义,第三个损耗看上去比较陌生。什么是任务策略?简而言之,任务策略就是指面对眼前全新的任务,目的是什么,目标定在哪里,找对焦点,确定正确路线。

研究表明,群体在任务策略上的决策存在严重问题。传统上,团队是用来完成明确的、结构化的、已知问题的,没有必要也没有能力确定任务策略。于是,团队难以胜任VUCA时代层出不穷的新挑战、新环境。

麻省理工学院做过一个针对432个四到六人组成的群组的研究。这些背景各异的人来到实验室参加一天的研究。一天之内要完成几个不同类型的新任务。任务类型快速切换,受试者来不及积累经验,这类似当今VUCA环境了。432个群组做每个任务时,他们所有动作和语言都被记录下来,形成了432个原始的脚本。然后在这432个脚本里面,发现只有143句话与任务策略有关。平均一个小组只有0.33句。进一步,只有25句话在组内推动了有关任务策略的进一步讨论。大量的有关任务策略的话在说出来之后得到的是沉默,没人沿着任务策略继续讨论下去。结论是,在群组里天然的倾向不是讨论任务策略,而是急于行动、急于分工和资源分配,要赶紧做完,然后做下一件事。我们大家的日常不也如此吗？每天已然两点才能上床！"快,怎么做吧,快点做完,我还有无数事情在等着做呢。"

长期以来,大家反复做同类事情,找到并固化最佳实践,熟能生巧,配合日益密切。加之以明确任务为背景的"团队建设"培训反复熏陶,团队已经形成了反任务策略讨论的文化规范。这种文化规范对 VUCA 环境下的多任务群组伤害尤其巨大。当然,从积极的角度考虑,这也是培训和发展可以大有作为的领域,哪怕能促进团队做很简短的一点点有关任务策略的讨论,都会让小组的创造性大大提高,让业绩大幅度上升。

除了文化规范和习惯之外,下面是对群组不做任务策略讨论的另外一种解释:每个个体的努力程度在群体内损耗。阿里巴巴有一个领导力模型叫作"心脑体 All In(毫无保留,全力以赴)"。"心"代表意愿,"脑"代表智力和知识,"体"则代表执行和调动大家行动。这里最难全力以赴的大概是"脑"。脱胎于传统团队文化的人们有一种"搭便车"的倾向:依靠领导、期待能人和有经验的人拿主意。上述麻省理工学院做的群组实验发现(在我多年带领的小组作业类型培训中也反复验证了同样的现象),如果一个组内有一个级别高的成员,或者在与任务相关的领域(比如建造工程)有经验,或者只需号称之前有过类似经验,或者某个人表现出来更强的理性思维能力甚至只需要他说话时嗓门大一些,这样的小组最后的结果通常不佳。更遗憾的是,事后发现,这样的小组的个别成员具备能让小组避免错误策略的片段知识,但没有表达或者表达了却没有强调,或者早早放弃了内心的疑惑和本可以产生建设性的想法。他们的放弃恰好迎合了团队急于行动的焦虑,符合了不愿意做有关任务策略讨论的文化。

  以上,大家也看到了在群体中出现的知识的损耗。试图适应群体文化,对自己缺乏信心,顺从人们急于行动的焦虑都造成了努力程度损耗。此外,培训怀着良好愿望灌输的一系列"合作技能"也损耗人们的知识。比如,会议往往用来拍板决策而不是分析和讨论问题;所谓沟通甚至"谈心"往往是带有倾向的双方在一起自说自话……一个方案被采纳了,一个想法获胜了,意味着荒废了另一方的知识。"1+1<2"。

  这是新时代,团队培训要干预的"靶点":其一,消除三大损耗;其二,变三大损耗为三方面增益。

6 跳出团队建设的两大陷阱

什么是好的团队？哈佛大学理查德·哈克曼教授认为好团队有三个特征：

- 完成任务：任务完成甚至超过顾客期望。
- 高质量的团队过程：团队内部过程越来越有效。大家对在团队内开展工作越来越有信心。
- 成员满意：成员在成长和发展，在团队内感觉安全。

其中，核心是高质量的团队过程。正如 NBA 球队不停地训练相互之间的配合，团队建设的正确抓手应该是改进团队过程。

在腾讯，如同在很多其他大型企业一样，每当厂庆，都会鼓励各个小群体想方设法展现自己的存在，快闪、售卖文化衫、展览、演示人工呼吸、技术展示……做各式各样的节目。为此，需要出主意、定方案、项目管理、排练……无疑需要群体在一起从无到有。这种相互依赖的活动本质上是一个打造团队的过程。做这些活动，团队和团队长得到了什么？如果你回答说团队的凝聚力因此更强了，不好意思，这个想法需要更新了。

比凝聚力更深刻的产物是一个更好的团队过程。什么是团队过程？为达到目标而采取的一起共事的方式，包括交互和配合。高质量的团队过程是能够最大限度释放群体智慧的交互和配合方式。完成一项需要多人参与的从无到有的任务，需要沟通交互，需要配合和协作。而且，这类活动通常是无领导的，依据经验和最合适原则，成员各自承担局部的领导责任。通过一次次这样的小事情，团队过程渐渐形成、演进。于是他们有能力去处理更复杂的工作任务。领导的作用逐渐退居后台，团队的群体智慧日益强大。

为此，长期以来对团队的干预焦点要发生变化，避免掉入两个陷阱。其一，团建要从关系导向转到任务导向；其二，要从个体转向群体。

传统团建本质上是关系导向。大家一起到山上的营地做团建活动，各种拓展活动万变不离其宗都强调关系。比如，团结、信任、接纳和融合、文化认同，无一不是围绕个体与个体、个体和群体相处。

一天的团建活动往往把共同起草团队规范作为收尾。方式多种多样但总是趣味横生。团队领导希望来源于大家的团队规范更利于为大家所遵守。虽然总有成员逢场作戏说说而已，并不打算认真遵守，但的确有很多同事真诚期待团队规范能塑造今后的工作环境。无论何种出发点，你仔细回想一下，即便不是全部，至少多数团队规范是关系导向的。内容不外乎我和别人如何相处，我和这个组织如何相处，我们之间如何相处。我们把这类团队规范称为"关系规范"，也叫"必要准则"。

顾名思义，确有必要，反映了成员希望加以控制的、有利于保持内部人际和谐的种种行为。与之形成对比的是"任务规范"，也叫"核心准则"。这类规范或者准则用来处理团队和任务之间的行为，以及关于在开展任务过程中，成员应如何交互、配合。举例对比如下：

必要准则/关系规范

例如某个团队准则：

合作共赢　人人为我，我为人人
相互支持　一起努力，尊重不同意见
彼此尊重　以诚相待，信任队友，平等交流
扔掉名片

核心准则/任务规范

例如软件开发中的 Scrum 纪律：

同时执行多项任务会让你变愚蠢
一次性把事情做对
消除愚蠢的规定
保持工作流畅
失败要快，才能迅速改进
不展示成果，就没有效果
让每个人知悉一切

不怕不识货，就怕货比货。你看出两种规范的区别了吧？

关系规范是"必要"的。它反映了人性的诉求。比如，想通过快速行动摆脱焦虑的诉求。还反映了消除人和人之间张力的诉求。比如，提出不同意见会让我们焦虑不安。质疑别人会让质疑者和被质疑者双方都不舒服。提出质疑，甚至多问两个为什么，如果看到对方因此面露不悦，我们会心生歉意。本性驱使大家以合作和和谐的名义制定出关系导向的必要准则，解决彼此相处的问题。由本性支配产生的团队规则只能是关系规范。

关系规范驱动人们努力表现出像一个优秀的"Team Player（团队成员）"的样子。在关系规范的笼罩下，人们不仅不便质疑，而且还要支持队友。但是，若要高水平、高标准地完成任务却需要不折不扣地遵循最佳实践，必须求真求实，还要借助积极的思辨来穷尽思考。强关系规范、弱任务规范，必定导致成员的知识被浪费，并且不可避免地导致成员的努力程度下降。再加上人们急于完成任务的焦虑，普遍导致有关任务策略的损耗。有关群体智慧的行为实验揭示了群组的任务策略反复出错的原因：面对不熟悉的任务，在大家束手无措之时，有一个人有了想法，其他成员作为"训练有素"的 Team Player 觉得理应给予支持，当仁不让地去帮他实施，于是这个人的想法无论多么粗糙甚至错误都成了群体的天花板。大家的"心"在，"体"在，但是"脑"不在……其他成员的知识荒废了。没有质疑和冲突，更不可能涌现出各个成员原本没有的新知。正如争吵的夫妻不见得感情不好，而不吵架的夫妻却可能因为一次争吵而天崩地裂。优秀的管理班子经常面红耳赤，但彼此尊重有加。哪一种团队氛围更加恐怖？并不是吵架、紧张的团队，反而是那种看似礼貌和谐的群体更加令人恐怖。

其实，无论做或者不做团队建设培训，必要的关系规范都会悄然形成。一群人在一起只要时间足够长，必然会形成被大家自觉遵守的相处规则。新人进入一个团队不久就会摸索出哪些话不能说，哪些事不能做，哪些事情公司忌讳。团建时大家无非是把本已存在的默会规则，用政治正确的语言写了下来，形成明确的规范而已。

可见，通过团建产生关系导向的团队规范并无太大必要，因为无论如何人们都会形成调整彼此关系的规范，或明规则或潜规则。但是，任务导向的核心规范却无法自动自发地形成，必须通过学习发展部门或者团队领导的有为努力才会诞生并被熟练掌握。

团队的任务规范才是培训发展部门必须高度重视的"核心准则"，是团队干预的抓手。一方面，任务规范是保证群体以尽可能接近完成任务所需的客观规律进行协作的核心；另一方面，也是建立真实牢固的成员关系的核心。

请回想一下，什么时候场上的球员会跳起来相互击掌且兴奋异常？为什么他们难以抑制击掌甚至拥抱的冲动？因为刚才的配合打得太好啦！——我拼尽全力抢下的球，传给你，你不负所望打进了！我也因而打成了一个漂亮的助攻。太爽了，我感谢你的努力。此时此刻，我更加信任你，对我们的关系更有信心。正如球场上的这个场景告诉我们的那样，群体行为研究也已证明，人际关系是结果而不是原因，人际关系的困难也是结果而不是原因。群体的绩效越好，每个人对其他成员的看法就越正面。并非如我们未经透彻思考就担忧的那样,认为关系不好,相互争斗,导致了团队的绩效问题。恰恰相反,成员的相互支持、信任、建设性的相处必须建立在良好的业绩之上,良好的业绩一定是遵循符合任务规律的做法去行事的结果,而群体探索并掌握任务规律的能力,就是高质量的团队过程。

对此,业务领导者往往比培训发展专业从业者看得通透。他们经常在组织内如此"布道":信任是打出来的,谈不出来。严重的人际关系困难会影响绩效,但不等于因此要干预人际关系,更不等于要促进人们和谐相处。前面一仗没打胜埋伏下了问题。

如果全明星阵容的每个明星都充分发挥了,能胜过其他专业球队吗?大概率不能。普通 NBA 球队的球员虽然没有全明星那样杰出的个人技能,但他们拥有全明星欠缺的团队过程。NBA 教练并不训练球员个体,而是训练球员如何在群体里发挥作用,做好贡献,可以说教练训练群体打好相互的配合。

这里反衬出了培训和发展职能甚至团队领导者在团队干预中容易掉进去的第二个陷阱:重视对个体的训练和帮助而忽视团队过程训练,以为每个成员强大了,团队绩效就好了。比如,销售团队领导做很多协同拜访,轮流带着不同下属去见客户。我们把销售团队聚在一起来参加销售技巧培训、谈判等专业培训,你其实仍然在帮他们提高个体能力。只不过是同时在一起提高个体技能而已。

团队领导者应该向 NBA 教练学习,帮助下属个体更善于为团队做贡献,锤炼团队成员之间的交互和配合。注意,不要误以为我们平常做的团队建设培训能够担此重任。道理很简单，NBA球队教练不会用一次性"团队建设"培训替代日常持续进行的配合训练。如前文所述，腾讯在周年庆的时候，每个团队努力发挥自己的创造力，做出一个最耀眼的节目。那个过程得到的不是凝聚力，而是更好的团队过程。当然，产生了被认可的结果之后，群体成员对彼此的认可度也会进一步增强，所谓凝聚力就附带产生了。

7 针对新靶点赋能团队

新的生产力来自以合作为特征的新型生产关系,亦即彼此的共创。前文介绍了"团队过程""核心准则"或者叫作"任务规范"这些基础概念。优秀的团队过程是获得"1+1＞2"群体智慧的内在过程。

篮球队的团队过程是配合方式,知识团队的团队过程是交互方式。以往培训和发展讲沟通,现在我们要讲交互。沟通旨在有效传递信息或发生影响,而交互则以产生涌现为成功标志。前文谈过,"涌现"是一个无法追溯到任何一个组成元素的系统特征。说得简单一点:我们在一起形成了一个观点、认识、办法等等,既不是你的,也不是我的,而是新的。当然,你也可以说既是你的,也是我的。

下面我先介绍几种提高群体交互质量的方法,然后总结和提炼有助于改善团队过程的一些启示。

第一,视觉化。视觉化便于交流和反馈,便于我呈现想法,也便于你形成反馈。交流中一个普遍的场景是这样的:我很难说明白自己脑子里的想法,而我在说的时候,你也非常吃力地闭着眼睛、皱着眉头,想弄明白我的意思。

现在，我们换个方式，我抓起一张纸，画一张草图……边画边说，刚画了两笔，在我画不下去的当口，你马上就进来了，补上了一笔。你这一笔又让我意识到了一个新角度……示意图让交互更加便捷。再比如，除了画，我们还做了一个模型。开始只有一张纸面的二维草图，接着我们用泡沫做个非常简单的三维模型。此刻，交互变得更丰富了，对方反馈的不仅是二维的关系，而是三维的手感和立体关系。显然，越直观的东西，对方就越容易给我反馈，然后我们的交互就越容易产生新的涌现。

第二，在一起思考。思想思想，即"思"和"想"。思想是为了表达，还是表达是为了思想？想想这个问题。长期以来我们一直认为"思"和"想"是个人的功课，自己想透了，交一个成熟的东西给领导。不能拿一个草案给领导，因为领导会据此来评价你的工作能力甚至智力。所以是"思"和"想"结束后再去表达。在学生时代，上课也是想透了再举手。著书立说也是经历了大量的实践并想透彻了、能够自成一体了，你才下手把你思想的结果写出来。长久以来，我们都认为"思"和"想"是自己的功课，而表达标志着"思"和"想"过程的完结。现在，培训和发展要训练人们转一个大弯：不再是"思想为了表达"，而是"表达为了思想"。

反过来，什么是"表达为了思想"呢？做一个可视化文件，做一个模型，做一个海报，做一个草案……都是在表达上下功夫。然后尽快呈现给大家，便于大家一同来"思"和"想"。比如，领导布置我一个大任务，通常的做法是假以时日，把成熟的作品交付给领导，期待领导的批准，也许还期待着赞赏，毕竟花费了大量精力,投入了巨大努力。现在,不同于以往,在领导布置任务的当口,我马上用一张 A4 纸把对领导意图的理解做出一个草图,马上比画给领导:亲爱的领导,这是我的理解,请领导批评指正。这其实是我在为了思想而进行表达。谁思谁想?我们一同来思想,这样我们才能实现交互,产生涌现的产物。

第三,容忍焦虑,慢下来,拥抱冲突。在 VUCA 时代,新任务、新环境、新局面层出不穷,大师也好,大牛也好,老干部成天遇到新问题。唯一可以依靠的是群体智慧。每个人都只有局部信息和片段知识,和盘托出片段信息打通局部知识,然后才可能窥见背后的因果联系,在人和人的高质量交互中获得真正的洞察。

因提出"整合思维"概念,多伦多大学商学院院长罗杰·马丁被评为 2009 年 Crainer Dearlove 最具影响力的 50 位商业思想家。他说:"最聪明的人是脑子里能够同时容纳两个完全对立的想法,但与此同时,他的脑子仍然可以运转自如。"学会容忍焦虑,不要那么着急行动。心静下来,去吸收别人想法背后的合理成分,哪怕不合理的成分也会给你带来新的启示。交互整合涌现新智慧。在交互过程中,扩展了要考虑的因素,对问题形成了更全面、完整、真实的架构,在相互碰撞中逐渐理解内在的因果。你原来觉得这个想法很好,但在听了那个人的想法之后,你发现不仅要关心收入还要关心成本。听了第三个人的想法之后,你又意识到不仅要关心收入、成本、利润,还要关心员工的接受度。继续听第四个人的想法,你发现还要关心对长远的影响。如果我们的思维方式和经验类同的话,我们无论如何都不可能获得因素上的扩展。

良好的交互当然需要上佳的聆听能力,但更需要能够对抗焦虑,并克制行动的本能。没有人喜欢处于焦虑之中,但在职场上焦虑从不缺席。人际之间的张力,事情没做完放不下或者还没有眉目,听到与预期不一致的声音时,脸上和颜悦色,心里却在顷刻之间暗流涌动。未必因为接受不了不同意见,却有可能是因为突然意识到这下有得烦了,无法三下五除二把事情做完。此刻恨不能三言两语搞定对方,以便尽快行动,焦虑就放下了。然而,冲突和焦虑恐怕是涌现群体智慧的产婆。你对问题本已有了想法,也找到了一个方案,觉得还不错,你就要行动了,未曾想此刻偏偏有个人拉着你,说你这想法行不通。他反复逼你听他解释,他不停地要求你解答他的疑问,逼迫你响应他的诉求……你最终发现,兼顾几方面的诉求是可能的。这时你的思考维度已经上升到新的高度了,而这一切都是碰撞、冲突和耐着性子进行交流给我们带来的结果。罗杰·马丁的整合思维的突出特点就是"拒绝二选一"! 辩论点亮我们各自思维的盲区,而冲突迫使我们穷尽事理。

正因如此,"实事求是"应该是团队任务规范的核心。只有当实事求是穷究事理的决心成为整个团队共识的时候,大家才能找准正确的数据,做出正确的解读,并做出正确的决定,让我们的决策质量提高起来。过强的关系规范会让团队成员把成为一个"Team Player"看得高于实事求是。我们关心领导的想法,所以我们就不能实事求是;即便对方不是我的领导,我也不愿意他面露难色。这就是为什么研究发现,不仅没有证据证明团建活动对绩效有效,这些活动甚至有反作用。因此,务必让任务规范大于关系规范。

第四，建立一套共享的工作方法。认识到了任务规范的价值，培训与发展部门就要帮助团队形成一套共享的工作方法——在视觉化的环境里群体互动、思考和配合的工具。

我们曾经有幸帮助一个著名手机品牌的设计部门植入一整套可视化、共创的工具，有了共享的工具，交互变得相对容易。不过，植入共享的工作方法是一个持续的过程，绝对不是朝夕之功，团队领导者是最合适的推动这种持续努力、主导持续改善过程的人。通过调动团队领导者，培训发展部门才能大面积做深做透对各个团队的赋能，包括提高团队领导者的意识，使他们愿意植入并持续不断地训练其成员形成交互和配合能力，以及培养团队领导者帮助团队掌握团队工作方法的教练能力。

现在，我要问你：在读完有关团队的上述内容之后，你看到以往的团队培训存在的局限了吗？你是否在这个领域看到了培训大有可为的新天地？

我希望你在回答上述问题之后，你是兴致盎然的，而且跃跃欲试。

主要参考文献

BERGNER Y, ANDREWS J J, ZHU M, et al. Agent-Based Modeling of Collaborative Problem Solving[J]. ETS Research Report Series, 2016(2): 1-14.

BROUSSEAU K R, DRIVER M J, HOURIHAN G, et al. The Seasoned Executive's Decision-Making Style[J]. Harvard Business Review, February 2006.

CARUSO H M, WOOLLEY A W. Harnessing the power of emergent interdependence to promote diverse team collaboration [J]. Research on Managing Groups and Teams, 2008, 11: 245-266.

Korn Ferry. 光辉国际:管理者潜质测评工具[R]. Korn Ferry, 2011.

MACY M W, WILLER R. From Factors to Actors: Computational Sociology and Agent-Based Modeling[J]. Annual Review of Sociology, 2002, 28: 143-166.

MELLANDER K. The Power of Learning: Fostering Employee Growth[M]. Irwin Professional Publishing, 1993.

PETRIE N. 领导力发展的未来趋势白皮书[R]. Center for Creative Leadership, 2011.

PETRIGLIERI G. Identity Workplaces for Leadership Development[M]// SNOOK S，NOHRIA N，KHURANA R. The Handbook for Teaching Leadership. Thousand Oaks，CA：SAGE Publications，2011.

WOOLLEY A W，AGGARWAL I，MALONE T W. Collective Intelligence and Group Performance[J]. Current Directions in Psychological Science，2015，24(6)：420-424.

WOOLLEY A W，AGGARWAL I，MALONE T W. Collective Intelligence in Teams and Organizations[M]//BERNSTEIN M，MALONE T W. Collective Intelligence，MIT Press，2015.

WOOLLEY A W，CHABRIS C F，PENTLAND A，et al. Evidence for a Collective Intelligence Factor in the Performance of Human Groups[J]. Science，2010，330(6004)：686-688.

WOOLLEY A W，FUCHS E. Collective Intelligence in the Organization of Science[J]. Organization Science，2011，22(5)：1359-1367.

阿佩罗.管理3.0：培养和提升敏捷领导力[M].李忠利,任发科,徐毅,译.北京：清华大学出版社,2012.

查理斯·凯普纳,班杰明·崔果.问题分析与决策：经理人KT式理性思考法[M].颜斯华,译.新北：中国生产力中心,2009.

范海涛.一往无前[M].北京：中信出版社,2020.

赫伯特·A.西蒙.赫伯特·西蒙自传[M].陈丽芳,译.北京：中译出版社,2018.

吉姆·海史密斯.敏捷项目管理[M].北京：清华大学出版社,2010.

加里·克莱因.如何做出正确决策[M].北京：中国青年出版社,2016.

加里·克莱因.直觉定律：如何正确利用逻辑之外不可忽视的力量

[M].黄蔚,译.中国青年出版社,2017.

凯利·麦格尼格尔.自控力[M].王鹏程,译.北京:北京联合出版公司,2021.

理查德·哈克曼.高效团队:领导团队走向成功的5大黄金法则[M].柯祥河,译.海口:海南出版社,2006.

理查德·哈克曼.群体智慧:用团队解决难题[M].孙晓敏,薛刚,译.北京:北京大学出版社,2014.

理查德·哈克曼.真高管[M].关苏哲,庄理昂,译.杭州:浙江教育出版社,2024.

理查德·哈克曼.真团队[M].关苏哲,高北,译.杭州:浙江教育出版社,2024.

罗伯特·阿克塞尔罗德.合作的进化[M].吴坚忠,译.上海:上海人民出版社,2007.

罗伯特·凯根.发展的自我[M].韦子木,译,杭州:浙江教育出版社出版发行,1999.

曼吉特·库马尔.量子传[M].王乔琦,译.北京:中信出版社,2022.

萨提亚·纳德拉.刷新:重新发现商业与未来[M].陈召强、杨洋,译.北京:中信出版社,2018.

约瑟夫·布尔戈.为什么我们总是在逃避[M].曲贝贝,译.北京:中国友谊出版公司,2019.

珍妮弗·加维·贝格.领导者的意识进化:迈向复杂世界的心智成长[M].陈颖坚,译.北京:北京师范大学出版社,2017.